U0474141

广东省珠江文化研究会创会会长黄伟宗、名誉会长司徒尚纪、会长王元林向佛山市委副书记、市长朱伟赠送珠江文化研究会成果

广东省珠江文化研究会创会会长黄伟宗、会长王元林向佛山市委常委、常务副市长、南海区委书记黄志豪赠送珠江文化研究会成果

2015年9月29日黄伟宗教授等调研佛山南海丝厂

广东省珠江文化研究会创会会长黄伟宗教授与佛山市科学技术协会葛振海专职副主席寻访佛山历史上的港口

广东省珠江文化研究会创会会长黄伟宗教授、会长王元林等参观南风古灶

广东省珠江文化研究会创会会长黄伟宗教授参观石湾陶瓷老艺人制作工艺

2016年3月22日，“佛山：海上丝绸之路丝绸产销大港”论坛在西樵山召开，图为论坛会场。

中国工程院院士、家蚕基因组生物学国家重点实验室学位委员会主任、西南大学向仲怀院士在丝绸产销大港论坛上发言

广东省人民政府参事室（文史馆）主任、馆长、党组书记张小兰同志出席丝绸大港论坛

佛山市政府邓灿荣副秘书长在“佛山：海上丝绸之路丝绸产销大港”论坛上致辞

佛山市人民政府赖紫宁副秘书长在“佛山：海上丝绸之路陶瓷冶炼大港”论坛上致辞

"佛山：海上丝绸之路陶瓷冶炼大港"与会专家合影

广东省人民政府参事室特聘参事、珠江文化研究会创会会长黄伟宗教授在论坛上主旨发言

广东省人民政府参事室特聘参事、珠江文化研究会名誉会长司徒尚纪教授在论坛上发言

广东省人民政府参事室特聘参事、珠江文化研究会会长王元林教授在论坛上发言

2016年6月29日，"佛山：海上丝绸之路陶瓷冶炼大港"论坛在石湾宾馆召开，图为论坛会场

“佛山：海上丝绸之路陶瓷冶炼大港”部分专家与参会人员对话，为佛山陶瓷与冶炼产业发展献计献策

华南理工大学陶瓷研究所所长黄修林教授在陶瓷冶炼大港论坛上发言

华南农业大学吴建新教授在陶瓷冶炼大港论坛上发言

广州文物考古研究院研究员闫晓青研究员在陶瓷冶炼大港论坛上发言

佛山市纺织丝绸学会理事长吴浩亮同志在丝绸产销大港论坛上发言

佛山市陶瓷美术学会副理事长刘孟涵同志在陶瓷冶炼大港论坛发言

佛山市科协副主席葛振海同志主持论坛

珠江文化丛书

佛山

海上丝绸之路 丝绸陶瓷冶铁大港

FOSHAN—Haishang Sichouzhilu
Sichou Taoci Yetie Dagang

王元林 ◎主编
广东省珠江文化研究会
佛山市科学技术协会 组编

廣東旅游出版社
GUANGDONG TRAVEL & TOURISM PRESS
中国 · 广州

图书在版编目（CIP）数据

佛山，海上丝绸之路丝绸陶瓷冶铁大港/王元林主编．—广州：广东旅游出版社，2016.12

ISBN 978-7-5570-0625-9

Ⅰ.①佛…　Ⅱ.①王…　Ⅲ.①区域经济合作—国际合作—佛山—文集　Ⅳ.①F127.653-53

中国版本图书馆 CIP 数据核字（2016）第 265404 号

佛山，海上丝绸之路丝绸陶瓷冶铁大港

FOSHAN HAISHANG SICHOUZHILU SICHOU TAOCI YETIE DAGANG

出 版 人：刘志松
策划编辑：官　顺
责任编辑：官　顺　厉颖卿
封面设计：邓传志
责任技编：刘振华
责任校对：李瑞苑

广东旅游出版社出版发行

（广州市越秀区环市东路 338 号银政大厦西楼 12 楼　邮编：510180）

邮购电话：020-87348243

广东旅游出版社图书网

www.tourpress.cn

广州汉鼎印务有限公司印刷

（广州市黄埔区茅岗路268号A109）

780 毫米×1092 毫米　16 开　17.5 印张　300 千字

2016 年 12 月第 1 版第 1 次印刷

定价：58.00 元

《珠江文化丛书》总序：多学科交叉的立体文化工程

黄伟宗

一个国家、一个民族、一个地域、一个地方的特点，从总体精神上说，实则是文化特点。其特点的形成，是由于不同的地理条件（尤其是水的条件）和气候条件，使得人们有不同的生存方式、生产方式与生活方式，而长期造成的不同的精神意识、思维方式、人情风俗和道德观念等等。这些属于文化范畴的特征，既决定着又体现于每个国家、每个民族、每个地域、每个地方的政治、经济与文化的实体、措施与形态，以及自然科学、人文科学的研究思想和文学艺术的创作与研究中。正如法国19世纪著名理论家丹纳在《艺术哲学》中所说："要了解艺术家的趣味和才能，要了解为什么在绘画或戏剧中选择某部门，为什么特别喜爱某种典型、某种色彩、某种感情，就应当到群众中的思想感情和风俗习惯中去探求。由此我们可以定一条规则：要了解一件艺术品、一个艺术家、一群艺术家，就必须正确地设想他们所属的时代的精神和风俗概况。这是艺术最后的解释，也是决定一切的根本原因。"

当今世界已经进入了文化时代，也即是改变了过去只是以政治观点和政治利益去认识和把握一切，代之以从文化意识与方式去认识和把握一切的时代。西方各国现代文化学的兴起，学派林立，形成热潮，蔚然成风；中国的"文化热"

也从文艺创作而蔓延于各行各业、各种学科、各个地域、各个地方，以至人们日常生活的衣、食、住、行各个方面。其中，水流地域文化研究，如黄河文化、长江文化、黑龙江文化等的研究正在悄悄兴起，这是一种很值得注意的动向，是一个很有意义、很有前途的文化与学术领域。因为这个领域的研究，将会给每个水流地域总体特征做出科学的解释，找出其历史与现实和将来的契合点，并以多学科的并行和交叉研究论证的方法，将这些契合点科学化、综合化、立体化、实用化，使其可作为决策的依据或出发点，作为具有实用价值的新产品或具有可操作性的方略，具有可转化为生产力的科学理论或文化精品。

广东珠江文化研究会，正是适应这样的文化时代潮流和需要，于2000年6月28日在广州正式成立。其宗旨是研究与弘扬珠江文化。因为珠江是中国的第三大河，其水流地域文化覆盖整个华南和南海诸多港湾和群岛，在中华民族历史和现代的文化上有重大贡献和重要地位。按照当今国内外公认的水流地域文化理论，当某种水流地域文化形成之后，除覆盖其本身水域之外，还覆盖其周边地区。由此，珠江文化的覆盖地域，不仅是作为中心的珠江三角洲地区，以及汇合为珠江的西江、东江、北江的各自流域地带，还包括韩江流域的潮汕地区、南渡河流域的雷州半岛，南海诸岛和北部湾、海南岛、香港和澳门；如从水流的源头而言，除西江流经的广西之外，尚有西江的源头云南、贵州，北江的源头湖南，东江的源头江西，韩江的源头福建等，可见地域之广，水量丰富，文化组成成分多样而复杂，历史的发展和演变过程又极其曲折坎坷，在新时期的改革开放中的发展又极其迅速。因而以珠江文化作为一个研究领域，不仅是应时之需，而且是天地广阔，前景无限的。

珠江文化有着明显的特点。首先是它的多元性和兼容性。这特点似乎与珠江是多条江河自西、北、东之流而交汇的水态有关，是多元而后交汇汇聚兼容于一体之中：从历史上说，由土著的百越文化与来自五岭以北的华夏文化、荆楚文化、巴蜀文化、吴越文化，以及来自海外的印度文化、波斯文化、阿拉伯文化、西洋文化的先后结合与交融；从当今的珠江水流地域的文化类型而言，除此较明显的粤文化地区有着广府文化、客家文化、福佬文化和新起的深圳及珠江三角洲地区的移民文化之外，尚有可称之为珠江亚文化的滇云文化、黔贵文化、八桂文化、海湾文化、琼州文化等等，都是多元而相容于珠江文化的范畴中。其二是海洋性和开放性，珠江的总体形象，既是交汇型的，又是放射型的，它既像是蜘蛛网似的覆盖于整个水流地域，像是多龙争珠似的争汇于其中交汇中心（广州），而其中心又像是一颗明珠、每条河流又像是道道明珠发射出的光芒那样，向四面八方喷射。特别是珠江有众多出海口，即许多所谓“门”，如虎门、崖门、磨刀门等等，仅珠江口就有八个门，可见珠江与南海是连成一体的；沿海港湾和港口甚多，也都同珠江水系密切连接。所以，从古至今是陆路、沿海与海外的交通与交流枢纽，“海上丝绸之路”最早在此进发，而且数千年一直不衰，大量移民由此散布海外，海外文化也由此最早涌入。所以，海洋文化与开放意识是特别强的。其三是前沿性和变通性。由于珠江文化水系与海洋密切连接，海港特多，与西方和海外文化接收特快特多，因而前沿性也特强；另一方面，相对而言作为中国文化中心的中原文化，地理距离较远，又有以五岭为代表的崇山峻岭之隔，交通不便，由此而受中原文化控制偏少，同时也由于中原文化在这一带与海洋文化及本土文化碰撞的缘故，也就造成了相接于前沿性的变通性。此外尚有其他特点，有待深入研究，在此不一一列举。仅由此即可见，对珠江文化特点的研究，以及将这样的研究成果转化为决策依据、地域建设的方案与行为，转化为科学规划的文化产业，都是大有作为、必有成效的。

本着研究与弘扬珠江文化的宗旨，广东省珠江文化研究会组织了著名的文化学家、文史学家、考古学家、人类学家、语言学家、民俗学家、地理学家、海洋学家、气象学家、建筑学家、生物学家等学科的专家学者，以及著名的作家、编辑家、新闻出版家等，分别组成学术委员会、创作委员会、书画艺术委员会、地域企业文化委员会、影视出版委员会、规划策划委员会和理事会，既分工而又交叉地进行珠江文化的研究和宣传，将其作为一项长期的多学科交叉的立体工程去进行。为此目的，我们依靠和组织各种力量，撰写、编辑、出版《珠江文化丛书》。

2000－2005 年出版著作：1.《珠江传》（司徒尚纪著）；2.《珠江文化论》（黄伟宗著）；3.《开海》（洪三泰、谭元亨、戴胜德著）；4.《千年国门》（谭元亨、洪三泰、戴胜德、刘慕白著）；5.《中国古代海上丝绸之诗选》（陈永正编注）；6.《广府海韵——珠江文化与“海上丝绸之路”》（谭元亨著）；7.《交融与辉映——中国学者论“海上丝绸之路”》（黄鹤、秦柯编）；8.《东方的发现——外国学者谈海上丝绸之路与中国》（徐肖南、施军、唐笑之编译）；9.《广东海上丝绸之路史》（黄启臣等编著）；10.《珠江文化与史地研究》（司徒尚纪著）；11.《祝福珠江》（洪三泰、谭元著）；12.《通天之路》（洪三泰主编）；13. 长篇小说《女海盗》（洪三泰著）；14.《岭南文化古都论》（谭元亨编著）；15.《岭南状元传及诗文选注》（仇江、曾燕闻、李福标编注）；16.《东方奥斯维辛纪事》（谭元亨著）；17.《日军细菌战：黑色"波字8604"》（谭元亨编著）；18.《中国文化史观》（谭元亨著）；19.《客家圣典：一个大迁徙民系的文化史》（谭元亨著）；20.《客家文化之谜》（谭元亨著）；21.《岭南文化艺术》（谭元亨著）；22.《呼唤史识——当代长篇创作的史观研究》（谭元亨著）；23.《广府寻根》（谭元亨著）；24.《南方城市美学意象》（谭元亨著）；25.《世界著名思想家的命运》（谭元亨主编、主笔）；26.《当代思维论》（谭元亨著）；27.《城市建筑美学》（谭元亨著）；28.《海峡两岸客家文学论》（谭元亨著）；29.《古代中外交通史略》（陈伟明、王元林著）。

2005－2006年出版的《珠江文化丛书十家文谭》专辑，包括：1.《珠江文化系论》（黄伟宗著）；2.《珠江文化的历史定位》（朱崇山编）；3.《海上丝路的研究开发》（周义编）；4.《泛珠三角与珠江文化》（司徒尚纪著）；5.《海上丝路与广东古港》（黄启臣著）；6.《粤语与珠江文化》（罗康宁著）；7.《岭南文化珠江来》（张镇洪著）；8.《珠江诗雨》（洪三泰著）；9.《珠江远眺》（谭元亨著）；10.《珠江流韵》（戴胜德著）。"十家"，是以十位学者之所长从十个学科探析珠江文化之意。当然，珠江文化研究会的专家学者，不仅限于这些学科：11.《断裂与重构——东西思维方式比较》（谭元亨著）；12.《顺德人》（谭元亨著），《城市建筑美学》（谭元亨著）；13.《广信：岭南文化古都论》（谭元亨主编）；14.《客商》（谭元亨著）；15.《国家祭祀与海上丝路遗迹——广州南海神庙研究》（王元林著）。

2007－2008年出版著作：1.《百年宝安》（洪三泰、谭元亨、载胜德著）；2.《良溪——"后珠玑巷"》（黄伟宗、周惠红主编）；3.《南江文化纵横》（张富文著）；4.《郁南：南江文化论坛》（黄伟宗、金繁丰主编）；5.《珠江文踪》（黄伟宗著）；6.《客家图志》（谭元亨著）；7.《顺德乡镇企业史话》（谭元亨著）。

2009－2010年出版著作：1.《海上丝路的辉煌》（黄伟宗、薛桂荣主编）；

2.《瑶乡乳源文化铭作选》(梁健、邓建华主编);3.《千年雄州　璀璨文化》(林楚欣、许志新主编);4《湛江海上丝绸之路史》(陈立新编著);5.《西江历史文化之旅》(江门日报等主编);6.《凤岗:客侨文化论坛》(黄伟宗、朱国和主编);7.《中国珠江文化史》上、下册(黄伟宗、司徒尚纪主编);8.《黄伟宗文存》上、中、下册(黄伟宗著);9.《创会十年——广东省珠江文化成立十周年庆典文集》(黄伟宗主编);10.《客家文化史》上、下(谭元亨著);11.《十三行新论》(谭元亨著);12.《广东客家史》上、下(谭元亨著);13.《客家文化大典》(谭元亨著);14.《客家经典读本》(谭元亨著)。

2011－2012年出版著作:1.《客家第一珠玑巷——凤岗第二届客侨文化论坛》(黄伟宗、朱国和主编);2.《云浮:中国石都文粹》(黄伟宗主编);3.《封开:广府首府论坛》(黄伟宗、张浩主编);4.《海上敦煌在阳江》(黄伟宗、谭忠健主编);5.《雷州文化研究论集》(蔡平主编);6.《中国凤岗客侨文化系列丛书——凤岗排屋楼》(张永雄主编);7.《国门十三行》(谭元亨著);8.《客家与华文文学》(谭元亨著);9.《肝胆相照——饶彰风与邓文钊》(谭元亨著);10.《华南两大族群的文化人类学建构》(谭元亨著);11.《雷区1988:中国市场经济的超前探索者》(谭元亨著);12.《开洋》人民文学出版社(谭元亨著);13.《岭海名胜记》校注(王元林古籍标点校勘注释);14.《内联外接的商贸经济:岭南港口与腹地、海外交通关系研究》(王元林著)。

2013年出版著作:1.《中国禅都文化丛书》(黄伟宗、吴伟鹏主编),包括6分册:《出生圆寂地》(罗康宁著)、《顿悟开承地》(戴胜德著)、《坛经形成地》(郑佩瑗著)、《农禅丛林地》(谭元亨著)、《报恩般若地》(洪三泰著)、《禅意当下地》(冯家广著);2.《中国南海文化研究丛书》(黄伟宗主编),包括6分册:《中国南海海洋文化论》(谭元亨著)、《中国南海海洋文化史》(司徒尚纪著)、《中国南海海洋文化传》(戴胜德著)、《中国南海古人类文化考》(张镇洪、邱立诚著)、《中国南海商贸文化志》(潘义勇著)、《中国南海民俗风情文化辨》(蒋明智著);3.《广府文化大典》(谭元亨主编,陈其光、郑佩瑗副主编);4.《广府人——首届世界广府人恳亲大会广府文化论坛论文集》(谭元亨等主编);5.《广府寻根　祖地珠玑——广东省广府学会成立大会论文集》（黄伟宗等主编）；6.《广侨文化论——台山中国首届广侨文化论坛文集》（黄伟宗、邝俊杰主编）；7.《十三行习俗与商业禁忌》（谭元亨著）；8.《东莞历史名人》（王元林等主编）。

2014 年出版著作：1.《海上丝绸之路研究书系》第一辑［开拓篇］（黄伟宗总主编）包括 4 部书：《海上丝绸之路的研究开发》（周义主编），《海上丝绸之路与海洋文化纵横论》（黄伟宗著）、《广东海上丝绸之路史》（黄启臣主编）、《中国古代海上丝绸之路诗选》（陈永正编注）；2.《海上丝绸之路画集》（谢鼎铭著）；3.《雷州文化概论》（司徒尚纪著）；4.《中国地域文化通览·广东卷》（司徒尚纪主编）；5.《海国商道》（谭元亨著）；6.《十三行习俗与商业禁忌》（谭元亨著）；7.《广府人史纲》（谭元亨著）；8.《城市晨韵》（谭元亨著）；9.《袁崇焕评传》（王元林、梁珊珊著）。

2015 年出版著作：《海上丝绸之路研究书系》第二辑［星座篇］（黄伟宗总主编）包括 10 部书：1.《徐闻古港——海上丝绸之路第一港》（刘正刚著）；2.《南海港群——广东海上丝绸之路古港》（王潞、周鑫著）；3.《海陆古道——海陆丝绸之路对接通道》（王元林著）；4.《海上敦煌——“南海 1 号”及其他海上文物》（崔勇、肖顺达著）；5.《沧海航灯——岭南宗教信仰文化传播之路》（郑佩瑗著）；6.《十三行——明清 300 年的曲折外贸之路》（谭元亨著）；7.《侨乡“三楼”——华人华侨之路的丰碑》（司徒尚纪著）；8.《古锦今丝——广东丝绸业的“前世今生”》（刘永连、谢汝校著）；9.《香茶陶珠——特产及其文化交流之路》（冯海波著）；10.《广交会——海上丝绸之路的新生和发展》（陈韩晖、吴哲、黄颖川著）。另有五部丛书新著出版：1.《中国珠江文化简史》（司徒尚纪著）；2.《珠江粤语与文化探索》（郑佩瑗著）；3.《珠江文化之旅》（谭元亨著）；4.《珠江文行》（黄伟宗著）；5.《珠江文珠》（黄伟宗著）。

2016 年出版著作：《梧州——岭南文化古都》（黄振饶、冯绍溪、王元林主编）、《佛山：海上丝绸之路丝绸陶瓷冶铁大港》（王元林主编）。

（黄伟宗，广东省人民政府特聘参事、中山大学教授、广东省珠江文化研究会创会会长、广东省海上丝绸之路开发项目组组长、《海上丝绸之路研究书系》总主编、《珠江文化丛书》总主编。）

CONTENTS 目录

附录　相关新闻报道

佛山：海上丝绸之路丝绸陶瓷冶铁大港
（代序）

王元林

佛山，地处珠江三角洲腹地，水路居广州上游而处西江、北江下游，是水路通达省城的必经之路。地理位置毗邻港澳，水陆交通四通八达。东汉时期，佛山地域出现了先进的耕作技术，成为鱼米之乡。佛山，原名季华乡，“肇迹于晋，得名于唐”。唐贞观二年（628 年），因在城内塔坡岗挖掘出三尊佛像，以为是佛家之地，遂立石榜改季华乡为“佛山”。唐宋时期，佛山成为工商业城镇，至明清时期更成为中国四大名镇和中国“四大聚”。古籍记载：“诸宝货南北互输，以佛山为枢纽，商务益盛。”繁荣的商贸带动了以手工业为主的制造业迅速发展，佛山与湖北汉口镇、江西景德镇、河南朱仙镇合为“中国四大名镇”。逐步发展成为岭南地区商品集散地和冶铸、陶瓷、纺织、中成药等制造业的中心。清刘献廷《广阳杂记》：“汉口不特为楚省咽喉，而云、贵、四川、湖南、广西、陕西、河南、江西之货，皆于此焉转输，虽欲不雄天下，不可得也。天下有四聚，北则京师，南则佛山，东则苏州，西则汉口。然东海之滨，苏州而外，更有芜湖、扬州、江宁、杭州以分其势；西则惟汉口耳。”这里成为明清时期中国南方最大的商品集散中心，被列为全国“四大聚”（北京、佛山、苏州、汉口）之一。

历史上，佛山为镇的建置，清雍正十年（1732 年），佛山从南海县分出，设“佛山直隶厅”，直隶广州府。雍正十二年（1734 年），改设广州府同知于佛山，为广州府佛山分府，行政上仍属于南海县管辖。1912 年，佛山正式改镇建制，南海县署也从广州迁至佛山。1956 年，成立佛山专区，辖 13 县、1 市和 2 省辖市。1983 年 6 月 1 日地市合一，顺德县、南海县、高明县、三水县、中山县（后设市，脱离佛山管辖）正式隶属佛山市的历史开始。1992－1994 年，顺德、南海、三水、高明先后撤县设市（县级），由佛山代管。是中国龙舟龙狮文化名城，也是粤剧的发源地，岭南文化分支广府文化发源地和兴盛地之一。佛山现辖禅城区、南海区、顺德区、高明区和三水区，全市总面积 3797.72 平方公里，常住人口 735.06 万人，其中户籍人口 385.61 万人（2014 年底）。佛山是著名侨乡，祖籍佛山的华侨和港澳台同胞达 140 万人，历史上佛山是我国南方著名的手工业城镇。今为我国四大丝织业中心之一，“广佛都市圈”“广佛肇经济圈”“珠江—西江经济带”的重要组成部分，全国先进制造业基地、广东重要的制造业中心，在广东省经济发展中处于领先地位。正是历史上佛山因商贸而发达，故地位也不断上升，从镇到县治所直到地区级市。

海上丝绸之路连通中外，与佛山关系密不可分。由于佛山位居珠江三角洲的核心地带，明清时期，珠江三角洲“桑基鱼塘”就已名闻中外，成为我国著名的蚕茧产区之一。珠江三角洲“桑基鱼塘”在 20 世纪 80 年代被联合国粮食及农业组织（FAO）列入最佳生态系统，是全球重要农业文化遗产之一。1873 年，华侨陈启沅在家乡南海西樵创办了“继昌隆”蒸汽缫丝厂，是我国第一家民族资本主义的企业和近代第一家纺织企业。近代广东生丝出口曾占全国的 33.2%，其中佛山产量占全省的 90%。直到改革开放前的 1978 年，佛山的桑园面积和产茧量仍占全省的 75% 和 93%。佛山丝绸业为奠定广东丝绸在全国的地位做出了重大的贡献，同时为改革开放后经济起飞打下了坚实的物质与人文基础。“香云纱”是目前世界丝织品中“惟一”用纯植物染料加河泥整理染色的真丝绸面料。2008 年，顺德区伦教镇将“香云纱晒莨染整技艺”作为传统手工技艺申报为“国家级非物质”文化遗产，获得批准，2011 年“香云纱晒莨染整技艺”又获“国家地理标志保护产品”称号。由此可见，佛山拥有“继昌隆”蒸汽缫丝厂、桑基鱼塘、香云纱等在全国乃至全球的海上丝绸之路丝绸产销品牌。

但如今，这些广东“海上丝绸之路”的历史文化遗产保护与研究状况堪忧，全省没有一家全景式展现“桑基鱼塘”与“香云纱”的博览园，现有顺德、南海、中山等几家规模较小的博物馆和小规模的“桑基鱼塘”，无法与广东“海上丝绸之路”大省的称号相当。虽然改革开放以来，佛山的丝绸纺织产业发展迅猛，在传承创新发展丝绸文化基础上，涌现了针织、童服、内衣、面料等多个专业镇，如南海西樵是全国首个纺织产业升级示范区，禅城张槎是中国针织名镇，奠定佛山纺织的支柱产业地位。经济发展的新常态下，佛山丝绸纺织产业迫切需要增强核心竞争力，进一步做优做强和转型升级，而文化涵养、品牌塑造、技术升级、国际合作等将成为佛山市丝绸纺织企业增强核心竞争力、实现做优做强和转型升级的关键要素。为梳理整合佛山历史文化品牌，凸显佛山作为海上丝绸之路丝绸产销大港的地位，融入国家“一带一路”发展战略和广东省“21世纪海上丝绸之路”建设，加强文化、品牌、技术、国际合作等方面与国家和省的对接，增强佛山市丝绸纺织企业的核心竞争力、实现转型升级，佛山市人民政府、广东省科学技术协会、广东省珠江文化研究会主办，佛山市科学技术协会、佛山市文化广电新闻出版局承办，广东省茧丝绸行业协会、佛山市纺织丝绸学会协办“佛山：海上丝绸之路丝绸产销大港”论坛。论坛于2016年3月22日在佛山市南海区西樵国艺大酒店宴会中心召开，邀请全国、广东省和佛山市丝绸纺织行业的专家学者和企业家代表等约150人。中国工程院院士向仲怀教授、中山大学黄伟宗教授等专家献计献策，会议取得了良好的效果与反响，许多报刊电视台都进行了报道。

同样，明清时期佛山作为我国著名的手工业“四大名镇”之一，佛山的陶瓷、铁锅等享誉海内外，成为影响巨大的岭南经济都会之一。为深入挖掘佛山市优秀的历史文化资源，凸显佛山的陶瓷冶炼在海上丝绸之路的历史文化特点和历史地位，打造“海上丝绸之路佛山陶瓷冶铁大港”的历史文化品牌，提升佛山知名度和竞争力，为佛山市积极参与“一带一路”“珠江—西江经济带”提供文化支撑，2016年6月29日，佛山市禅城区石湾宾馆五楼会议室召开了“佛山：海上丝绸之路陶瓷冶铁大港”论坛。论坛由佛山市人民政府、广东省珠江文化研究会主办，佛山市科学技术协会、佛山市文化广电新闻出版局承办，佛山市陶瓷学会协办，邀请全国、广东省和佛山市丝绸纺织行业的专家学者和企业家代表等约120人。

这本论文集就是上述“佛山：海上丝绸之路丝绸产销大港”与“佛山：海上丝绸之路陶瓷冶铁大港”两次论坛的汇集，南方日报、羊城晚报、人民网广东频道、佛山日报、珠江时报、佛山电台、佛山电视台、广佛都市网等新闻报道附后。

广东省珠江文化研究会长期以来一直致力于为地方经济与社会文化建设服务，做好地方各级政府的智囊，为广东及珠江流域各地贡献力所能及的力量，希望在国家实施“一带一路”中再添新功！

与诸位共勉，谨以此代为序。

（王元林，广东省人民政府参事室特聘参事，暨南大学教授、博士生导师，广东省珠江文化研究会会长）

上 ◆ 篇

佛山

海上丝绸之路丝绸产销大港

弘扬千年海上丝绸之路丝绸产销大港传统　创建世界“一带一路”丝绸文化立体博览园

——关于佛山海上丝绸之路及丝绸文化的调研报告

黄伟宗

（广东省政府特聘参事、中山大学教授、广东省珠江文化研究会创会会长、广东省海上丝绸之路研究开发项目组组长、《海上丝绸之路研究书系》总主编、《珠江文化丛书》总主编）

摘要：佛山的禅城、南海、顺德等地区千百年来因盛产丝绸，在全省、全国乃至全世界有重要作用和地位。笔者从佛山历代世界丝绸产销，丝绸品牌产品、技艺、工艺的光辉革新史绩，丝绸生产和文化对外销售交流最多最广之基地等三方面进行了论述及分析，提出佛山为“千年海上丝绸之路丝绸产销大港”的定位，进而建议在佛山创建集海上丝绸之路科技博览园、丝绸与人类文明博览园、蚕基鱼塘博览培训园、香云纱博览培训园、南丝世界通览体验园、丝绸工艺博览培训园等六大博览园为一体的21世纪世界“一带一路”丝绸文化立体博览园。

根据多年来和最近对佛山海上丝绸之路及丝绸文化的调查研究，笔者认为佛山应当而且可以做出“千年海上丝绸之路丝绸产销大港”的文化定位，并且应当以弘扬这个定位的文化传统，创建世界“一带一路”丝绸文化立体博览园，使其成为“21世纪世界海上丝绸之路”及丝绸产销文化大港，主动融入国家“一带一路”战略建设。

一 为佛山定位“千年海上丝绸之路丝绸产销大港”的依据

佛山市，包括所属的禅城、南海、顺德、三水、高明，被誉为千年丝绸产销大港，主要在于禅城、南海、顺德等珠江三角洲地区千百年来因盛产销丝绸而在全省、全国，乃至世界的作用和地位，故有“千年海上丝绸之路丝绸产销大港”之称。具体表现在：

1. 佛山自古都处在历代世界丝绸产销的最前列

据冯海波在《“广东绣艺”借海上丝路名闻遐迩》（见2015年12月18日《广东科技报》）一文中提供的资料，广东丝织品的出现，可追溯至两千多年前的汉代。据《汉书·地理志》载：早在西汉时期（前202－8年）广东就有“桑蚕织绩”活动。考古发现，西汉时期的南越王墓中即有丝绸碎片、印花绸和两块青铜制的印花凸版。三国时（220－280年），佛山已成为蚕丝和棉花的生产加工基地。唐代的“广东锦”以精工细巧而闻名于世，可比喻为现代真丝“印经织物”的前身。明代的“粤纱”“牛郎绸”“三丝缎”“花绫”“八丝”“云缎”等都久负盛名，曾享有“广纱甲天下”的美誉。

宋代是广东的丝织业重要发展时期。当时丝织已分机织和针织两大类，主要是机织生产，并以广州、佛山、南海、顺德等珠江三角洲地区为代表。广东省茧丝绸行业协会提供的资料显示，宋徽宗（1101－1125年）期间，南海县修筑了“桑园围”，西樵、九江、沙头等地的蚕桑生产得到保证，进一步促进了县内丝织业的发展，民间机户、机坊生产的丝绸数量甚巨，大量丝绸成为贡品进贡朝廷。元代（1271－1368年）曾一度呈停滞、衰退状态。到明代（1368－1644年）中期，珠江三角洲地区的丝织业才有较大的发展，手拉足踏的木织机已被广泛采用。

明嘉靖九年（1530年），地处粤中的佛山丝织业在原分为十八行分工分业生产的基础上，又增至二十四行。据嘉靖《广东通志》载，顺德县的龙山岗背已经生产出著名的丝织品——像眼绸“王阶”“柳叶”和线绸等，都作为广东的贡品进贡朝廷；而“牛郎绸”“五丝”“三丝缎”“花绫”“帽绫”“官纱”等都久负盛名，远销国内外。明末清初屈大均的《广东新语》也记载：“广之线纱与牛郎绸、五丝、八丝、云缎、光缎，皆为岭外、京华、东西二洋所重。”“洋船争出是官商，十字门开向二洋，五丝八丝广缎好，银钱堆满十三行。”

19 世纪末叶至 20 世纪 30 年代，是广东建国前丝织和晒莨业（丝绸印染业的前身）最为兴旺的时期。民国十一至十五年（1922－1926 年），国际市场纺织品原料和成品短缺，极大地刺激了当时的茧丝绸事业，广东的制丝事业也进入鼎盛时期。其时，珠江三角洲的丝织厂多达数千家，丝织机三万余台，有丝织和晒莨工人三四万人，晒莨场地比比皆是。1922 年，全省生丝年产量达 6278 吨，占当年全国生产总量的三分之一，是迄今为止广东历史上生丝产量最高的一年。

从上述佛山千年丝绸发展概况可见，为其做出“千年海上丝绸之路丝绸产销大港”的定位是名至实归的，现在应当在“一带一路”建设中继承并大力弘扬这一光辉传统。

2. 佛山历代都有著名的丝绸品牌产品、技艺、工艺，以及光辉的革新史绩及其文化，传播并享誉全国全世界

首先是名扬海内外的广绣。广东的丝绣又称粤绣，包括广绣和潮绣。粤绣与江苏省的苏绣、湖南省的湘绣和四川省的蜀绣齐名，并称“中国四大名绣”。佛山所产称广绣。通过海上丝绸之路对外贸易，成为蜚声海内外的传统名牌产品。广绣是一种用多彩针线在绣地（丝绸等）上绣出各种花卉、风景、人物等图像的艺术，是独具广东特色的工艺产品。广绣有着悠久的历史。唐代苏颚在《杜阳杂编》中写道：“永贞年间，南海贡奇女子卢眉娘，时年十四，能于尺绢绣《法华经》七卷；字如粟粒，而点划分明。又能以五彩丝一缕分成三缕，于掌中作飞盖五重，中有十洲三岛、天上玉女、台殿麟凤之象，外有执幢捧节之童，不啻千数……唐顺宗叹其功，谓为‘神姑’。”南宋时，广东绣品开始从深闺小院和皇室内庭走向国内外市场，发展成为民间一项重要的副业生产。据史料记载，明正德九年（1514 年），葡萄牙人购买了广绣艺人绣制的龙袍袖片献给葡萄牙国王，国王大喜，给予丰厚赏赐，广绣从此名扬海外。

明嘉靖三十五年（1556 年），曾在广州逗留了几个星期的葡萄牙传教士克罗兹，回国后在其所著的“回忆录”中写道：“广州很多手工业工人都为出口贸易而工作。出口的产品也是丰富多彩的。有彩色丝线盘曲的绣在鞋面上的绣花鞋……都是绝妙的艺术品。”到明万历二十八年（1600 年），英国女王伊利莎白一世十分喜欢广东的金银线绣，亲自倡导成立英国刺绣同业公会，从中国进口丝绸和丝线，加工绣制贵族服饰。英王查理一世继位后，进一步倡导英国人种桑养蚕，发展英国的丝绸工业和工艺，使广绣艺术传播到英伦三岛，被西方学者称誉为“中国给西方的礼物”。

从丝绸生产革新而言，最早具有海上丝绸之路性质的丝绸生产革新史绩，是宋代珠江三角洲“桑基鱼塘”种植。当时是南宋战乱时期，大批中原人举家南移，经南雄珠玑巷进入广东，开发珠江三角洲海边土地，创造了用土基围海造塘，用种桑树固定塘基，又在塘中养鱼的“桑基鱼塘”技术，主要用于从事丝绸生产活动，促使丝绸生产发展。这是中原人到广东后创造的技术，后来传至东南亚，所以具有“海上丝路”性质。这项技术在 20 世纪 80 年代被联合国粮食及农业组织（FAO）列入最佳生态系统，是全球重要农业文化遗产之一，是具有“唯一”价值和意义的海上丝路文化。

最著名的是 1872 年，华侨陈启沅在家乡南海西樵创办了“继昌隆”蒸汽缫丝厂，是我国第一家民族资本企业和近代第一家纺织企业，其创办和影响都具有海上丝绸之路的文化意义。陈启沅世代以农桑为业，1854 年起往海外经营杂货、纱绸生意，成为知名侨商。清同治十二年（1873 年），他回到家乡南海县西樵简村，与其兄一起创办了我国第一家机械缫丝厂——继昌隆缫丝厂，开创我国丝绸业工业化之先河，体现了广东丝商敢为天下先的勇气。继昌隆缫丝厂以蒸汽机为动力，采用陈启沅自行设计的半机械缫丝机，所缫生丝品质优良，称为“洋装丝”。之后顺德、南海等地相继出现机械缫丝厂，传统的丝绸业从此迈向机器时代。在继昌隆创办之初，除动力部分为购买的一副外国轮船的蒸汽引擎外，其余皆自行设计，陈启沅负责技术指导，历八九个月之通力合作，终于造成了我国第一台以机械为动力的缫丝机。清光绪十年（1884 年），陈启沅为了缓和机器缫丝与手工缫丝之间的矛盾，兼顾国内市场对土丝的需求，结合机器缫丝技术的原理，化群机为单机，改动力为人力，设计制造了“以足代手”带动木柢转动的足踏缫丝机，俗称“踩柢”。由于成本低，效率高，受到蚕农欢迎，很快取代了手缫丝车，得到普及，并出现了大量“踩柂工场”。

与此同时在清末，南海县民乐发明了“扯花”机，可以织造较复杂花纹图案的品种。尤其是民国初年（20 世纪 10 年代），南海县首创了具有扭眼通花图案（经线组织为绞纱组织）的新产品——“香云纱”，俗称“白坯纱”，经过晒莨后的成品就是广东特有的名闻四海的“香云纱”。这是广东丝织行业具有划时代意义和深远历史影响的创举。此后，佛山、广州、顺德相继开辟了生产“白坯纱”和莨纱的工厂、晒场，使珠江三角洲呈现莨纱生产的欣欣向荣局面。“香云纱”是目前世界丝织品中“唯一”用纯植物染料加河泥整理染色的真丝绸面料。2008 年，顺德区伦教镇将“香云纱晒莨染整技艺”作为传统手工技艺申报后被列入“国家级非物质”文化遗产，2011 年又获“国家地理标志保护产品”称号。由此可见，“香云纱”等的产品和技艺的革新、创造及其文化，在全国和世界具有“第一”或“唯一”的海上丝绸之路丝绸文化意义。

3. 佛山自古至今都是丝绸生产和文化对外销售和交流最多最广的基地

佛山在千年历代都处于丝绸产销的全国全世界前列，而且历代都有著名品牌产品、技艺及其文化享誉全国全世界的辉煌历史，自古至今都是广东、也即是全国在丝绸生产和文化和交流最多最广的基地。

明清时代，广东丝绸外销主要通过当时中国一口通商口岸——广州十三行。16 世纪起，随着欧洲商船到达广州，一个全球性的贸易市场逐渐形成。葡萄牙、西班牙分别以中国澳门和菲律宾马尼拉为贸易据点，在广州大量采购生丝与丝织品，从事中国—欧洲—拉丁美洲的贸易。丰厚的利润吸引了欧洲其他国家纷至沓来，荷兰、英国、瑞典、丹麦、德国、法国以及独立后不久的美国纷纷派出商船，介入中国贸易。从 16 世纪至 19 世纪，包括佛山在内的中国生丝、丝织品源源不断地输往全世界。当时还有专门为欧洲市场定制的丝绣品——外销绸与外销绣，其工艺可分为手绘、刺绣与提花三类。纹样采用当时欧美流行的风格，大部分是来样定制的。从产品用途看，有些为床品，有些为服饰，有些用作室内装饰。它们虽然在中国生产，但艺术风格却中西合璧，是当时西方最时髦和华丽的织物。

佛山是广东最大的主干蚕区，广东是我国历史上的四大蚕区之一，民国初期生丝出口曾占全国三分之一，佛山产量居全省90%，全省财政资本80%来自佛山，誉为“广东银行”。解放后至改革开放前，佛山在发展工业的同时，桑园面积仍占全省75%（1978年），产茧量占93%。佛山丝绸业的发展奠定了广东丝绸在全国的地位，同时为改革开放后经济起飞打下了坚实的物质与人文基础。

改革开放以来，佛山的丝绸纺织产业发展迅猛，在传承创新发展“丝文”基础上，涌现了针织、童服、内衣、面料等多个专业镇，如南海西樵是全国首个纺织产业升级示范区，禅城张槎是中国针织名镇，奠定佛山纺织的支柱产业地位。在经济发展的新常态下，正在进行转型升级，增强企业核心竞争力，文化、品牌、技术、对外合作等要素，已成为佛山丝绸纺织企业转型升级的关键，正在由此纳入广东省和国家“21世纪海上丝绸之路”建设。海上丝绸之路主要是产品和文化进出口交流之路，我国作为世界排名首位的货物贸易大国，广东贡献举足轻重。2013年以来，广东年度出口总值连年超万亿美元，占同期全国外贸总值近30%，继续领跑全国，佛山在全省进出口贸易额中长期排行前列。据此，为佛山定位为千年海上丝绸之路丝绸产销大港是名正言顺的，应当在“21世纪海上丝绸之路”建设中承传并扩大这种海外关系和优势。

二 创建世界“一带一路”丝绸文化立体博览园

鉴于佛山丝绸产销在全省、全国，乃至全世界丝绸之路和丝绸行业中，具有“千年海上丝绸之路丝绸产销大港”的重要地位和优势，其应当弘扬这一光辉传统，并创建21世纪世界“一带一路”丝绸文化立体博览园。“立体”，即是新型多边、全方位、多功能的交叉组合。具体而言，就是以六个不同的丝绸博览园构成立体的形态，立足本地本省，穿越世界古今，凝文化于科技，汇传统于现代，将经济、交化、贸易、会展、交流、联络、表演、游览、科技、培训、工艺、种植、体验、旅游、度假、养生、娱乐等学科和功能交叉于一体；既各呈其能在内有机组合而又各以其道向外辐射，以其有机的组合力发挥其独特的凝聚力、吸引力，以其多边的辐射力而发挥其伸张力、影响力；从而使每个博览园，既是各自独立的整体，又是相互共同组合为中心的有机个体。这六个博览园是：海上丝绸之路科技博览园、丝绸与人类文明博览园、蚕基鱼塘博览培训园、香云纱博览培训园、南丝世界通览体验园、丝绸工艺博览培训园。初拟建设方案如下：

1. 海上丝绸之路科技博览园

建议在佛山禅域城区正埠码头旧址，竖立“海上丝绸之路丝绸大港”碑记，并创建世界性的“海上丝绸之路科技博览园”。园中运用多种当今世界新创造的科技手段，以栩栩如生的艺术形象再现世界古今海上丝绸之路的人物故事，如：汉武帝开拓海疆、张骞通西域、黄门译长出海、唐三藏取经、郑和下西洋、《镜花缘》、马可·波罗游记、德国旅行家利希霍芬《中国游记》等等，使人犹似身临其境，既受历史和科技教育，又获真善美的艺术享受，使整个博览园既是定格的历史大观园，又是赏心悦目的时代乐园。

2. 丝绸与人类文明博览园

建议在佛山南海陈启沅故居附近，创建“丝绸与人类文明博览园”。园中以历代神话传说和文艺作品中著名女性形象的衣饰及其环境的变化，而展现出人类从神话时代、农耕文明、江河文明、海洋文明、工业文明，到后工业文明的发展进程，如中国的女娲、嫦娥、织女、嫘祖、卢媚娘、观音、龙母、妈祖、冼太，中国古代四大美女（西施、王昭君、貂蝉、杨贵妃），《红楼梦》的金陵十二钗，《三家巷》的“人日”姑娘、阿诗玛、刘三姐，外国的圣母、夏娃、米罗的爱神维纳斯像、萨莫色雷斯的胜利女神像、达·芬奇的《蒙娜丽莎像》，《天鹅湖》中的白天鹅、莎士比亚戏剧中的朱丽叶，列夫·托尔斯泰的《安娜·卡列尼娜》，以及现代的戴安娜等等，使整个博览园既是世界著名女性形象的荟萃园，又是以丝绸展现人类文明进程的大观园。

3. 蚕基鱼塘博览培训园

建议在佛山南海西樵创建“蚕基鱼塘博览培训园”。“桑基鱼塘”是珠江三角洲地区具有地方特色的农业生产形式，即挖深鱼塘，垫高基田，塘基植桑，塘内养鱼，是一种高效的人工生态系统。桑基鱼塘发端于明末清初，以南海、顺德一带最为普及，掀起了“废稻树桑”“废田筑塘”的热潮，为近代广东丝绸业的发展奠定了基础。现已是世界仅有的文化遗产，应以创建博览培训园予以承传普及，将展现其生产进程与培训教育结合起来，是承传并发展开拓新丝绸之路的好方式。华南农业科学院在南海办有实验基地，可在这个基础上创建这个博览园。最近我们还了解到，华南农业大学亚太地区蚕桑培训中心，是1982年由世界银行贷款，中国政府与联合国开发计划署（UNDP）和联合国粮农组织（FAO），在我国唯一建立的负责东南亚以及太平洋地区蚕桑技术培训的特设机构，迄今已为来自亚太地区（如印度、越南、泰国、朝鲜、巴基斯坦、巴勒斯坦、也门、尼泊尔、菲律宾、印度尼西亚、老挝、马来西亚、马达加斯加、乌兹别克斯坦、塔吉克斯坦、澳大利亚等）、非洲埃及、乌干达、南非、津巴布韦、喀麦隆、尼日利亚、马拉维、埃塞俄比亚、刚果、布隆迪和拉丁美洲古巴等30余个国家和地区的300余名学员，举办了各种形式的蚕桑技术培训，接待外国来宾参观访问400多批次，成为该校对外合作交流的一个特色窗口。我国政府、FAO和各国来宾对中心的培训工作都给予了很高的评价。2006年11月印尼副总统穆罕默德·尤素夫·卡拉（Muhammad Jusuf Kalla）的夫人穆菲达·尤素夫·卡拉（Mufidah Jusuf Kalla）女士率高级商务代表团成功地访问了亚太地区蚕桑培训中心，蚕桑中心再次引起国内外的高度关注。自中心成立32年来，他们积极参与世界蚕丝业界的各项活动，在协助亚太地区、非洲以及拉丁美洲等地发展蚕桑生产的过程中，发挥了十分积极的推动作用，在国际蚕丝业界具有重要影响。近5年，蚕丝科学系有40多人次参加了15次境外国际蚕业学术会议，曾有两名教师被FAO聘为蚕业顾问。目前，中心正在与国际蚕丝协会、国际无脊椎动物病理学会、韩国农村发展部（RDA）和韩国蚕学会、日本蚕学会、印尼茂物农业大学、泰国农业部蚕桑司、埃及农业部蚕业所、古巴蚕丝协会、意大利红色拉丁美洲蚕丝协作网、黑海里海地中海地区蚕丝协会（BASCA）、越南国家蚕桑研究所、美国农业部伊利若州自然历史调查局等机构有着不同形式的科技合作与交流。这个事例说明，广东省原有的与国际合作的基础是很好的，方式是很多的，成果是卓越的，将这些国际合作关系转移或发展到博览培训园中来，前景更大更好。

4. 香云纱博览培训园

香云纱（绸），俗称"薯莨纱（绸）"，又名"莨纱（绸）"，因其质地挺爽，穿着行路时隐隐约约发出妙不可言的沙沙声响，初名为"响云纱"，文人雅士谐其音，美称为"香云纱"。香云纱是将桑蚕丝织成的"纱"或"绸"，用野生植物"薯莨"的块茎，碎后泡水成汁，经日晒晾干加工而成。整个工艺流程有"三蒸九煮十八晒"共三十道工序，要经过反复浸染、晾干、过河泥、水洗、"摊雾"后，经日晒晾干加工而成。"人法地，地法天，天法道，道法自然”是中华民族传统文化所揭示的宇宙观，“天、地、人万物和谐相处，循环演进”的价值观，皆由香云纱演绎得淋漓尽致。香云纱是真丝中的极品，风格低调奢华，富含18种人体所需的氨基酸，纤维纤细光滑，轻盈柔软，吸湿性和透气性好，具有皮肤保健作用。

据广东丝绸集团提供的资料，2008年6月，顺德香云纱染整技艺入选国家第二批非物质文化遗产名录。伦教成艺晒莨厂的梁珠先生被誉为香云纱染整技艺国家级非物质文化遗产传承人，为了让香云纱这项古老的遗产更进一步地融入现代市场，让更多人了解传统，由梁珠先生筹建的香云纱博物馆已初具规模。梁珠先生在20世纪80年代就开始与广东省丝绸公司合作，为公司出口香云纱面料及服装提供原料供应，2012年广东省丝丽国际集团股份有限公司把伦教成艺晒莨厂作为公司香云纱实验基地，并聘请梁珠先生为总顾问。因此，可与梁珠先生合作或者承包建设这个博览培训园，以现场实景展现香云纱的制位过程（过薯莨、浸莨水、晒莨、洒莨水、煮莨、过河泥、洗水、摊雾、装封），并且承担培训国内外承传人才的任务，这也是具有世界意义的“一带一路”建设的项目和方式。

5. 南丝世界通览体验园

建议在顺德南国丝都博物馆基础上创建“南丝世界通览体验园”，主题是“南丝世界，世界南丝”。“南丝世界”的内涵是：广东桑丝生产全景和产品种类通览，包括衣、食、住、行、玩，养（生）、护（体）、礼（品）、婚（纱）、爱（信物）等的桑丝制品的生产过程、产品体验、加工定做、品尝试销，使人能在园中通览并切身体验别有风味的广东桑丝世界。“世界南丝”的内涵是：广东桑丝产品在世界各地的流行景象，包括桑丝产品的销售和在民间使用状况的通览和体验。

6. 丝绸工艺博览培训园

建议在佛山南海丝厂附近，创建丝绸工艺博览培训园。园中既陈列佛山和广东的丝绸工艺品，又展销全国、以至世界的丝绸工艺品。可由本园组织展销，亦可由海内外企业自行在园中开档展销，将博览园办成永不落幕的丝绸工艺品交易会和展览会。同时，园中开办各种丝绸工艺的培训班，向国内外招生收徒；亦可由在园中开档展销的企业自办，并可到海外国家或地区开办或合办，从而使博览培训园也是全国性和世界性的丝绸工艺和文化的传承和传播地，这也是建设世界“一带一路”丝绸文化立体博览园的重要项目和方式。

应当吸收进园的丝绸工艺除广东的广绣、潮绣之外，还应当包括：江苏的云锦、江苏的缂丝、江苏的苏绣、苏州的宋锦、湖南的湘绣、四川的蜀绣、成都的蜀锦等。这些品种，既是我国丝绸文化和丝绸工艺之“国粹”，又是海上丝绸之路文化名扬天下的世界品牌，将其入园展现，并由其传承人办班收徒，培训国内外英才，成立研究机构，定期举办科学研讨会，使丝绸文化及其传统工艺得以代代承传，使世界“一带一路”丝绸文化立体博览园持续不断地保持旺盛的活力。

本文刊于《省政府参事建议》（特刊）［2016］第4期（2016年3月7日）

珠江三角洲“桑基鱼塘”现代发展问题研究

张健
（家蚕基因组生物学国家重点实验室博士后，西南大学西南民族教育与心理研究中心教师）
向仲怀
（中国工程院院士，家蚕基因组生物学国家重点实验室学位委员会主任，西南大学蚕学与系统生物学研究所所长）

摘要： 桑基鱼塘是我国传统农科技术的精华，也是中华传统农耕文化的集中表现。人与自然和谐统一的理念，土地与自然资源集约型开发方式，精耕细作式的经营模式，最终生成了“挖深鱼塘、垫高塘基、塘基植桑、池中养鱼、池埂种桑”的“桑基鱼塘”的发展道路。这种思想产生于先秦，是中华古人“观察天道自然的运行规律，明耕作渔猎之时序”[①] 而形成的“观天文、察时变、化天下”的传统文化本性。作为中国传统农业典范，这种复合型人工生态系统成为当今世界公认的低耗、高效农业生态系统。

珠江三角洲桑基鱼塘是20世纪后期国际社会所倡导的现代生态农业和循环经济的典范，从其鼎盛，再到衰败、复

---

① （清）阮元校刻：《十三经注疏·周易正义》卷四，北京：中华书局影印，1980：37。

兴，直至20世纪末退出历史舞台，前后沧桑400年，但它是中华民族智慧的结晶，虽已衰落，其可持续发展的思维和天人合一的发展理念，必然引领生态农业发展的新潮流，再造农业生态的新典范。

关键词：珠江三角洲；桑基鱼塘；发展问题

一 桑基鱼塘的发展概况

珠江三角洲位于北回归线以南，是副热带海洋性季风气候，一年四季气雨量充沛，阳光充足，因为河流纵横交错，土地肥沃，自然条件优越，生长在珠江三角洲一带的人们，经过长期摸索，将低洼渍水地就势深挖成塘、蓄水养鱼，堆土成基，基上植桑，发明了桑基鱼塘模式。① “桑基鱼塘”这一农业生态系统将栽桑、养蚕、养鱼有机地结合在一起，形成了桑、蚕、鱼、泥互相依存、互相调整的良性循环生态农业发展模式。

珠江三角洲桑基鱼塘生态系统自明代中叶以后，逐步形成了基塘生产的雏形，到明末清初，由于丝织品需求量大增，刺激了蚕桑业的发展，珠江三角洲地区的桑基鱼塘迅速扩展开来，如顺德县的沙滘、龙江、勒流、杏坛、均安、桂洲、大良、伦滘、北滘、陈村，南海县的南庄、沙头、九江、西樵、中山市的南头、东风、小榄、古镇，新会县的荷塘、棠下，鹤山县的古劳等镇（公社）等。②（如图1）尤其在顺德、南海一带，“咸丰以前，尚有禾田，后悉变为桑基鱼塘。”③ 桑基鱼塘兴起之后，珠三角地区一直保持强劲的发展势头，社会稳定、经济繁荣、文化昌盛，迅速成为岭南地区经济和文化中心。

新中国成立后，如顺德容桂外海村1954年2801.78亩耕地面积中，桑地

---

① （清）屈大均：《广东新语》［M］，北京：中华书局，1985：587－590。

② 冯启新：《珠江三角洲桑基鱼塘沉浮录》［J］，水产科技，2005（1）。

③ 周廷干：《民国重修龙山乡志》［M］，华南农业大学农史室藏，1930：4。

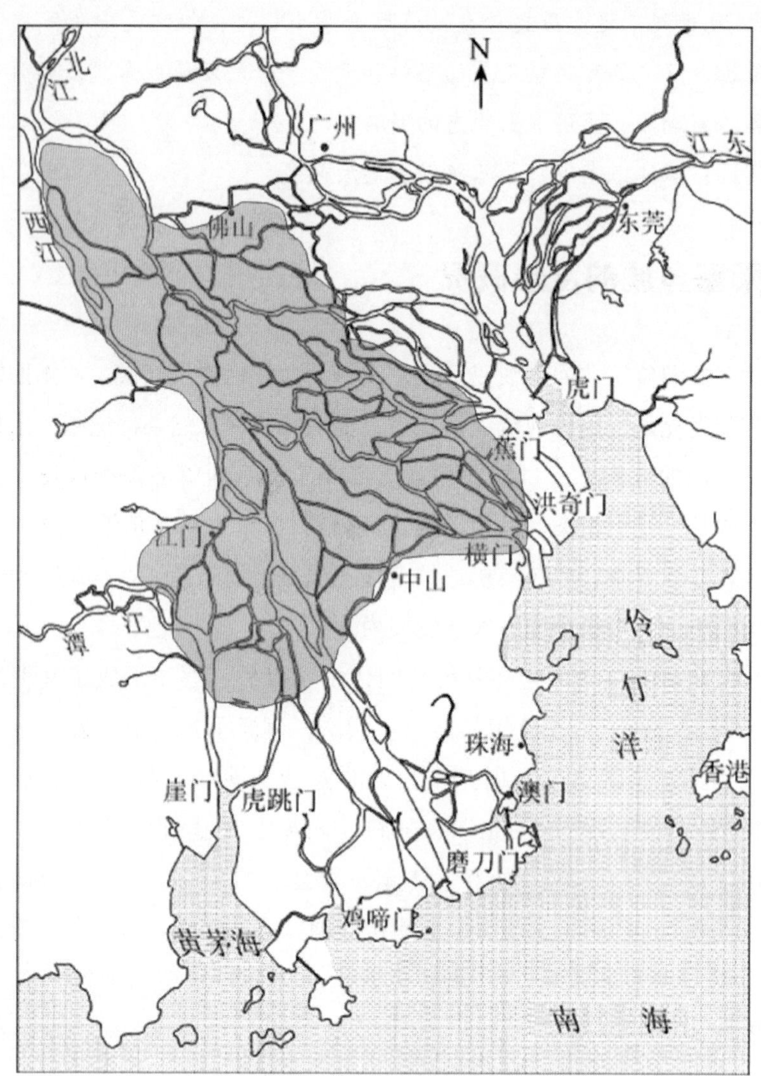

图1　珠江三角洲桑基鱼塘全盛时期的区域分布

占耕地面积的43.2%，水田占20.2%，鱼塘36.1%。[①] 但是，到1959－1961年三年困难时期，毁桑种粮，桑基鱼塘受到很大破坏。如南海县的桑地面积从1958年的35225亩减到1962年的26912亩，蚕茧产量从38097担减到23350

① 顺德县委委员会：《广东省顺德县外村乡海尾村农村经济调查总结》[B]，佛山：顺德档案馆，1954：3。

担，是解放后蚕桑生产的最低潮。20 世纪 80 年代后期，伴随着工业化与城市化进程和产业结构的调整，加上环境恶化，桑基鱼塘大面积萎缩和被取代。如今，珠三角桑基鱼塘总量已不足 200 公顷，零星分布于顺德、南海、花都等一些观光农业园内，其功能也不再像传统的桑基鱼塘那样以农业生产为主。[①] 与此同时，联合国粮食组织把这种循环农业生态系统桑基鱼塘评价为世界农业循环经济的典范。1992 年，联合国教科文组织称桑基鱼塘为“世间罕有美景、良性循环典范”。[②] 珠江三角洲经过改革开放几十年的发展，如今桑基鱼塘现已逐渐衰退而面临着新的发展危机。

二 桑基鱼塘面临的问题

改革开放的 30 多年以来，中国经历了经济体制改革，土地政策扭转，市场经济的导向作用，珠江三角洲地区的桑基鱼塘发展几经起落，如今，桑基鱼塘的发展面临着严峻的挑战。

1. 历史遗留问题

我们在追逐工业化的进程中，超越了桑基鱼塘所能承受的物质能量，打破了桑基鱼塘原有的物质循环和能量转换系统，从而使系统中的物质不能良性循环；过度开发必然造成地力下降，产量降低。再加上市场的导向，过多追求经济利益而砍桑植棉种蔗，早已丢弃了精耕细作的节约型发展模式。众多“重养鱼、轻养塘”的现象出现，也使得传统桑基鱼塘循环系统减弱，基与塘之间失去了物质与能量转换系统；加之现代工业发展所带来的环境污染，不仅影响蚕桑质量和产量，同时破坏了人们良好的生活环境。根据国家海洋局南海分局在广州发布的《2009 年南海区海洋环境质量公报》（如图 2），广东沿海 3 个海洋生态监控区几乎全部处于不健康或亚健康的状态。总是，经营机制的改变、环境质量的下降等众多因素都使得桑基鱼塘的内在发展动力不足。

① 郭盛晖：《顺德桑基鱼塘》［M］，北京：人民出版社，2007：125 - 128。

② 叶显恩，周兆晴：《桑基鱼塘，生态农业的典范》［J］，珠江经济，2008（8）。

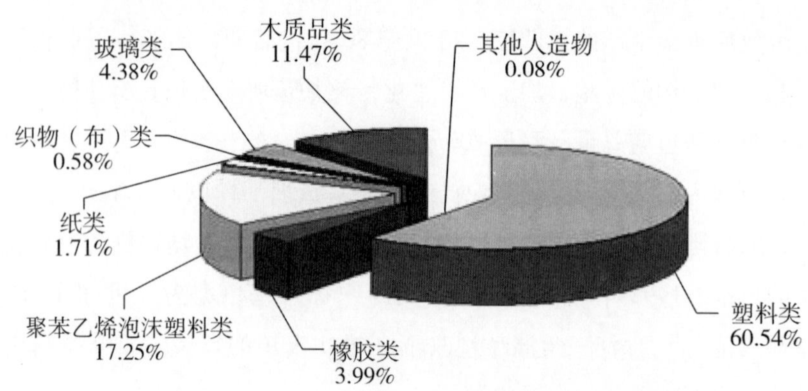

图 2　2009 年南海重点海域海面垃圾组成

2. 现实发展问题

近些年来，国际市场上生丝的价格波动剧烈，而国家宏观调控过程中在价格政策上缺乏系统平衡的考量，使蚕桑生产的经济效益明显低于蔗、鱼等项生产，这严重损害了珠江三角洲地区蚕农生产的积极性，众多地区的桑基鱼塘都不同程度上出现了挖桑种蔗且重鱼塘轻桑基的现象，严重损害了桑基鱼塘生态系统。工业化、城镇化的快速发展，自然环境急剧改变，传统的桑基鱼塘不断萎缩，湿地效应日趋下降，导致地下水补给、水体自净化能力及生物多样性的退化，严重威胁珠三角城市生态安全。①

重物质轻精神的价值观使人们更多追求经济效益而忽略对生态效应与文化效应的思考。注重有形价值而忽视了无形价值。同时，桑蚕文化也在逐渐消退，老一辈内心中的原始宗教思维已在当代的年轻人心里倍感陌生，与桑基鱼塘有关的传统技艺正在失传，与农耕生产的习俗礼仪等非物质文化遗产也被渐渐淡忘。

三　桑基鱼塘的文化意义

珠三角地区在工业化、城镇化进程中变成了一个规模巨大的城市带，但桑基鱼塘作为传统的生计方式正在成为构建文化软实力的新的着力点。岭南水乡

① 韩西丽，俞孔坚，李迪华等：《基塘——城市景观安全格局构建研究》[J]，地域研究与开发，2008，27（5）：107－110。

风貌的桑基鱼塘系统不但具历史文化价值，而且不乏审美与科学研究的价值，是我国重要的非物质文化资产。正如德国哲学家卡希尔在其符号哲学中提到，人创造了符号，符号又反过来改变了人性。

1. “天人合一”的儒家生态伦理

桑基鱼塘是珠三角洲人民经过漫长的生产实践和生活实践，因地制宜，扬长避短，在了解自然并与自然协同进化的过程中，充分利用水土资源，构建了人与自然和谐相处的良好发展模式。是人们认识自然、改造自然的伟大创举，是世界传统循环生态农业的典范，是“天人合一”儒家生态伦理哲学的具体表现，是一项世界宝贵的农业文化遗产。

它的内在机理就是通过人造生态循环系统来达到人与自然环境的和谐共处。是先民在耕作渔猎或治理国家时遵循天道自然规律，遵从人伦秩序，形成适合天地运行规律的人文自然关系，使人们的行为合乎自然规律和文明礼仪，最后形成天地人和的“大化”局面。在桑基鱼塘生态系统中，塘泥做肥、蚕沙作料，使得肥料循环再用，没有带来环境污染，整个生物体系得到了有效的保护，这是儒家生态伦理思想“仁民爱物”生态道德的集中体现。这一过程中，人们从整体思维出发，把自身的农业生产活动与自然和社会环境融为一体，变废为宝，综合利用各种资源，通过自然本身物质能量循环来获得资源上的节约与能量上的守恒，同时减少了人类活动时所带来的环境污染，这对于我们崇尚现代生态农业的今天，有重大可借鉴的生态价值和文化价值。

2. 朴素节约的生态文明意识

桑基鱼塘系统中，能吸纳大量劳动力，各种劳动分工细密，种养结合，常年无歇，不仅提高了劳动生产率，同时也均衡了收入分配，有效缓解了人地矛盾，促进了社会稳定。以顺德为例，清道光二十九年（1849 年）人口密度为 1277 人/平方公里，是当时全国平均值的几十倍，人多地少、耕地紧张成为本区最严重的社会问题。[①] 当桑基鱼塘大面积扩展后，妥善解决了人口稠密和耕地紧张的矛盾，迅速恢复了当地的和谐稳定。

桑基鱼塘作为人工开发的综合性生态系统，利用塘泥肥桑、桑叶育蚕、蚕

① 顺德市地方志办公室：《顺德县志》［M］，广州：中山大学出版社，1993：77－89。

沙喂鱼、鱼屎肥塘，使各个环节紧密相连，形成低投入、低成本、高效益的循环发展模式（如图3），不愧为“世间少有美景、良性循环典范”。[①] 这种生态美首先体现了主体的参与性和主体与自然环境的依存关系，它是由人与自然的生命关联而引发的一种生命的共感与欢歌。[②] 桑基鱼塘系统自动调节水分和养分，缓解水旱灾害，少污染低耗能，在尊重自然的前提下利用朴素的生态文明意识保持了生态平衡，实现了自然资源与能量的良性循环与守恒，是合规律性与合目的性的统一，是美的本质与根源。[③]

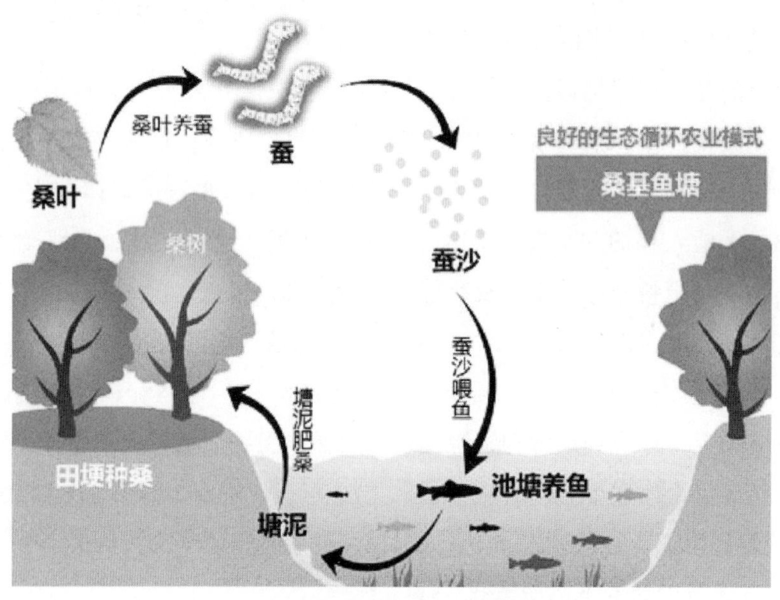

图3　桑基鱼塘生态循环模式

（图片来源：http://blog.sina.com.cn/s/blog_1316d16d60102vpq8.html）

3. 生命关怀的原始宗教思想

桑基鱼塘系统是在数千年蚕桑文化的积淀中形成的，生老病死、婚丧嫁娶

---

① 邓芬：《桑基鱼塘——珠江三角洲的主要农业特色》［J］，农业考古，2003，23（3）：193－196。

② 徐恒醇：《生态美学》［M］，西安：陕西人民教育出版社，2000：119。

③ 李泽厚：《美学四讲》，上海：三联书店，1989年版。

的民间习俗中处处可见原始的信仰和朴实的宗教观念。如烧田蚕、照田蚕、望蚕讯、谢蚕花、祛蚕崇等养蚕习俗和送蚕花、接蚕花、点蚕花、蚕乡嫁女、蚕乡丧葬、祛崇辟邪等原始禁忌思想，无不诉说着人们生活的方方面面。在人们植桑养蚕的生产过程中，人们把对自然与人类的认识统一于原始宗教信仰当中，通过日常的衣食住行活动演绎出来。这种宗教信仰文化根源于珠江三角洲人民对自身从出生、孕育到衰老、死亡的生命过程的深层理解和对农耕文明的深切崇拜。除了普遍的原始宗教信仰外，还出现了与桑基鱼塘相关联的天后、龙母、北帝、洪圣等信仰的水文化，在丰富珠江三角洲人民精神生活方面起着积极的作用。

那么，在提倡集约化发展的今天，在推进生态文明建设和保护生态环境的同时，传承历史悠久的蚕桑文化、认识淳朴的原始宗教信仰，对于丰富人们精神生活和保持社会稳定具有重要的现实意义。

四　桑基鱼塘的现代功能

珠江三角洲桑基鱼塘系统从形成、发展到衰落虽然仅仅有四百多年的历史，但是深刻影响了当地的政治、经济和文化风貌，也形成了独特的农业文化景观，在现代农业发展的今天必然彰显其突出的功能。

1. 桑基鱼塘的产业功能

桑基鱼塘系统复杂多样，植桑、养蚕、育鱼以及甘蔗、蔬菜、玉米等生产环节在良性循环的过程中带来可观经济收益，收益种类繁多，其生产的质和量都较其他地区更高、更优。就拿桑植来说，桑具有丰富的食用药用功能，桑枝富含纤维素，是造纸、动物饲料、中药和重要资源。桑皮、桑果、桑叶以及蚕沙、蚕蛹已经成为现代工业的重要原料。自古以来在民间桑叶、桑果、桑根（白皮）都有食用和药用的价值。《本草纲目》《神农本草经》等书都有桑树的药用记载。另外，以桑、蚕、鱼等为原料所烹制的菜肴、点心、饮料等色香味俱佳，并催生了众多饮食行业和饮食文化。

此外，桑的生态与旅游功能业随着时代发展表现出突出的特点。桑基鱼塘的复合生态系统结构稳定、运转良好，具有丰富的生物多样性特征，人与自然和谐统一，不仅较好地保持了良好的生态环境，同时也保证了生物种类的多样性，对于现代生态农业的发展有着突出的生态价值。同时，古老的鱼塘也许失去了往日的繁忙，但其独特的农业文化景观带来了较高的旅游价值。当前，部分桑基鱼塘生产效益虽微不足道，但其回归自然、返璞归真文化意蕴却深受人们青睐。而且年轻一代也可以通过参观和考察桑基鱼塘生产场景与工艺，领略这一特殊生产模式的科学性和合理性，从而达到长知识、受教育的目的。[①]

2. 桑基鱼塘的文化认同功能

如果没有桑基鱼塘，就无法衍生出“丝绸之府”“鱼米之乡”“文化之邦”。[②] 几千年来孕育出来的蚕桑丝绸文化、桥文化、水文化、船文化、古村落文化无不丰厚着一代又一代的华夏子民。不同的乡土景观唤起人们不同的情感和心理感受。[③] 在桑基鱼塘文化底蕴感染下，形成了独特的珠江三角洲文化认同，基塘作为珠三角传统农业景观，其风土人情凸显岭南特色，农家、农田、河流、池塘、树林、农田林网、村庄林地、宗教、石碑、石像、庙宇、祠堂等无不唤起岭南人们的乡土情感。正如克劳斯·米勒所说：“一些地区布满当地传说的褶皱……因为它们就在附近，看得见而且易于到达，历史也常常与之关联。每一次人们穿过田野、森林或其他什么地方，记忆都再一次被唤醒，赋予过往事件已黯淡了的生动性以新的形象。”[④] 借各种媒介保存流传的记忆能够有效继承和保护一个民族的文化，文化的延伸与发展是一个民族生生不息的灵魂。一个共同体有多大的凝聚力和自信，取决于自己有没有足够的文化认同。[⑤]

---

① 钟功甫，邓汉增，吴厚水等：《珠江三角洲基塘系统研究》[M]，北京：科学出版社，1987：7－14。

② 张丽：《湖州传承“桑基鱼塘”文化遗产》[J]，中国渔业报，2014(4)。

③ 胡立辉等：《乡土景观符号的提取与其在乡土景观营造中的应用》[J]，小城镇建设，2009（3）。

④ 王灿，赖玉芹：《历史景观与公共记忆——以黄州东坡赤壁为例》[J]，甘肃理论学刊，2011（11）。

⑤ 景天魁等：《时空社会学：理论与方法》[M]，北京：北京师范大学出版社，2012：241。

五 桑基鱼塘的发展路径

传统的桑基鱼塘经营模式虽已衰退，但在珠江三角洲很多古村落仍然保留了较好的生态农业景观，面对今天的可持续农业发展思维，桑基鱼塘又要扮演哪些历史角色？我们应珍惜华夏先民在漫长岁月里，在与自然环境交互发展的过程中所形成的系统和整体思维，将这些珍贵的历史文化遗产发扬光大，为我们作为农业大国的复兴做出贡献。

1. 加大扶持力度，积极申报世界遗产

文化是一种非再生资源，丢失和遗忘都是一个民族的灾难。正如王明珂"社会记忆"概念中所提到的，如果这一媒介物式微，当景观消失，记忆因为失去了依附的载体，也容易消弥。[①] 桑基鱼塘作为世界遗产重要组成部分，世界农业文化遗产的设立，无疑为桑基鱼塘这种传统农业文化模式提供重要的保护范式。许多国家和地区已经开始重视对传统农业的评价与利用，纷纷尝试从农业文化遗产的角度加强对当地农业资源的保护与开发。[②] 桑基鱼塘不仅是一个能源资源的循环系统，更是一种富含儒家传统道德的生态文化，它倡导"天人合一""物我统一"精神实质，对于现代农业的可持续发展具有重大指导意义。所以，必须加大政府引导和政策的支持力度，尤其是地方政府应给予高度的重视和积极引导，加大宣传力度，认真保护相关物的文化，建立适合这种文化传承与发展的保护制度。同时在鼓励申遗的过程中认真贯彻《珠江三角洲地区改革发展规划纲要》的有关规定，坚持"经济发展，文化先行"的发展模式。

2. 优化产业与生态结构，发挥湿地功能

桑基鱼塘的立体种养模式不仅促进了农牧渔种养一体化发展，而且促成产供销一条龙和农工贸协调发展，构建了一条集约化、商品化和资源节约型发展

① 王明珂：《华夏边缘：历史记忆与族群认同》［M］，台北：允晨文化实股份有限公司，1997：53。

② Jeffrey B. Yemeni agriculture：Historical overview，policy lessons and prospects［J］. Research in Middle East Economics，2003（5）：257－288.

的现代农业生态模式。同时，桑基鱼塘作为一种湿地资源，具有很好的环境效益，极具生态价值，不但可以发挥蓄水防洪的作用，而且还会降低夏日的高温、增加空气湿度、促进水的循环，在整个系统中不仅具有涵养水源、保持水土、调节气候的协同功能，而且还有营建生物栖息地、促成生物多样化的生态效应。但是，近些年来由于工业化、城镇化的快速发展，传统的桑基鱼塘不断萎缩，湿地效应日趋下降，导致地下水补给、水体自净化能力及生物多样性的退化，严重威胁珠三角城市生态安全。①

"我们不要过分陶醉于我们对自然界的胜利。对于每一次这样的胜利，自然界都报复了我们。每一次胜利，在第一步都确实取得了我们预期的结果，但第二步和第三步却有了完全不同的、出乎意料的影响，常常把第一个结果又取消了。"② 国家发改委《珠江三角洲地区改革发展规划纲要（2008－2020年）》明确提出"优化区域生态安全格局……加强自然保护区和湿地保护工程建设……维护农田保护区、农田林网等绿色开敞空间，形成网络化的区域生态廊道"。③ 事实上，生态平衡和经济效益之间有着紧密的关系，即生态平衡是获得高效益的前提和基础，经济效益也会反馈于生态系统。（如图4）二者协调发展，才能促进农业生态系统中各种因素平衡发展。要取得这种平衡，不仅要遵循生态规律，还要按经济规律办事，采取必要价格政策和税收政策或保护措施，建立符合人与自然和谐共生的生产布局和生产结构，既要"用地"又要"养地"，同时还要兼顾国家、集体和个人三个方面的利益。所以，我们必须认真研究传统桑基鱼塘的生态结构，保护其动态平衡，使这一系统内部互相促进、协调发展，以达到可持续发展的态势。

3. 坚持可持续发展道路，加速外向推广

可持续发展的思想是把经济发展置于自然资源保护之中，将资源保护与社会发展协调起来，保护并合理利用资源，追求"共同发展""协调发展""公

---

① 韩西丽，俞孔坚，李迪华等：《基塘——城市景观安全格局构建研究》[J]，地域研究与开发，2008，27（5）：107－110。

② 恩格斯：《自然辩证法》[M]，北京：人民出版社，1971：155。

③ 郭盛晖等：《农业文化遗产视角下珠三角桑基鱼塘的价值及保护利用》[J]，热带地理，2010（7）。

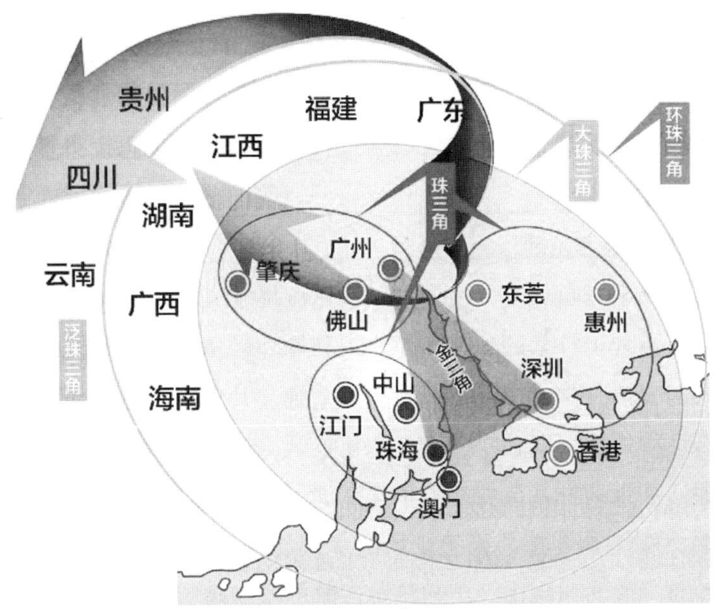

图 4　珠江三角洲网络化生态圈

（图片来源于：http：//ctkb. xywww. cn）

平发展”“高效发展”和“多维发展”。要求在经济发展中既要兼顾经济效率，又要关注生态平衡，还要追求社会公平，最终目的是人的全面发展。20 世纪，珠江三角洲工业化与城镇化加剧了环境的污染，桑基鱼塘已失去往日的繁华，无法回到过去的规模效益，但是，将桑基鱼塘的生态循环模式推广到周边条件允许的湿地，是值得尝试和探索的。比如广州、佛山和肇庆山水相连，就有利于肇庆创造良好的发展空间，容易融入珠江三角洲的核心区，这样就容易产生环境、技术等方面的共享，加快肇庆的发展。

“桑基鱼塘”高效生态利用新模式，目前已在珠江三角洲进行实践探索，建设了广州花都宝桑园新生态农业示范基地、南海渔耕粤韵“桑基鱼塘”科普休闲基地和顺德国家现代农业示范区“桑基鱼塘”功能区，还正在策划申报以“桑基鱼塘”为特色的塘基农业国家重要文化遗产和联合国粮农组织的全球重要农业文化遗产，“桑基鱼塘”的复兴指日可待。[①] 但是面对资源浪费、

① 廖森泰：《海上丝绸之路与珠江三角洲“桑基鱼塘”发展》[J]，中国蚕业，2015，36（4）。

环境污染和生态系统的退化，我们必须在抓好“搞点示范，典型引路”的同时强化科技并突出重点，必须树立尊重自然和保护自然的共生理念，把生态文明建设融入到经济建设和文化建设的全过程，积极推进生态文明建设和经济可持续发展。

4. 倡导生态旅游，开发科普基地

珠江三角洲桑基鱼塘充分使用太阳能量湿地水文系统，既节约资源又维护了生态环境，体现了朴素的生态环保意识和循环经济思想，是一个充分利用地力，实现人与自然共生的综合性人工生态系统，其生生不息、环环相扣的良性循环系统特征构筑了一幅独特的农业文化景观，如果合理地进行旅游开发，将会有利于珠江三角洲桑基鱼塘的保护与发展。

近年来，珠江三角洲一大批成功的案例涌现出来，如顺德锦华农业生态园、长鹿农庄、南海西樵山、广州桑宝园等桑基鱼塘景观的成功开发，顺德博物馆、南国丝都博物馆桑基鱼塘景观的展出，都不同程度地显现了桑基鱼塘旅游开发与科普教育基地建设的潜在文化意义和良好前景。但是，对于桑基鱼塘的旅游开发，不应该是简单仿造甚至是猎奇式作秀旅游开发，而更多的应该是通过研究其物的背后深刻的人文内涵，从抽象中表现出桑基鱼塘的辉煌历史和其生态意义。同时加大宣传力度，利用各种媒体介绍桑基鱼塘的功能和生态景观，积极开拓国际市场，提升其国际影响力和美誉度。

珠江三角洲桑基鱼塘生产方式经过四百余年的风雨沧桑，在近代工业化、城市化进程中渐渐淡出，传统经营方式再也难以为继，传统农业景观也发生了巨大变化。桑基鱼塘虽失去了往日的精彩与繁华，但仍存在于今日居民的叙事、记忆之中。[①] 传统岭南水乡村落仍然为我们留下了往日的人文景观和宏厚的“桑基鱼塘”文化，是一笔巨大的民族文化资本，激励着一代又一代的人追寻着传统文化的厚重，我们必将其发扬光大，使之在中华大地上生生不息、代代相传。

① 周莉华：《顺德桑基鱼塘叙事与记忆的社会空间》[J]，文化遗产，2015（4）。

参考文献

[1] 黄世瑞．广东对外开放史上蚕丝业的兴衰及其经验教训［J］．农业考古，1996，(3)．

[2] 王明珂．历史事实/历史记忆与历史心性［J］．历史研究，2001，(5)．

[3] 邓芬．桑基鱼塘——珠江三角洲的主要农业特色［J］．农业考古，2003：23（3）．

[4] 冯启新．珠江三角洲桑基鱼塘沉浮录［J］．水产科技，2005，(1)．

[5] 韩西丽，俞孔坚，李迪华等．基塘——城市景观安全格局构建研究［J］．地域研究与开发，2008，27（5）．

[6] 韩西丽，俞孔坚，李迪华等．基塘——城市景观安全格局构建研究［J］．地域研究与开发，2008，27（5）．

[7] 叶显恩，周兆晴．桑基鱼塘，生态农业的典范［J］．珠江经济，2008，(8)．

[8] 郭盛晖等．农业文化遗产视角下珠三角桑基鱼塘的价值及保护利用［J］．热带地理，2010，(7)．

[9] 王灿，赖玉芹．历史景观与公共记忆——以黄州东坡赤壁为例［J］．甘肃理论学刊，2011，(11)．

[10] 胡立辉等．乡土景观符号的提取与其在乡土景观营造中的应用［J］．城镇建设，2009，(3)．

[11] 张丽．湖州传承“桑基鱼塘”文化遗产［J］．中国渔业报，2014，(4)．

[12] 周莉华．顺德桑基鱼塘叙事与记忆的社会空间［J］．文化遗产，2015，(4)．

[13] 廖森泰．海上丝绸之路与珠江三角洲“桑基鱼塘”发展［J］．中国蚕业，2015，36（4）．

[14] 周廷干．民国重修龙山乡志［M］．华南农业大学农史室藏，1930．

[15] 恩格斯．自然辩证法［M］．北京：人民出版社，1971．

[16] （清）阮元校刻．十三经注疏·周易正义卷四．北京：中华书局影印，1980．

[17]（清）屈大均．广东新语［M］．北京：中华书局，1985.

[18] 钟功甫，邓汉增，吴厚水等．珠江三角洲基塘系统研究［M］．北京：科学出版社，1987.

[19] 德市地方志办公室．顺德县志［M］．广州：中山大学出版社，1993.

[20] 王明珂．华夏边缘：历史记忆与族群认同［M］．台北：允晨文化实股份有限公司，1997.

[21] 郭盛晖．顺德桑基鱼塘［M］．北京：人民出版社，2007.

[22] 景天魁等．时空社会学：理论与方法［M］．北京：北京师范大学出版社，2012.

[23] 顺德县委委员会．广东省顺德县外村乡海尾村农村经济调查总结［B］．佛山：顺德档案馆，1954.

[24] 徐恒醇．生态美学［M］．西安：陕西人民教育出版社，2000.

[25] 廖森泰，肖更生．蚕桑资源与食疗保健［M］．中国农业科学技术出版社，2013.

[26] Jeffrey B. Yemeni agriculture：Historical overview，policy lessons and prospects［J］．Research in Middle East Economics，2003（5）．

加强“桑基鱼塘”与丝织业历史文化遗产的保护　积极融入21世纪海上丝绸之路建设

王元林

（广东省珠江文化研究会会长、暨南大学教授、博导）

“海上丝绸之路”是以丝绸贸易为象征的、在中国古代曾长期存在的、中外之间的海上交通线及与之相伴随的经济贸易关系。海上丝绸之路不仅运输丝绸，而且也运输瓷器、茶叶、糖、五金等出口货物，和香料、药材、宝石等进口货物。因海上丝路多运输中国陶瓷、茶叶，而被称为“陶瓷之路”“茶叶之路”。这条海上丝绸之路不仅是中外商贸交流的通道，也是中外政治平等交往，以及文化交流、相互合作的通道，被世界人民称为“和平、友谊的桥梁”，因此这一海上丝路不仅是历史上中外各项交流的通道，而且是现今人民友好交通的见证。随着运输工具、交通航线、贸易内容的历史变迁，其形态和内涵已经发生了巨大变化。“21世纪海上丝绸之路”不仅包涵了自然形态，而且反映各国政治、经济和社会文化内涵。

建设“21世纪海上丝绸之路”，是2013年10月习近平总书记访问东盟国家时提出来的。这是中央站在中国与东盟建立战略伙伴关系十周年这一新的历史起点上，为进一步深化中国与东盟的合作，构建更加紧密的命运共同体，为双方乃至本地区人民的福祉而提出的战略构想。而广州是公认的海上丝绸之路重要发祥地，与其他九个城市被共同列入《中国世界文化遗产预备名单》丝绸之路项目（海上丝绸之路中国段）。除广州外，历史上广东的潮州、佛山、海陵岛、屯门、甲子、南澳等都是对外贸易的港口。广东作为南中国海的要地，东西狭长，海岸线绵长，不仅是我国重要的海上丝路必经和联系中外的省份，其在古代中外海上丝路具有极其重要的地位和作用。而且，现今广东在中外海上贸易与中外进出口贸易中承担领头羊的作用，无疑在建设“21 世纪海上丝绸之路”中将发挥更大和更重要的作用。作为明清四大手工业名镇，佛山又有“桑基鱼塘”、香云纱、自梳女等历史文化遗产，整合打包加以保护，融入“21 世纪海上丝绸之路”，将统筹协调发展与保护的关系结合，必大有作为。抛砖引玉，敬请方家指正。

一 广东丝绸之路历史文化遗产的特征与地位

广东背岭面海，向北沟通长江乃至黄河流域，向南海上连通东南亚。秦汉时，番禺“处近海，多犀、象、毒冒[①]、珠玑、银、铜、果、布之凑，中国往商贾者多取富焉。”[②] 徐闻、合浦等地成为我国与东南亚和南亚诸国交往的重要始发港。魏晋时期，“广州包带山海，珍异所出，一箧之宝，可资数世。然多瘴疫，人情惮焉。”[③] 唐代，最早在广州设置专门管理海上对外贸易的市舶使。而因南海贸易的繁荣，唐玄宗将南海神封为“广利王”。[④]“广州入海夷道”成为海上丝绸之路的要道之一，延伸至波斯湾和非洲东海岸，成为当时距离最长且最繁荣的海上丝路干线。再到明清时期，广州成为在西方社会知名度最高的中国港口城市，清代中期，广州号称“金山珠海，天子南库”，1757 年以后广州成为中国唯一通商口岸，贸易无以复加，连通世界各地，获得中国乃至世界上无与伦比的地位。

---

① 毒冒：即玳瑁。

② 《汉书》卷二十八下，《地理志》，中华书局，1962：1670。

③ 《晋书》卷九十，《吴隐之传》，中华书局，1974：2341。

④ 王元林：《国家祭祀与海上丝路遗迹——广州南海神庙研究》，中华书局，2006 年。

广东丝绸之路历史文化遗产如下特征：

1. 广东丝绸之路起源早，占据了海上丝绸之路的重要地位。历史上的海上丝绸之路（包括途经黄海、东海、南海等连接中外的东亚丝路、东南亚南亚丝路、西亚东非丝路、欧洲拉美丝路、大洋洲丝路等）长期联系中外，特别是以途经南海的海上丝路，是中外海上丝路的典型代表，也是传统海上丝路最具代表性和最具丰富的文化内涵的丝路。

2. 历史上，广东控扼江海要道以及南海岛屿，为古代海上丝绸之路口岸、航线必经之地，也是岭南与长江、黄河流域陆上、水上通道的重要地区，为陆海丝绸之路重要的交汇点。

3. 广州、潮州、雷州、琼州以及惠州、高州、肇庆等地海上丝绸之路历史悠久，内容丰富多彩，广州（包括新安县）是中国古代外贸制度先行先试之地。

4. 广东海洋经济特色鲜明，盐业、捕捞业历史悠久、特色鲜明，疍民处江海地区，形成特殊群体。

5. 粤商集团除经营国内“广货”贸易外，还经营国外贸易，中外商品瓷器、莞香、广缎、茶叶等交流频繁。

6. 海防方面，广东是历史上防止海盗、倭寇重要的阵地，是保证南海航行与海上安全的前沿。

7. 文化上，广东是佛教、伊斯兰教、天主教等海上传入的首地。

8. 人员交流上，中外使节往来频繁，古代广东（鸦片战争前）华侨成为中外人员交流的代表，广东是我国华侨华人的最重要的祖籍地之一。[①]

二 广东丝绸历史文化遗产的特征与地位

作为广东丝绸之路中重要的组成部分，广东丝绸历史文化遗产有如下特点：丝绸历史文化遗产包括桑树种植、蚕茧培育、丝绸生产、加工技艺、丝绸行业工厂与组织、丝织工人与丝商集团、丝绸中外交流与文化交往等。

---

① 王元林：《海陆古道：海陆丝绸之路对接通道》，广东经济出版社，2015 年 3 月。

1. 珠江三角洲池塘养鱼最早记载在公元9世纪的唐代，已有养殖鲩鱼的历史。西江下游沿岸有鱼苗出产，这为发展塘鱼的重要条件。北宋末年，在南海和顺德两县相邻的西江沿岸，修筑了著名的“桑园围”，说明当时南海、顺德一带已是重要种桑养蚕地区了。明永乐四年（1406年），顺德的龙江、龙山两地已出现土丝买卖市场，蚕丝生产已成为商品。但尚未发现与养鱼联系。明代初期，鳙、鲢、鲩、鲮已成为池塘养鱼的普遍鱼种。池塘养鱼地区亦已逐渐扩大，在三角洲已逐渐发展为以南海九江和顺德陈村为中心的基塘养鱼生产地带。但当时与基面用于种桑养蚕联系生产还尚未发现。南海县的九江，顺德县的龙山、龙江，高鹤县的坡山（古劳一带）等地，蚕桑业急剧兴旺起来。出现塘基种桑的地方很多，著名的桑园围和古劳围就在这一带。这一带农民逐渐明确桑多、蚕多、蚕沙多，塘鱼也多。由此桑基鱼塘这种特殊生产方式经过长期生产实践，逐渐形成起来，并很快传到三角洲各地。①

桑基鱼塘，是我国珠三角地区为充分利用土地而创造的一种挖深鱼塘，垫高基田，塘基植桑，塘内养鱼的高效人工生态系统。桑基鱼塘是池中养鱼、池埂种桑的一种综合养鱼方式。桑基鱼塘的发展，既促进了种桑、养蚕及养鱼事业的发展，又带动了缫丝等加工工业的前进，逐渐发展成一种完整的、科学化的人工生态系统。珠江三角洲“桑基鱼塘”在20世纪80年代被联合国粮食及农业组织（FAO）列入最佳生态系统，是全球重要农业文化遗产之一。

2. 广东蚕茧种植历史悠久，是我国历史上的四大蚕茧产区之一。珠江三角洲早在汉代已有种桑、饲蚕、丝织的活动。晋刘欣期《交州记》曰：“一岁八蚕茧出日南也”。② 岭南蚕一年结八次蚕茧。公元7世纪初，唐代各地商人和外国人都相继来广州贸易，贩运绢丝。明清时期，嘉应州的蚕茧就十分有名。而最著名的应是珠江三角洲的各县，到处是蚕茧成市，一派兴盛。

3. 广东丝绸对外贸易历史一直长盛不衰。丝绸很早就从广东出海，成为中外商贸交流的重要物品。汉代，从徐闻、合浦等岭南港口出发，黄门译长等

---

① 百度百科：桑基鱼塘。http://baike.baidu.com/。

② （南北朝）萧统：《六臣注文選》卷五左思《吴都赋》刘渊林注引，《四部叢刊》景宋本。

"与应募者俱入海市明珠、璧流离、奇石异物，赍黄金杂缯而往"。[①] 杂缯成为中外贸易重要商品。唐代，岭南丝绸的劵、罗等已见诸记载。宋代，广东经济发展，对外丝绸贸易发达。明清，广缎名重一时。到鸦片战争前夕，出口绸缎达到每年80万匹，生丝5万余担。20世纪初，广东丝绸出口价值在广东外贸中占到60%以上，在全国丝绸出口中占到50%上下，其地位可谓举足轻重。[②]

与丝绸对外贸易史相联系，相关的丝绸市场、港口等都是丝绸历史文化的重要的内容。历史上广州、潮州、高州、雷州、惠州、肇庆等，港口与丝绸对外贸易史有关。而佛山位居珠江三角洲的核心地带，是海上丝绸之路始发港和丝绸产销中心。近代生丝出口曾占全国的33.2%，其中佛山产量占全省的90%。直到改革开放前的1978年，佛山的桑园面积和产茧量仍分别占全省的75%和93%。佛山丝绸业为奠定广东丝绸在全国的地位做出了重大的贡献，同时为改革开放后经济起飞打下了坚实的物质与人文基础。

4. 近代民族资本第一家缫丝厂就在南海县诞生。清同治十二年（1873年），华侨陈启沅在家乡南海西樵简村创办了"继昌隆"蒸汽缫丝厂，这是我国第一家民族资本企业和近代第一家纺织企业。汽机缫丝车、脚踏缫丝车的发明与"继昌隆"缫丝厂建立，中国缫丝业从手工作坊式走向企业规模化管理、机械化生产、系统化经营，掀起了纺织业的第一轮工业革命，开创了当时广东、珠江三角洲甚至全中国纺织业的新篇章，因而被作为中国第一位采用机器缫丝的民族资本家载入史册，流芳百世。

5. 随着"继昌隆"蒸汽缫丝厂的建立，南海、顺德县的多家丝绸厂闻风而动，蚕茧流通市场扩大，还使大量原来进行家庭副业生产的女性，通过雇佣方式进入缫丝厂工作。女性进入蚕丝业，从事采桑、养蚕、缫丝、织布等生计方式，"番禺土地膏腴，居民多以蚕桑为业，家无贫富，其女子皆能采桑缫丝，一日所得，多则可七八角，小者亦有三四角"。[③] 19世纪末20世纪初，家庭作坊、蒸汽缫丝厂、脚踏缫丝厂，生丝产业吸引了大量年轻的妇女，而自梳女由于没有家庭拖累，成为缫丝厂竞相争夺的女性劳动力。而一些年轻的学徒

---

① 《汉书》卷二十八下《地理志》，中华书局，1962：1670。

② 刘永连：《近代广东对外丝绸贸易研究》，中华书局，2006年。

③ 胡朴安：《中华全国风俗志》下编，河北人民出版社，1986：387。

进入缫丝厂后，耳濡目染，也选择了自梳女的道路。自梳女推动缫丝业的发展，缫丝业的兴盛也鼓励女性自梳。①

6. 珠江三角洲丝绸纺织女工，用手工纺织出来的著名“香云纱”。“香云纱”是岭南地区的一种古老的手工织造和染整制作的植物染色面料，已有一百多年的历史，由于它制作工艺独特，数量稀少，制作时间长，要求的技艺精湛，具有穿着滑爽、凉快、除菌、驱虫、对皮肤具有保健作用的特点，因穿着后涂层慢慢脱落露出褐黄色的底色过去被形态的称为软黄金。“香云纱”是目前世界丝织品中唯一用纯植物染料加河泥整理染色的真丝绸面料。2008 年，顺德区伦教镇将“香云纱晒莨染整技艺”作为传统手工技艺申报后被列入“国家级非物质”文化遗产，2011 年又获“国家地理标志保护产品”称号。

综上所述，广东海上丝绸之路以珠江三角洲为中心，而丝绸进出口又以今天佛山所辖的各区县为重要。佛山拥有桑基鱼塘、香云纱、自梳女、“继昌隆”蒸汽缫丝厂等许多珍贵的历史文化遗产，这些有价值和意义的海上丝绸之路丝绸文化如何保护，如何做大产销品牌，值得研究。

三 广东丝绸历史文化遗产研究、挖掘的不足

随着近年来推进“21 世纪海上丝绸之路”的建设，广东省相关部门积极推进广东省海上丝绸之路与丝绸历史文化遗产的研究和史迹调查、保护等工作，结合广交会，沟通广东与海上丝绸之路沿岸国家贸易的 21 世纪海上新格局正在形成。

广东省海上丝绸之路是我国海上丝绸之路的重要组成部分。其研究与挖掘远远不够。虽然海上丝绸之路历史文化遗存发掘修缮及宣传近年逐步引起重视，西汉南越王墓博物馆、南越王宫遗址博物馆、光孝寺、南海神庙、怀圣寺与先贤古墓等列入预备申请名单，广东海上丝绸之路博物馆在阳江室内挖掘，取得成绩。文化研究也取得进步，由广东省参事室、广东省文史馆以及广东省珠江文化研究会牵头组织了一批专家学者，从 2000 年前后开展了珠江文化与

① 徐靖捷：《走进西樵自梳女》，广西师范大学出版社，2012：28－29。

海上丝绸之路研究，在广东省海上丝绸之路研究开发项目组组长黄伟宗教授的带领下，进行了大规模的田野考察，并出版了海上丝绸之路与珠江文化丛书，计数十册近千万字，把广东海上丝绸之路研究推上了一个新的阶段。同时由广东省丝绸集团牵头撰写的《广东省志·丝绸志》，全面反映了广东丝绸业从古到今的发展史。有关非物质文化遗产的研究与保护，地方上也多有努力，桑基鱼塘在南海、顺德、中山部分地区有所保留；2009 年香云纱文化遗产保护基地“广东香云纱文化产业园区”在佛山市顺德区伦教街道正式挂牌；但相关的“活化石”——自梳女却日渐消失，不可复制；从桑基鱼塘到香云纱等丝绸制品，桑基鱼塘的种植、喂养、采摘、加工等一条龙生态技艺，制作香云纱晒莨染整技艺，古代纺织机车到近代蒸汽缫丝车、脚踏缫丝车等，活态的展示、生产、销售等技艺十分稀少，只有顺德南国丝都丝绸博物馆一家这样保留岭南丝都辉煌历史记忆的博物馆，而且面积不大，难以承载更多的历史文化记忆与复兴任务。

广东省海上丝绸之路始发地的历史地位十分重要，而建设“21 世纪海上丝绸之路”重要枢纽，广东要起到领头羊的作用，责无旁贷。与其他兄弟省市推进海上丝绸之路相比，特别是在挖掘丝绸历史文化遗产方面存在以下几点问题：

其一，桑基鱼塘与城镇化过程中争田夺地。由于珠江三角洲城镇化程度高，田地十分珍贵，因此，桑基鱼塘、蔗基鱼塘等只有零星、稀少分布，实在少得可怜。目前已知，结合西樵山景区，佛山南海西樵山成片少量桑基鱼塘保存，顺德、中山零星分布。

由于长期以来，我国的蚕桑业生产中心的分布格局，与自然气候条件和社会经济状况是密切相关的。在过去相当长一段时期，我国蚕桑业主要集中在劳动力资源丰富、交通便利、土壤肥沃和经济繁荣的东部地区。但随着我国改革开放的不断深入和发展，东部蚕桑区的产业结构发生了很大变化，各种工业企业发展迅速，东部的土地、劳动力等要素成本上涨，使传统的桑蚕业逐渐失去了发展优势，其结果导致蚕桑业出现了萎缩。2006 年起，虽然随着我国蚕桑业的发展中心已经由东部向西部开始了战略大转移工程实施，西部地区土地资源相对丰富，劳动力充足且价格相对低廉等优势发挥出来，广西现在是我国最大的蚕桑业省份。“东桑西移”工程的实质是把我国蚕桑基地和初级茧丝绸加工的中心移向西部地区，而不是将蚕桑业首次引进到西部地区。广东如何与广西衔接，发挥不同职能，做大做强广东蚕桑基地。而作为历史文化遗产，在一些旅游区、生态环境试验区等，还是要保留一定规模的桑基鱼塘，使这一循环经济的绿色模式得以保护。

其二，研究和挖掘广东海上丝路文化的力度不足，统一部署和经费支持力度不足，大的平台与丝绸博览会没有建设起来。尽管近些年来广东开始重视一些丝绸历史遗存的挖掘和保护，在某些环节上投入了一定经费，史迹调查和学术研究等基础工作也初有起色，但是这些工作多是随机和零星进行，未能着眼于广东丝绸地域特色而统一部署，没有突出地域核心与重点环节，更未将其放在宏观发展进程和社会综合效应中规划和决策。同时投入经费过于零星，效果难以彰显。究其原因，主要是长期以来没能从海上丝路在人类文明交往和发展进程中的地位这一视角来看待问题，对正在崛起的大国如何与世界交往和联系，并从历史借鉴中吸取营养认识不足。这一点，佛山应该深入重视起来，因为佛山的丝绸历史文化资源最丰富、最值得研究与挖掘，大手笔、大平台建设丝绸博览园，把历史与现实联系起来，使佛山的丝绸历史文化遗产变成资源，鲜活起来，使南国丝都成为佛山对外宣传的名片。

其三，广东丝绸历史文化遗产保护尚待深入，遗产没有变成资源，遗产几乎没有发挥应有的作用。应该统筹协调发展与保护的关系，做好一系列丝绸历史文化的继承与发展至关重要。

无论是青云纱的手工制作工艺，还是近代纺织工艺，无论是陈启沅与继昌隆缫丝厂、还是其他人物与纺织企业，都值得认真研究。研究的目的是推陈出新，把佛山历史文化中的从桑基鱼塘到丝绸纺织，从国内到外国的丝绸市场，从纺织女工（包括自梳女）到丝商，抽丝剥茧，找出其规律与活为今用的方法来。但是，很遗憾，佛山甚或广东，无论从历史史实的研究，还是资源的挖掘都停滞不前。

其四，海上丝绸之路文化已有的开发成果缺乏实体龙头与领头羊的带动作用。在广东，海上丝绸之路历史遗存众多，相关传说和文化内容广泛，但作为外省人、外宾，却很难找到一个可以整体了解广东辉煌历史的代表性地方。现有的研究成果与海上丝绸之路的历史遗存散布在以广州为中心的各地，如何打包统一规划，相关的协会要有意识，相关的部门要有想法，讲好广东丝绸故事，是相关发改委、科协、文化、宣传部门的重要职责。充分发掘与利用海上丝绸之路的内涵，更好地服务于党中央“一带一路”建设战略规划，创建一个集文化展示和旅游观光于一体、具有可持续发展功能的大型海上丝路博览园，就历史性地摆到了我们面前，成为我们的重要任务。

其五，由于“活化石”等原因，相关技艺也在流失，一些“老字号”没有踪影。1915 年，南海西樵民乐儒林村程家的程绍江、程炳全、程泽、程周等四人发明了马鞍丝织提花绞综，首创出纽眼通花的纱绸。继承保护传统的同时，不断创新，是香云纱历久弥新的关键。而近代南海县民乐各地丝织生产有名的诸如程家织纱、潘家织罗、葆美织绫，云窖、莘涌织绸，华夏、朗心织绉纱，吉赞织孟买绸等。当地居民绝大多数从事丝织业。这些有名的地方、“老字号”只是昙花一现，现在基本上难以有这么有名的丝织品了。作为老品牌，如何保持特色和生存下去，值得思考。

四 深入研究与保护遗产并举，文化产业振兴并融入 21 世纪新丝路是关键

广东海上丝绸之路与丝绸历史文化，内容丰富，涉及广泛，许多历史遗迹保留至今，如何做大做强这一历史文化品牌，发挥应有的作用，需要群策群力，发挥政府引导，政策支持与扶持，专家深入研究，社会力量参与，做大做强广东丝绸历史文化的大文章，讲好广东重点是佛山的丝绸故事。

1. 利用广东丝绸历史文化品牌，立足现实，做好升级改造，创出佛山乃至广东新丝绸之路对内外贸易的品牌。

改革开放以来，佛山甚或广东的丝绸纺织产业发展迅猛，在传承创新发展丝绸文化基础上，佛山各区县涌现了针织、童服、内衣、面料等多个专业镇，如南海西樵是全国首个纺织产业升级示范区，禅城张槎是中国针织名镇，奠定佛山纺织的支柱产业地位。在经济发展的新常态下，佛山丝绸纺织产业迫切需要增强核心竞争力，进一步做优做强和转型升级，而文化涵养、品牌塑造、技术升级、国际合作等将成为佛山丝绸纺织企业增强核心竞争力、实现做优做强和转型升级的关键要素。诸如成立于 1966 年南海丝厂，今年建厂 50 年，现在是旅游与科普基地，这在珠江三角洲很难看到这样的企业，如何盘活这一国有

企业，作为现代工业遗产加以保护，是佛山与南海区政府应该认真考虑的事。

2. 在佛山等地现有的纺织城的基础上，大手笔、大规模地规划建设“广东蚕桑丝绸与21世纪新丝绸之路博览园”，在此基础上，集中丝绸研发、服装设计、传统保护、丝织展示、文化创意与互联网＋结合，整合我国境内不同地域的丝绸加工技术，做好内外贸易，让中国丝绸再次占领世界的舞台。

目前，以丝绸为突破口，广州、佛山要重视丝绸历史文化遗产的保护。要统筹协调发展与保护的关系，按照整体保护的原则，切实保护好城市传统的历史文化遗产。编制历史文化名城保护专项规划，落实历史文化遗产保护和管理要求，重点保护历史文化街区、各级文物保护单位及其周围环境。同时，保护好自然山水格局，做好城市整体设计，加强珠江两岸、西樵山等重点地段建筑高度、体量和样式的规划引导和控制，构建传统格局、时代风貌和岭南特色有机融合的城市景观。在此基础上，利用原有的桑基鱼塘、缫丝厂设备、人文资源，整合一起，把现有的南海西樵山、顺德南国丝都博物馆等做大做强，保留与记住岭南桑基鱼塘、缫丝女工（含自梳女）的男耕女织文化图景，只有保护好这些文化遗产，才能在此基础上，推陈出新，结合现今的科技创新、文化创意、营销手段等，内联外接，融入21世纪新丝绸之路，佛山的丝绸等轻工业才能焕发新春。

3. 把佛山甚或广东的丝绸与丝绸之路联系起来，建设“21世纪海上丝绸之路”。佛山除做大制造业外，对内外市场方面互通有无，实施互联网＋战略，利用自贸区的优势，佛山应该做好与包括广州南沙、深圳前海、珠海横琴在内的中国（广东）自由贸易试验区的联通，广佛同城，利用广州南沙自贸区的平台，佛山丝绸要走出自己的一条路子。只有广州、佛山当好改革开放排头兵、创新发展先行者，以制度创新为核心，贯彻“一带一路”建设等国家战略，在构建开放型经济新体制、探索粤港澳经济合作新模式、建设法治化营商环境等方面，率先挖掘改革潜力，破解改革难题，将中国（广东）自由贸易试验区建设成为粤港澳深度合作示范区、“21世纪海上丝绸之路”重要枢纽和全国新一轮改革开放先行地。

广东丝绸生产的分布联合的状况及其文化特色与传承

徐兴耀

（广东省茧丝绸行业协会专家委员会主任、华南农业大学教授）

摘要：丝绸生产，可包含如下三个方面：

一、茧丝绸生产。传统蚕桑生产是指种桑、桑叶养蚕、蚕茧缫丝、蚕丝织绸、再加工成服装及各种饰物，茧丝绸生产仍是目前丝绸生产主体。

二、丝绸生产的多元化开发利用。茧丝绸产业的经济体系中有许多资源环节都可以用来作为组织新产业链的技术载体，这部分含金量很高的载体启示着丝绸生产拓展发展的方向，也是丝绸生产新的经济增长点和持续发展必由之路。

三、丝绸文化与创意产业。丝绸文化体现了丝绸生产的认同感，对社会文明产生广泛而深远影响，广东在发掘、传播、传承、创新中形成了具有岭南特色的丝绸文化，创新的丝绸文化产业，将成为丝绸生产重要的组成部分。

一 广东茧丝绸生产的历史与现状

1. 近代广东蚕丝业生产历史

据历史记载，华南地区的海南岛和广州地区在汉代已有蚕桑生产，从唐代开始，珠江三角洲开始修筑堤围，著名桑园围兴筑于宋徽宗建中靖国至大观（1101－1110 年）年间，到了清代的康熙（1662－1722年）、乾隆（1736－1796年）年间，以桑园围为代表的“桑基鱼塘”耕作模式，首先在三角洲北部的南海县九江、西樵以及顺德县的龙江一带兴起，逐渐扩大到整个珠江三角洲地区。民国初（20世纪20年代）出现了广东史上蚕桑生产的第一个鼎盛时期，民国十一年（1922年）全省桑园面积187.20万亩，年产蚕茧8万吨。蚕区主要分布在三角洲的顺德、中山、南海、新会、三水、番禺等县；东江流域有东莞、增城、惠阳、博罗、宝安等地，北江流域有清远、英德、花县等地；西江流域有高要、德庆、郁南、高明、封开、云浮、罗定、鹤山、四会等地。此外廉江、茂名、电白、吴川亦可有蚕桑生产，全省共有38个县栽桑养蚕，其中珠江三角洲为最盛、桑地面积占全省总面积的95%左右，民国十四年（1925年）全省桑地面积146.57万亩，其中珠江三角洲131.95万亩，占全省的95%，产茧量7万吨；机器缫丝厂130多家，分布在珠江三角洲的顺德、南海、新会、三水、番禺等县内，年产生丝约5000吨。顺德县是广东蚕业的中心，全县180万人口中约有144万人从事蚕丝或与蚕业相关的工作，产茧量占全省一半以上，全省约有80%的蚕茧在此集散，广东银行80%的资金是由顺德资本提供；据民国元年至十四年（1912－1925年）的统计，全国出口生丝7900～9495吨，其中广东的生丝超过1/4。在漫长的历史长河中，广东人民对蚕丝业不离不弃，将这传统的丝绸生产稳稳当当地发展壮大到20世纪80年代，成为粤、江、浙、川、全国“四大”蚕区之一，成为“长三角”“珠三角”“四川盆地”三大专业化极高的丝绸产区之一。

在长期的生产实践和科技研发过程中，因地制宜形成了一整套极具热带亚热带特色的蚕丝生产技术体系：（1）珠江三角洲的“桑基鱼塘”，充分利用当地优越的水陆资源创造出来的一种栽桑、养蚕、养鱼立体、生态、高效耕作模式，是一个完整、科学的人工生态系统，20世纪80年代被联合国粮农组织列为“最佳生态系统”。（2）桑树密集无干栽培技术；亩植桑苗4000株以上，无干整枝，年桑叶收获量3000公斤以上，比华东等地高出2倍以上。（3）多批次养蚕技术，根据蚕的生理特点和要求，创造性实施“三级分养”，“小蚕共育、大蚕地面育”，年养蚕达20批次以上，亩地产茧量150公斤以上。（4）蚕生长素的研发、应用技术，20世纪70年代，广东在全国率先研发应用蚕生长素技术，一是蚕保幼激素，适时、适量使用保幼激素，可使五龄蚕期延长 12 ～ 24 小时，茧丝量增加 10% ～ 20%；二是蚕蜕皮激素，适时、适量使用蜕皮激素，可使五龄蚕期缩短 12 ～ 24 小时，蚕提早成熟和熟蚕齐一，减少蚕病发生，节约劳力，担桑产值可提高 2% 以上。(5) 省力化蚕茧生产技术，实生苗种植成园、条桑收获、机械化剪枝、少回饲育熟蚕自动上蔟等技术，生产公斤蚕茧耗时只需 4 小时。(6) 蚕种高温"浴水法"技术，创造性地利用水温刺激蚕卵胚子发育，促进蚕卵孵化的一种人工孵化法，同时达到"去弱留强"，抑制微粒子原虫的发育，防治微粒子病的目的。(7) 建立一整套桑、蚕病虫害防控技术体系，一是探明"桑青枯病"病原，发生规律，选育推广抗病品种，改革栽培技术、收获方法等，使该病得到有效控制，挽救"新区蚕桑业"；二是创建热带亚热带蚕病防控技术，研发适合本地的预防及治疗药物，使蚕病多发的广东地区，常年因蚕病损失率控制在 10% 以下。(8) 华南特色的"簇中管理技术"，创造了用竹制"花簇"，作熟蚕上蔟工具和火盆加温排湿的"埋纱灯"技术，解决蚕营茧过程中的排湿，提高蚕茧质量；创造加温蚕蛹，俗称"焗茧"技术，出售半干茧，防治广东多发生的"蝇蛆茧"，同时便于采茧、选茧和卖茧运输。

2. 广东蚕丝业生产现状

建国初期，1949 年全省桑地面积只有 22.78 万亩，其中顺德占 50.2%，中山占 22.3%，南海占 18.8%，新会占 3.76%，年产蚕茧仅有 5100 吨，生丝（含土丝）约 450 吨，只有 1922 年的 6% 左右。1950 后通过"积极恢复、稳步发展"等系列政策措施，蚕丝生产得以振兴，到 1978 年蚕茧产量上升到 2.29 万吨，亩桑产茧 126.7 公斤，这期间蚕桑产区仍是顺德、南海、中山、新会、三水等地，产茧量达 2.11 万吨，占全省的 93%，其中顺德达 1.15 万吨，占全省总量的 50% 以上。

1978 年后，随着改革开放的深入发展，农村产业结构不断调整，珠江三角洲蚕丝生产在经济效益和劳动生产价值等方面，都比不上第二、第三产业，蚕丝因而急剧衰退，1983 年省政府做出"加快发展新蚕区"的决定，开始对蚕桑生产布局调整，在全国率先进行蚕桑主产区的大转移，用了近 10 年时间，建立粤西、粤北、西江流域三大新蚕区。1985 年，新产区产茧量已占全省总产量的 73.6%。全省有 58 个县发展蚕丝生产，主要分布在粤西的雷州、徐闻、廉江、遂溪、化州、高州、阳春、阳江、吴川、电白等县，粤北的英德、曲江、翁源、连县、清远、阳山、乳源、南雄、佛冈、仁化、新丰、平远等县，西江流域的郁南、云浮、罗定、德庆、高要、新兴、广宁、封开、怀集等县，以及东江流域的兴宁、龙川、河源、紫金、博罗、增城等县和粤中的台山、恩平等地。1986 年化州和翁源被国家农业部列为全国蚕桑生产基地县；化州、廉江、翁源、遂溪等县年产茧达 2000 吨，那务、沙古、客路、东坝和鱼湾等乡镇年产蚕茧达 500 吨。1992 年全省桑地 49. 52 万亩，年产茧 4. 61 万吨，为建国后产量最高水平，按产丝量计，已接近历史的最高纪录，被称为广东蚕丝生产“黄金时期”，至此，珠江三角洲已不再从事传统的蚕丝生产。目前广东的蚕丝生产依然在三大新蚕区，据省商务厅、农业厅等部门统计，2015 年全省桑园面积 46. 09 万亩，年产蚕茧 3. 56 万吨（收购量），主要分布在粤西、粤北、西江流域的 18 个县（市），其中化州、遂溪、徐闻、阳春、罗定、郁南、云安、英德、阳山、连南、翁源、始兴等为蚕桑主产区。目前广东与江苏、浙江、山东是我国东部的四大丝绸生产主产区。

在现代蚕丝生产过程中，科技进步和经营管理发挥重要的支撑作用：(1) 旱地产业化桑树栽培管理技术，广东新蚕区桑园有 75% 以上建立在旱地、坡地，这与珠三角的平原，“桑基鱼塘” 植桑技术有很大差异。广大科技工作者与蚕农一道，从桑育种，建园模式，肥培管理，桑叶收获，到抗旱排涝，省力化、机械化耕作等方面创建了一整套系统技术体系，确保产业稳定发展。(2) 建立较为完善的蚕丝生产新技术研发和推广组织机构。重视和加强科研院所建设，科技人才培养，建立各级技术推广中心，发扬“产学研” 合作优良传统，协同创新、互利共赢。实现桑、蚕品种更新换代，促进蚕丝产业多元开发，通过技术推广，逐步实现蚕丝产业现代化生产。(3) 坚持贸工农一体化经营模式，“企业为主、带动农户”，建立产业联盟，形成经济共同体。促进全产业链健康发展。

3. 广东丝绸工业生产的历史与现状

(1) 缫（制）丝工业

广东有着二千多年丝绸生产历史，丝绸工业随着发展而发展。创建于 1873 年的“继昌隆” 缫丝厂被誉为我国第一家民族资本经营的现代缫丝厂，在其推动下珠江三角洲缫丝工业迅速发展，1922 年仅顺德地区缫丝厂达 200 多家，全省缫丝工人达 6 万～10 万人，产丝量 6278 吨，占全国 1/3 以上，曾是珠三角地区的工业支柱和中国近代缫丝工业的中心。广东制丝业，经历了土丝、洋丝和白厂丝三个阶段：土丝业属自有制丝业，分布在顺德、南海等蚕桑地区，长期与主缫机械缫丝共存至1946年停办；洋丝生产是随着机器缫丝厂发展而出现的新式土丝，主要分布在珠三角养蚕地区，直至1959年完全被“白厂丝”取代；“白厂丝”生产是由于蚕品种改良，茧质提高，设备工艺改进所缫得的品质较高的生丝，在1959年后，广东缫丝厂全部生产“白厂丝”，与此同时全力推广自动缫丝机，生产多种品牌生丝。1994年，全省21家缫丝厂中，18家装备了自动缫丝机，占总缫量48.35%，居全国首位，到2000年实现全部使用自动缫丝机装备。随着新产区建立，缫丝厂逐步转移到新三大蚕桑产区，20世纪80年代，建立了廉江、罗定、翁源、清远、阳山、英德、曲江和紫金等8家缫丝厂，而后又建成遂溪、高州、海康、阳春、郁南和始兴6家缫丝厂。1994年，全省21家丝厂，新区占了17家，年产生丝能力36420吨，是原老区5.5倍。2013年，国家取消缫丝（绢纺）企业准入证，缫丝企业出现了国有、集体、民营、私营等多种体制共存，2015年，全省规模化缫丝企业有翁源、始兴、阳春、化州、遂溪、连南、南海、郁南和英德等9家，生丝产量约1300吨。

（2）丝纺工业

广东的丝织业，包括机织和针织两大类，就其历史和规模，主要是机织生产，并以广州、佛山、顺德、南海为代表，历史久远，唐代（618－907年）的“广东锦”以精工细巧而闻名于世。19世纪缫丝工业的发展，极大地推动丝织业发展，谓之“一丝牵三业，命运共相连”（“三业”指缫丝、丝织、晒莨），生产的“全银缎”“八丝缎”“光汉府缎”“光贡缎”等都具盛名，远销海内外，广泛用于制作“锦袍”“寿袍”“官服”“围屏”“锦幛”等。19世纪末至20世纪30年代，是建国前广东丝织业最为兴旺的时期，1922～1926年，珠江三角洲的丝织厂有数千家，丝织机达3万多台，丝织工人3～4万人，1922年丝织品产量2340万米，其中最发达的是南海的西樵、民乐，两地拥有织机1.2万多台，占全省1/3，其次是九江、盐步和佛山以及顺德的伦教、陈村和勒流等地。

建国初期，广东丝织企业仍集中在珠江三角洲，以佛山、南海为主，顺德、广州次之，三水及廉江、北海少量，全省共有手拉丝织机8400台，职工

1万多人，产土丝绸1400万米。20世纪80年代，我国实行改革开放，丝织行业的生产设备、管理技术、科研教育、出口创汇等各方面，都是建国后大发展时期，这期间，以佛山为中心的全省丝织厂先后引进日产“WE型”单头喷水织机，瑞士、意大利产的“剑杆”织机，“片梭”织机日本产的“喷水”织机，到80年代后期，共引进无梭织机达800多台，使广东丝织业的装备达到80年代中期的国际先进水平，大力推广丝织业发展。1987年全省规模化丝织厂共26家，分布在：广州2家、佛山5家，南海5家，顺德6家，三水3家，中山2家，新会1家，四会1家和德庆1家。丝织机共5193台，职工1768人，总产量为13154万米，比1978年增加3.3倍，出口创汇达21285万美元，比1978年增加1.7倍。

进入21世纪，随着改革开放的深入，国际丝绸市场萎缩，佛山丝织行业的国有企业遇到了前所未有的困难，各大企业资不抵债，出现“关、并、停、转”。与此同时，佛山地区丝织业从改革体制入手，民营企业蓬勃发展，南海西樵形成了“百家厂、千家店、万台机、亿米绸（含化纤绸）”的新局面，成为全国大型纺织市场之一。2000年，南海全区民营企业1630多家，从业人员5万多人，年产化纤绸6亿米，逐步形成了“大生产、大市场、大流通”新格局。随着市场经济深入发展，佛山大型国有丝织印染企业在转制改型同时，保留现代真丝绸生产线（剑杆真丝绸、喷水化纤绸），发展合资企业，成立“广东省丝绸研究所”，根据市场需要，不断地进行研发创新、技术改造，并以“质量、诚信”打造企业和产业的品牌，促进佛山纺织业持续发展和在广东的中心地位，据省商务厅和真丝类进出口部门统计，2014年全省规模化丝织（印染）企业约50家，主要分布在佛山地区，部分在深圳、东莞等地。各类丝织品产量约95万米，其中真丝绸20万米，醋丝绸75万米，印染整理丝绸约1亿米，其中染色绸580万米，印花绸700万米。

二 广东丝绸生产的多元化开发利用概况

深层次高效开发利用蚕桑资源，是发展丝绸生产重要组成部分。传统的蚕桑生产仅利用桑叶养蚕，获取蚕茧、生丝、丝绸以及丝绸服装、服饰等主产品，而还有97%的桑果、桑枝、蚕蛾、蚕蛾、蚕蛹、蚕沙、废茧丝等副产品没有被充分利用。以全省46万亩桑园，年产蚕茧3.5万吨外，还有1.8万吨鲜蚕蛹，桑枝条7万吨，按全省果桑1500亩，产桑果约2500吨，数量相当可观，桑园尚可开展多种经营。据统计，按目前综合开发水平，广东年经济社会效益达3亿元以上，开发利用的空间和潜能巨大。

1. 蚕桑资源产品开发

广东得自天时地利，蚕桑资源丰富、质优，进入21世纪以来10多年，企业加大投入，“产学研”联合攻关，协同创新，取得一批新成果新产品，现有产品有桑果系列产品，桑叶茶、降糖药、食用菌、蚕蛾酒、蛹虫草、蛹蛋白，丝胶、丝素、丝绵被等产品，在同类产品中，市场占有率不断提升。广东蚕桑资源开发利用已处于全国领先地位。

广东是我国蚕桑资源综合开发较早的省份，华南农业大学在20世纪60年代，已开始进行利用蚕沙提取叶绿素、铁钠盐、铜钠盐、胡萝卜素等的研究开发，并在广东顺德、山东等地设厂，小批量生产，80年代开始在佛山进行桑果饮料研制，在韶关进行蚕蛾公酒的研制，并批量生产；省农科院蚕业与农产品加工研究所，90年代开始对果桑系列产品及其他资源产品进行开发，提出“生态桑”概念。进入21世纪以来，省蚕业与农产品加工研究所，省蚕业技术推广中心、省伦教蚕种场、化州名葚园、深圳中丝园、湛江蓖麻蚕研究所、中山宝鼎康莉桑果园、花都宝桑园、省丝源集团属下5家企业、罗定泷盛桑果园、南国丝都、南海鱼耕粤韵、四会阿彩桑田、中山市南区旭景农业科技园。增城湖心岛景区、潮南金灶桑果园等18家单位企业建立蚕桑资源产品开发基地，把蚕桑资源开发作为产业的拓宽延伸，发展新亮点。10多年来，桑、蚕、蛹、丝等资源开发利用，产品及其食药用机理、加工工艺技术、产品质量标准等方面取得了突破性进展。

2. 桑生态产业发展迅速

广东自2001年提出桑产业概念后，对桑树在蚕丝、林业、生态等领域的功能和利用不断地研究开发，初步形成生态桑产业。桑树拥有发达根系系统，耐寒、耐旱、耐贫瘠、耐盐碱、涵养水源，减少水土流失，防风固沙、净化空气、改善环境等生态治理功能，是理想的生态治理树种。广东对此进行干旱、石漠化、石灰岩、消落带、植被恢复等土地生态桑的研究开发，发展迅速、产业初具雏形。

2009年至今，广东省丝纺集团承担连南县“双到”扶贫工作，充分发挥蚕桑产业扶贫优势，建立连南蚕茧产区，同时利用桑树生态治理功能，在三排、寨岗、三江等石漠化、干旱、消落带较严重、集中的乡镇，植桑5000多亩，治理效果显著；英德是典型的石灰岩地区，曾有亚洲第一水泥产地称誉，又是广东蚕桑生产主产区之一，目前桑园约4万～5万亩，居全省第2位，大部分桑均植在石灰岩地区，既防风固土，又净化空气、改善环境，长年以来也获得蚕茧好收成；韶关大宝山是广东最大型矿区之一，各种矿产丰富，在长期开发过程中，对周边土地产生重金属、盐碱等污染，近年来，翁源县政府及信达茧丝绸公司，在部分污染土地上栽植桑树成功，改善了环境，植被得到恢复。

2013年开始，由省农科院牵头，通过政府项目，建立“顺德国家现代农业示范区”，复兴“桑基鱼塘”，提出以“基塘农业为基础，以科学技术、生态文化”和“经营方式创新”，创新拓宽曾在20世纪80年代被联合国粮农组织列为“最佳生态系统”的珠江三角洲“桑基鱼塘”的内容，形成蚕桑多元化技术与丝绸文化旅游地区。

“广东‘十三五’茧丝绸发展专项规划”提出建设10万亩以上，多元化开发和生态治理桑园，争取经济、社会效益值占全产业总值的40%以上，使之促进丝绸生产持久，稳步发展；以多元化发展为平台，加强与生态治理、旅游文化、休闲养生、保健医药、食品加工、电商物流等联盟，使丝绸生产更好地融入社会发展。

三　岭南特色丝绸文化创意产业初具雏形

广东有着悠久的丝绸生产历史，地处岭南亚热带地区，历代的重商意识和内外贸易的重要口岸，“海上丝绸之路”发祥地，其丝绸文化十分丰富，底蕴深厚。广东对社会文明进程的各个层面，包括政治经济、社会生活、思想哲学、宗教文化、文学艺术等都产生了重大的影响，从而形成了具有岭南特色的丝绸文化。充分发掘、传播、传承、创新丝绸文化，对发展丝绸产业，建设社会文明，贯彻落实国家“一带一路”战略等都具有十分现实的意义。以珠江文化研究会为领头的广大丝绸文化工作者，对此作了深入的开发研究并取得丰硕成果。

1. 广东丝绸文化的发掘、传播

近代文化工作者，从丝绸生产实践出发，以小说、电影、民间文艺、民间风俗，丝绸考古博物和文化古迹等形式，发掘、传播丝绸文化，形式多样，内涵丰富。进入21世纪以来，发掘、传播更为深刻系统，2003年出版的《广东省志·丝绸志》是广东丝绸史上第一部较完整系统记叙广东丝绸生产从古至今发展的专著，其中特别对丝绸文化及其影响作了详细描述；2007年40集广播剧《丝绸大亨》在电台播出，数以千万计民众聆听丝绸文化动人故事；2014年大型系列纪录片《十三行》《海上丝绸之路》相继开拍放映，生动地再现丝绸文化在对外贸易、友好交往中的情景；2015年由珠江文化研究会会长黄伟宗教授为总主编的《海上丝绸之路研究书系》【星座篇】出版，书系以“海上丝绸之路”为背景，分《徐闻古港》《海陆古道》《广州十三行》《侨乡三楼》《古锦今丝》《南海港群》《海上敦煌》《沧海航灯》《香茶陶珠》和《广交会》等10篇，全面记述了“海上丝绸之路第一港”“海陆丝绸之路对接”“清明年间外贸之路”“华侨华人丰碑”“丝绸业前世今生”“丝绸古港”“南海1号及文物”“岭南宗教信仰”“文化交流”“海上丝路新生与发展”等，极大地丰富了岭南特色丝绸文化内涵和影响力。

2. 广东丝绸文化的传承与创新

进入21世纪以来，广东丝绸文化在发掘传播的同时，突出传承创新和创意产业，内涵在传承中丰富，品味在创新中精美。“深圳中国丝绸文化创意园”是国家文化部产业示范基地，国家3A级景区，园区重点打造“中国丝绸文化博物馆”和“丝绸生活体验馆”；“陈启沅纪念馆”再现中国第一家机械缫丝厂“继昌隆”创始人陈启沅先生献身丝绸业，丰功伟绩一生；“南海1号”博物馆，再现宋代“海上丝绸之路”商贸盛景，文化交流和友好往来；花都“宝桑园”则以蚕桑文化为核心，集现代农业、生态农业为一体，成为以休闲观光、科普教育为主的农业旅游示范基地。顺德丝绸博物馆、南海丝绸文化科普教育基地和每年各地举办的桑果旅游观光节等，都从不同角度和视野传承和创新丝绸文化。

3. 国家级非物质遗产“香云纱”的传承创新

香云纱，又称莨纱、莨绸，是目前世界丝织品中唯一用纯植物染料染色的真丝绸面料。2008 年，顺德伦教将“香云纱晒莨染整技艺”作为传统手工技艺申报“国家级非物质文化遗产”获批准，2011 年又获“国家地理标志保护产品”称号。香云纱原产地为顺德伦教南海西樵等地，1922－1925 年间，晒莨用的晒地达 500 多场，莨纱绸远销欧美、印度、南洋等地区，华裔居氏、航运业、捕鱼人士尤为喜爱。香云纱，以其独特品质被誉为“丝绸皇冠上的黑珍珠”，其面料和服装，作为独特传统工艺的载体，使人们体会到“拥抱自然、和合天地、通达交易”“保持平衡”的独特中国文化内涵；冥冥之中，“佛”的空灵，“道”的朴素，是生态型、环保型的弥足珍贵面料，被称为“软黄金”，饱含丝绸文化。顺德伦教梁珠先生是香云纱的传承人，一生不遗余力，为香云纱的传承、发展、创新做出重要贡献，通过凤凰卫视、知名媒体，向国内外传播香云纱文化，在佛山、深圳等地与企业合作，制作传统及创新香云纱产品，争取政府支持，立项创建香云纱博物馆，宣传和创新香云纱文化创意产业，为香云纱这一传统产品注入新的活力。

参考文献

[1] 广东省地方史志编纂委员会．广东省·丝绸志．广东人民出版社，2004.

[2] 黄伟宗．海上丝绸之路研究书系［星座篇］．南方出版传媒，2015.

[3] 考活·布士维（黄泽普译）．南中国丝业调查报告书．广州岭南农科大学布告，1925.

[4] 徐兴耀，林建荣，吴福泉，李林山．广东蚕桑生产传承与创新技术．中国农业科学技术出版社，2014.

[5] 李栋高．中国蚕业产业的抉择．苏州丝绸工学院学报，1999.

[6] 廖森泰，肖更生．全国蚕桑资源高效综合利用发展报告．中国农业科学技术出版社，2010.

[7] 黄自然，李树英．蚕业资源综合利用［M］．北京：中国农业科学技术出版社，2013.

[8] 国家商务部等八部委．关于进一步促进茧丝绸行业健康发展的意见．2013.

[9] 中共广东省委政策研究室．运用“东桑西移”工程政策机制推动广东茧

丝绸业科学发展.2008.

[10] 李栋高.广东茧丝绸纺织服装业核心竞争力优势的分析和利用.“广东省纺织业（丝绸行业）产业竞争力”研究报告，2002.

[11] 廖森泰.海上丝绸之路与珠江三角洲“桑基鱼塘”发展.“广东南海丝路博览园”建设研讨会，2015.

[12] 中共广东省委政策研究室.以发展茧丝绸产业促进扶贫开发的好典型.2011.

[13] 广东省茧丝绸行业协会.广东丝绸业（1995－2010）改革发展纪实.2015.

[14] 现代丝绸国家工程实验室.丝绸产业技术路线图.中国丝绸协会“十三五”茧丝绸行业发展战略研讨会，2015.

[15] 张建.我国蚕业发展方向探讨.中国丝绸协会“十三五”茧丝绸行业发展战略研讨会，2015.

[16] 广东省茧丝绸行业协会.丝绸广东——永不凋谢的奇葩.2015.

[17] 广东省茧丝绸行业协会.广东省2014年茧丝绸行业发展报告.2015.

广佛丝织业历史发展及其在古代海上丝路中的地位

司徒尚纪
（中山大学教授）
许桂灵
（广东省委党校研究员）

摘要：在广东蚕丝生产的自然和人文社会条件的基础上，指出珠三角人民首创桑基鱼塘土地利用方式，不但克服蚕桑生产的自然劣势，而且它产生巨大经济效益和良好的生态效益，有力地保障了三角洲蚕桑业的发展，为丝织业的振兴提供强大的物质基础，并使珠三角成为我国最大一个丝织业基地。但直到明中叶以后，随着珠三角商品经济的兴起，澳门作为一个外贸港出现，海上贸易的繁荣，极大地促进广州、佛山丝织业发展到历史鼎盛时期，并形成丝绸生产专业化、集中化格局，通过澳门港与海外发生兴旺丝绸贸易，广佛同为我国“海上丝路”产销枢纽和大港，为我国“海上丝路”发展和繁荣做出积极贡献。在当今背景下，应充分发掘、弘扬广佛丝织业优良传统，利用好这笔历史文化资源，为“一带一路”建设服务。

关键词：广佛丝织业；历史发展；在“海上丝路”中地位

一　广东蚕桑生产的自然和人文社会基础

广东丝织业生产历史悠久，技术精湛，产品质量上乘，蜚声海内外，是海上丝路主要商品之一。这些丝织品，除了一部分来自江南和其他地区以外，很大一部分是广东所产。这需要满足丝织业对生丝原料生产的各项要求，首先是自然条件和人文社会条件及其良好的结合，丝织生产才能建立在经济牢固的基础上。在这方面，广东尤其是佛山地区的条件远优于其他省区，故能成为全国丝织业最负盛名地区之一，为我国海上丝路发展和繁荣，做出重要贡献。

1. 蚕桑生产优越的自然条件

蚕桑生产对自然条件有严格要求，尤其是良好气候条件不可或缺。广东常年气温在10摄氏度以上，是作物生长最低要求；≥10摄氏度年积温在6500摄氏度，无霜期320天，大部分作物可以一年二熟或三熟和安全过冬。年降水量1200毫米以上，也可满足作物生长需要。而广东广泛分布的砖红壤、赤红壤、红壤、石灰土、紫色土、水稻土等都适合桑树栽培，故自古以来，岭南人就深刻认识这些自些条件与资源的特征，从事蚕桑生产。三国时，广州一带“高则桑土，下则沃衍”。[①] 唐时期，南海地区“壤土饶沃，田稻再熟，蚕桑五收”，[②] 达到较高生产水平，以后更有增无减。

当然，广东气候炎热，有的地区湿度大，有的地区干旱，病虫害严重，不利于蚕桑推广。但善于适应、利用自然的广东百姓，仍能通过人工方法，调适、改造蚕桑生产条件，使之达到蚕桑生产必要要求，创造蚕桑基地转移、达到增产增收条件和目的。这最为突出的创造是珠三角桑基鱼塘。

2. 蚕桑生产的人文社会条件

蚕桑商品生产，必须依靠市场，按照价值规律投入、产出和营销，这涉及对蚕桑的生产政策。广东尤其是广州历史上一直对外开放，从不闭关，保持良好对外关系。加之濒临南海，拥有漫长海岸线和众多优良港湾，以及广阔陆向和海向腹地，丝绸得以借助“海上丝路”，周流全世界。这反过来又极大地刺激了蚕桑种植和丝织业发展，故市场的作用力是广东丝织业发展最强大的动因。这个市场，不但有遍布“海上丝路”沿线的国际市场，更有国内，尤其是当地市场。主要自宋代以来，广东市场不断增加，如珠三角宋代在广州附近

① 郦道元：《水经注・泿水》。

② 新编《广东省志・丝绸志》，广东人民出版社，2004：256。

就有18个圩镇，[①] 元代无明确数字，但到明代嘉靖年间珠三角16县就有圩市175个，[②] 其中顺德有36个，东莞29个，南海、新会各25个，四县共115个，[③] 占三角洲圩市的66%。又明显地分布在广佛周围，形成圩市密集区域。到清康熙乾隆年间，圩市增加到570个，[④] 增加了12.6倍。这其中不少是专业性市场，以蚕、桑、丝、鱼专业圩为甚。例如南海县道光十五年（1835年）17个专业圩市中，有12个桑市和丝市。在桑基鱼塘最集中的顺德，“县属各乡，均有桑市，不能悉数”。[⑤] 清末仅蚕、桑市就达48个，[⑥] 充分显示顺德蚕桑业之盛。蚕桑商品经济活力，极大地促进蚕桑种植面积扩大。

如前述广东蚕桑业发展，也存在气候、病虫害等不利因素。这个劣势，由于桑基鱼塘土地利用方式的出现而迎刃而解，它所产生的巨大的经济、社会和生态效益，使桑基鱼塘大面积推广，为丝织业崛起奠定强大物质基础。

明中叶以后，广州几乎垄断全国外贸，澳门又作为一个国际贸易港崛起，大量生丝通过澳门进入国际市场，从而大大刺激三角洲蚕桑业发展。同时，在明代围垦低地、防治水患过程中，珠三角人民创造了挖深为塘、覆土为基这种基塘结合的作物利用方式，包括桑基、蔗基和果基等作物组合方式。其中桑基鱼塘能把栽桑、养蚕、养鱼三者有机地结合起来，充分利用它们之间的物质和能量循环，构成一个特殊的人工生态系统，在三角洲地理条件下取得最佳的经济效益、社会效益和生态效益，故它一旦形成，不仅取得三角洲土地利用的主导地位，而且蚕桑业一些难题也得以化解。中国第一家机器缫丝厂创始人陈启沅在《蚕桑谱·蚕桑总论》中指出：“且蚕桑之物，略无弃材。蚕食剩之桑，可以养鱼。蚕疴之屎，可以作粪土，固可以培桑，并可以培禾、蔬菜杂粮，无不适用，更可以作风药。已结之茧，退去蚕壳，化成无足之虫，曰蚕梦，若不

---

① 郑天祥：《以穗港澳为中心的珠江三角洲经济地理网络》，中山大学学报编辑部，1991：50－51。

② 嘉靖《广东通志》卷二十五，“圩市”。

③ 佛山地区编：《珠江三角洲农业志》（一），1966：97。

④ 郑天祥：《以穗港澳为中心的珠江三角洲经济地理网络》，中山大学学报编辑部，1991：62。

⑤ 民国《顺德县续志》卷三。

⑥ 民国《顺德县续志》卷三。

留作种，煨而食之，味香而美，可作上品之菜。偶有变坏之虫，亦可饲鱼、养畜。更有劣等者，曰僵蚕，可作驱风药。即缫丝之水，均可作粪土以耕植。”这种无废料的生态生产方式，为桑基鱼塘注入无限生机和活力。其次，基高塘低，围基设窦闸控制围内水量蓄泄，既不怕涝也不受旱，雨水多流进塘，干旱从塘汲水，桑基也不受旱。广东虽多暴雨，但塘基上常年生长作物，也可以防止水土流失。另外，在基上搭起瓜棚，保持水面清凉，即使盛夏季节水温也不高，适宜鱼类生长。还有，基塘使用有机肥，即使现代也少施化肥和农药，保持环境，维持生态平衡。最后，基塘终年可以生产，时间安排合理，农活有轻有重，老弱妇孺都有合适的事干，故劳动力资源得到充分利用，没有一寸荒废土地，没有一段闲置季节，以有限土地养活更多的人口。屈大均《广东新语·虫语》指出：“计一妇之力，岁可得丝四十余斤。”“计地一亩，月可得叶五百斤，蚕食之得丝四斤。家有十亩之地，以桑以蚕，亦可充八口之食矣。”道光《龙江乡志》总结：“顺德地方足食有方，……皆仰人家之种桑、养蚕、养猪和养鱼。……鱼、猪、蚕、桑四者齐养。”又由于蚕丝加工需要大批劳动力，可充分吸收当地人工作。据悉，仅缫丝一项，顺德每年可供 10 万女工就业。所以在桑基鱼塘地区，绝少失业现象，男耕女织，家庭和睦，社会和谐，人们安居乐业，各得其所，一派太平富足景象。这样，桑基鱼塘这种资源利用组合方式，既有丰厚的经济收入、维持良好生态平衡，也保持社会相对稳定，是一项世界罕有的土地利用方式，乃珠三角人民对人类文明一项重大贡献。

二 桑基生产为丝织业提供强大物质基础

1. 珠三角桑基鱼塘勃兴

桑基鱼塘形成以后，很快显示它是一种先进生产力，迅速占领珠三角土地，它所生产物质财富，为广东丝织业崛起提供强大物质基础。

广东虽自汉代开始，在海南岛北部、西江中游德庆、粤北连州地区和广州附近，已有“采桑养蚕”“桑蚕织绩”等生产活动，唐代广东“桑蚕五收”，宋代朝廷诏令各地种桑养蚕，发展丝织业。广东蚕桑生产逐渐向珠三角地区发展，开始发现土绸的机户、机坊，不少产品成为贡品。但到宋元易代，战火频仍，广东茧丝业又陷入低谷。直到明代，一方面是朝廷下令：“有四五亩到十亩者，栽植桑树、木棉各半亩，十亩以上者倍之。”[①] 广东蚕桑生产得到恢复和发展，不仅在佛山地区之顺德、南海、三水，以及中山、新会、番禺等地有较大发展，而且扩展到东江之东莞、增城、北江之清远等地。但这些蚕桑和丝织生产，多属自然经济范围，产量有限，仅有少数产品走出国门，作为交换或馈赠之用。明中叶以后，独留广州一口对外通商，桑基鱼塘兴起，珠三角成为广东也是国内最大一个蚕桑生产基地。据原佛山地区编《珠江三角洲农业志》（三、初稿）统计，明万历九年（1581 年），珠三角南海、顺德、番禺、新会、三水、高明、新安（今深圳）、东莞等县课税鱼塘约 16 万亩，约合基塘 40 万亩，其中南海、顺德各 10 万亩，成为最早基塘农业地区。乾隆二十二年（1757 年）到鸦片战争前夕，广州成为全国唯一对外通商口岸，大批外商抵广东购生丝。厚利所在，迅速使桑基鱼塘取代果基鱼塘，一部分稻田也改为桑基鱼塘。光绪《九江儒林乡志·经政略》指出，南海九江，顺德龙山、龙江（两龙原属南海）等“境内有桑塘无稻田”，“民多改业桑鱼，树艺之夫百不得一”，成为纯粹的桑基鱼塘之乡。据《珠江三角洲农业志》（三）统计，清末珠三角以桑基鱼塘为主的基塘农业区已达 100 万亩。到 1925 年广东蚕桑全盛时，全省生丝产量约占全国的 1/3，主要又集中在珠三角，总面积约 150 万亩，其中基塘面积约 100 万亩，鱼塘面积约 43 万亩。基面有一半种蔗，1/3 种桑，其余种果、菜、花卉等。珠三角基塘面积不及广东全省面积 1/10，却生产全省一半塘鱼、七成蚕丝、一成半蔗糖，成为生产专业化程度最高、经济总量最大、物质文明程度最高地区。张琳一首《龙江竹枝词》勾画了蚕乡一派繁忙劳动情景和丰收喜悦。其词曰：“剥茧茅寮傍水边，柔桑墙外绿含烟。鱼蚕毕竟收成好，十亩基塘胜种田。”

2. 广东其他地区蚕桑生产

在广东其他地区，也有少量蚕桑生产，一是种类多，二是分散，专门性不明显，多属封建自然经济范围。这些分散性蚕桑生产，除前述珠三角部分地区以外，还有惠阳、博罗、英德、花县、高要、德庆、郁南、高明、云浮、鹤山、四会，以及廉江、茂名、电白、吴川等，全省共有 38 个县有蚕桑生产，

① 新编《广东省志·丝绸志》，广东人民出版社，2004：3。

这是1922年统计数字，也是继承蚕桑历史发展结果。屈大均《广东新语·虫语》指出，“程乡（今梅州）茧绸……文昌茧，其蚕惟食山栗叶，故吐丝坚韧，其绸可久服弗敝。新兴茧亦然。”又“阳江出天蚕（柞蚕），其食必樟枫叶，岁三月熟，醋浸之，抽丝长七八尺，尺尺如金，坚韧异常，以作蒲葵扇缘”。本来潮州蚕桑在明中叶以前，到戴璟《广东通志初稿》物产条之一首，以后被珠三角蚕桑赶上，反形落后了。到明末清初，潮州“九邑无绮之织，故桑不多，所有蚕丝，惟供潮纱之用耳”。[①] 既此，唯珠三角蚕桑业居压倒地位和优势，强力支持广东丝织业的一统天下。

三　佛山地区为主体的广东丝织业兴盛

1. 兴盛背景

基于上述珠三角强大的蚕桑业专业化、商品化生产，按照生产地接近加工和消费地的传统生产布局原则，珠三角也成为丝织业的主要基地。当然，广东丝织业也依靠广东发达水陆交通，从江南四川输入部分原材料，建立起自己丝织生产体系。如果说蚕桑生产是大面积分布，那么丝织业作为生产集中化主要形式，必然分布在珠三角重要城镇，包括佛山、广州、顺德大良、南海西樵、三水西南、中山石岐等，其中佛山作为一座丝织之城，名重一时，达400多年。

明中叶以后崛起的“佛山一镇，为天下之重镇，工艺之目，咸萃于此”。[②] 清初“四方商贸之至粤者，率以是（佛山）为归……桡楫交击，争沸喧腾，声越四五里，有为郡会（广州）之所不及者”。[③] 同时，佛山又是“天下四大聚”之一，即“北则京师，南则佛山，东则苏州，西则汉口”。[④] 明清时全国还有四大镇，即河南朱仙镇、江西景德镇、广东佛山镇和湖北汉口镇。广（州）佛（山）陈（村）（石）龙一起又组成广东四大镇，但佛山又是广州外

---

① 乾隆：《潮州府志》卷三十六。

② 彭泽益编：《中国近代手工业史资料（1840－1949）》第一卷，三联书店，1957：590。

③ 道光：《佛山忠义乡志》卷十二。

④ 刘献廷：《广阳杂记》卷四，中华书局，1985年。

港，一内一外，相辅相成。各省运来货物必先集中于佛山，再由行商转购或出口，各省所需中外货品也在佛山采办。志称："西北各江货物聚于佛山者，多有贩回省卖与外洋者。"[①] 故佛山又是一个巨大的商品发展中心，在全国商业网络中居重要地位。除珠江流域商贾以外，"秦晋楚豫巴蜀之贩客，络绎偕来"。[②] 清代佛山有除东北之外18省会馆，还有外国商馆。而佛山籍商人也散布全国各大商埠和海外，佛山、广州一起组成以两大城市为中心，连接珠江流域、东南数省乃至海外的巨大商业网络。这不仅是佛山丝织业赖以兴盛的背景，也是佛山走向"海上丝路"的必要条件。

2. 丝织业兴盛景观

从明中叶到鸦片战争前夕，为佛山经济黄金时代，号为"岭南巨镇"，甚至有"中国伯明翰"之称。[③] 据诸史资料，佛山历史上手工业各行业不下50多个，手工业人口占全市90%，其中冶铁、陶瓷和纺织又为手工业三大主要部门，在历史上大放异彩。其中纺织业在南宋已经兴起，至明中叶，丝织业获得长足发展，其规模大，从业人数多。曾有外国人记载1833年佛山镇"从事织造各种布匹的工人共约五万人……分别在大约二千五百家织布工场作工，每一工场平均二十人"。[④] 此前，据乾隆三十九年（1774年）《梁氏家谱》记载，佛山猪仔市圩几乎每日清晨均有"织机工人囤聚数百人"，后又"聚至数千人"人待雇佣。[⑤] 清代，佛山镇的纺织业分工很细，并相应设立各行会馆，包括绢织物业2家、衣料和衣服业6家，纽扣业4家，鞋袜帽制造业8家、染色染料业3家，共32家，另有行会会馆或堂12家。[⑥] 佛山这些丝织工场、会馆多集中分布在南部的岳庙、社亭和仙涌三铺。康熙年间发迹的丝织大户任伟、

---

① 道光《佛山忠义乡志》卷十一。

② 民国《佛山忠义乡志》卷二。

③ 《佛山文史资料》（一），1982年：1。

④ 彭泽益编：《中国近代手工业史资料（1840－1949）》第一卷，三联书店，1957：256。

⑤ 李凡：《明清以来佛山城市文化景观演变研究》，中山大学出版社，2014：105。

⑥ 李凡：《明清以来佛山城市文化景观演变研究》，中山大学出版社，2014：105。

任应兄弟所建“任映坊”就在岳庙铺的乐家里。上述乾隆年间每日清晨有成百上千工人等候雇佣的猪仔市圩就在社亭铺药王庙前。这个社亭铺的舒步大街、梨巷内有很多机房，如邓尧号、陈恒号等都是大型工场，铺内还有帽绫行的东家和两家会馆兴仁堂。仙涌铺的经堂古寺和仙涌街一带，也是机房集中之地。此外，佛山镇周边南海县乡村机房也很多，有李村机、叠滘机、大沥机等。[①] 这些乡村机房规模小，成品多由中介人集中，再转投入市场，这些人被称为“缆头”。佛山近郊每乡都有二三个缆头，虫雷岗乡、石啃乡缆头最有名，这些乡村自然也是机织之乡。[②] 到民国初，广东蚕丝业达鼎盛时期，1922年全省桑蚕丝产量达8278吨，创广东历史纪录，丝织品产量2240万米（此纪录至1973年才被打破）。其中最发达的首推南海县西樵、民乐两镇，全盛时有织机1.2万多台，占当时全省织机总数的1/3。1925年，南海县有丝厂26家，茧市11家，蚕种市4家，丝市6家。

但丝织业最著名的是顺德县。据统计，1925年，全县桑地总面积达66.5万亩，占全县总耕地面积70%，年产桑86.45万吨，产茧3.63万吨，饲养蚕种88.37万张，平均亩产桑1.33吨，茧54.6公斤，每两种产茧6.51公斤。特别是顺德拥有全省最大的茧市和最多的茧栈，以此成为当时广东金融中心。有曰：“广州市之银业多操纵在顺德人手中，掌握全省经济之权，换言之，顺德即广东银行。”顺德容奇为中国南方丝业的中枢，各地蚕茧80%集中在容奇茧市交易。此外，大良、勒流、乐从、龙江、陈村和龙山也是茧市交易场所。全县共有丝厂135家，茧市21家，丝市10家，茧栈184间，蚕种市24家和茧壳市1家。20世纪20年代，顺德生丝输出量占全省80%以上，[③] 是广东乃至全国生丝第一县。而为适应近代化生产需要，不少女工相约独身，形成一个巨大“自梳女”群体。据粗略统计，从1881－1911年，顺德140多家机器缫

① 李凡：《明清以来佛山城市文化景观演变研究》，中山大学出版社，2014：116。

② 李凡：《明清以来佛山城市文化景观演变研究》，中山大学出版社，2014年：116（注释）。

③ 新编《广东省志·丝绸志》，广东人民出版社，2004：397。

丝厂，累计约有8万女工工作过，[①] 大部分是“自梳女”。这个特殊社会群体出现，反映顺德丝织业之盛，这是其他地区无法比拟的。

三水县水运便捷，地形、水质适宜种桑，西南镇是丝织业主要地区，1921年有茧市4家，茧栈5家，丝厂2家。当年三水海关报告，1921年输出蚕茧16.65吨，翌年为19.15吨，以后逐渐减少，乃至湮灭无闻。

中山县也是丝织大县。1924年全县产茧1.587万吨，生丝1050吨，种桑面积和蚕茧产量居全省第二，但中山无缫丝厂，所产蚕茧多销往顺德容奇。若蚕丝低价时，蚕民自行缫丝，销往内地纺织厂或经拱北外销。全县设茧市2家、蚕种市11家、丝市1家。

新会县自鸦片战争后开辟江门港，蚕茧成为大宗出品商品，推动桑基鱼塘业发展和缫丝业振兴。1925年，全县有桑地约6万亩，约占全县耕地1/10；全县100万人口中约有5万人从事蚕丝业，年产桑7.8万吨，茧3270吨，生丝约218吨，创县内蚕茧产量的历史最高纪录。[②]

在佛山、南海、顺德之外，广州也是一个巨大丝织中心城市。丝织机行是雍正年间创立的，据说从杭州请来师傅传授技术，发展全盛时期约有机织工3万～4万人。[③] 丝织厂分布在上下西关、下九甫一带。所产纱缎“甲于天下”，其精美程度“金陵、苏、杭皆不及”。[④]

广东丝织产业，不只产量大，花式品种也很多。明嘉靖《广州府志》载“粤纱之质密而匀，其色鲜华，光辉，滑泽”；“故广纱甲于天下，缎次之”。嘉靖九年（1530年）粤中丝织业在原来18行分工生产基础上，又增至24行。据嘉靖《广东通志》载，顺德的龙山岗背已经生产出著名的丝织品——象眼绸“王阶”“柳叶”和线绸等作为广东的贡品，“牛郎绸”“五丝”“三丝缎”“花绫”“帽绫”“官纱”等都负盛名，远销海内外。屈大均《广东新语·货语》载：“广之线纱与牛郎绸、五丝、八丝、方缎、光缎，皆为岭外、京华、东西两洋所重。”“五丝八丝广缎好，银钱堆满十三行”。广州生产丝织品分五个品别。

---

① 李宁利：《顺德自梳女文化解读》，人民出版社，2007：129。

② 新编《广东省志·丝绸志》，广东人民出版社，2004：253－258。

③ 蒋祖缘、方志钦：《简明广东史》，广东人民出版社，1993：365。

④ 乾隆《广州府志》卷四十八。

一为“蟒袍行”，又名“朝蟒”，属丝织业中最老一行，成品有龙、凤、虎等图案，专贡朝廷为文武百官服用；二为“十人行”“八丝缎”即属此行；三是十二行，系“八行”加“三丝”为名，此行除会“八行”技术，还必须会“三丝”技术；四为“金彩”行；五是“广纱行”。到清道光年间，南海民乐出现晒薯莨等个体手工业生产。道光二十四年（1844 年）西樵林村程家的丝织生产，通过改革标梭平纹织机，逐步演变成 12 片综的小提花机和啤架机，提高生产效率。广州丝织业有更大发展，丝织工人达 4.5 万人。19 世纪，缫丝业推动了丝织业和晒莨业振兴。佛山已有织绸大机房 20 多家，小机房六七十家，工人 2000 余人。设行会组织“兴红堂”，生产“金银缎”“八丝缎”“光汉府缎”“光贡缎”等颇具盛名，远销海内外。其用途多作锦袍、官服、寿袍、富家用的殓服、围屏、锦幛等。到民国初年，新产品香云纱崛起，是一项具有划时代意义和深远历史影响的丝织品。此后，佛山、顺德、广州相继开辟香云纱生产。南海民乐各地丝织生产更具特色，如程家织纱，潘家织罗，葆美织绫，云滘、莘涌织绸、华夏、塱心织绉纱，吉赞织孟买绸等。当地居民绝大多数从事丝织业，务农者寥寥。佛山丝织品生产划分黑货行、洋货行、杂色行、牛郎绸等 18 行，产品花式品种更为丰富多彩，佛山为名副其实丝纺城。而广州作为省城，又是丝绸经销最大港市，各种利益和矛盾在所难免，为此，于雍正元年（1723 年）成立锦纶会馆，成为丝绸行为春秋祭祀和同行业相聚之所，实际上反映了广东丝绸行业和内外贸易兴盛，显示广东丝绸业发展达到一个时代高峰。

不过，基于广东丝织原料的某些欠缺，丝织产品还使用江南输入的原料。如乾隆《广州府志》说：“（粤缎）必吴蚕之丝所织，若本土之丝则黯无色光。”“（粤纱）亦用吴丝，方得光华不褪色”。这说明，珠三角和长三角在丝织方面有很大互补性，与地理环境和资源差异引起生产原材料欠缺，说明劳动地域分工和互补、协作即使在古代也是不可或缺的。

四 广佛丝织业在海上丝路的历史地位

我国对外经济文化往来，虽有海陆丝路两途，但比较而言，海上丝路具有运量大、成本低、从不中断等优势，故能长盛不衰达 2000 多年。广东拥有这条海上丝路最大最多港口群和宽广海陆向腹地，无论海上贸易丝织品数量、花式品种、质量、参与人数，还是涉及地域之广袤，较之其他沿海省区，应是罕有其匹的。而佛山作为广东丝织业核心和最大生产、销售基地，其在这条丝路上历史地位，也是崇高和不可动摇，称誉于整个海上丝路史册和我国南方区域史。

1. 丝绸产销大港兴起

前述广佛蚕桑种植、加工，以及生产组织、经营管理等，都显示我国这个丝绸基地所拥有和积累的经济势能是非常宏厚和强大的，并且从一开始就向海外辐射。主要形式就是借助海上丝路，进行海上贸易，其产生的经济、区域和文化效应，奠定了佛山作为丝绸大港的历史基础。

历史上丝绸贸易而言，广东海上丝绸贸易，主要是指佛山地区丝绸贸易。秦汉时丝绸还是岭南稀缺物品，中原和巴蜀丝织品开始流入广东，一部分为当地权贵消费，相当一部分转销至海外，揭开了海上丝路序幕。魏晋南北朝时，广州成为海上丝路始发港，广东与东南亚、印度洋发生贸易往来，大秦商人从波斯湾航海到广州，购买中国丝绸。东晋法显去印度求法，在狮子国（斯里兰卡）见当地人用中国生产白绢扇供奉佛像。隋炀帝大业三年（607 年）派遣常骏、王君政从潮州出发，出使赤土国（今马来西亚吉打），携带丝绸 5000 段赐给赤土国王。唐代开元年间，广州开始向朝廷进贡丝布，唐顺宗永贞元年（805 年），南海进献纺织奇女卢媚娘于朝廷，受到嘉许。唐末黄巢农民军攻克广州，大规模屠杀外商，放肆砍伐广州附近桑树，造成广州丝绸业停顿，阿拉伯丝绸市场脱销，反映广州丝绸业兴旺之一斑。而自张九龄重新开凿大庾岭道以后，南北和中外贸易极盛一时，内地丝绸大量涌入广州，为丝绸海上贸易提供充足货源。自唐代“广州通海夷道”开通，广州成为起点和世界大港以后，外舶云集广州珠江河面。释慧超见波斯商人“亦泛舶汉地，直至广州，取绫绢丝棉之类”。[①] 波斯商人从广州贩去丝绸，除本国消费，还转运到其他国家和地区。唐末，广州经历黄巢之乱后得到恢复，外商重来，阿拉伯地理学家伊本·胡尔达兹比赫称“汉府（广州）是中国最大港口”，“由此东方海洋，可以从中国输入丝绸、宝剑、花缎”。[②] 广州为输出丝绸主要口岸。宋代以海立

① 慧超著、张颜笺释：《往五天竺国笺释》，中华书局，2000：101。

② 伊本·胡尔达兹比赫著，宋岘译注，郅溥浩校订：《道里邦国志》，中华书局，1991：72－73。

国，注重发展海洋经济，在广州设市舶司，管理海外贸易，广州是宋代丝绸出口主要集散地。广东与江浙、湖南、四川、河南、山东等，主要开展番货——丝绸贸易。而广东对外海上贸易，金银绸缎是主要对象，屡见于宋代文献中。如宋太宗太平兴国七年（982 年）越南黎氏政权进奉绢一万匹给宋朝廷，但这些绢不是越南所产，而是使者在广州购买的，“先累进赴阙进奉，系是广州解发”。[①] 宋时广州蕃坊居住很多大食国（阿拉伯）人，他们经商运回去的很多是丝绸。据赵汝适《诸蕃志》所记，广东外销东南亚诸国商品，属丝绸类的有绢、缎、锦、绫及其制品约 20 种。只是宋元交替之际，元军焚毁广州城，广州丝绸贸易一落千丈。直到社会安定以后，广东外销东南亚、印度、西亚、东非丝绸约数十种，除了广州，粤东柘林、潮州、潯州（阳江海陵岛）等中小型港口也加入出口业务。

明初，广东丝绸贸易仍以外省丝绸输入，经广东输出海外为主。到明中叶，海上丝路形成通亚洲、欧洲、美洲之间的新航路，广东丝绸对外贸易形势发生重大变化，传统广州—东南亚—阿拉伯地区航线渐渐没落，代之而起的是广州—澳门—果阿—欧洲航线、广州—澳门—马尼拉—拉丁美洲航线和广州—澳门—日本长崎三条国际航线。一方面珠三角丝绸产量扶摇直上，另一方面欧洲殖民主义者东来，迫切需要打开国际市场，广东丝绸成为海上贸易主要对象。广州、佛山在海上丝路地位迅速崛起，充当了出口贸易主要角色，并且通过澳门港实现中西之间的贸易往来。据载葡人“每年从广州采购经澳门运往海外的丝织品有 53000 多箱，其中从澳门输往里斯本的丝货约 5000 箱”。[②] 万历八年至十八年（1580－1590 年），每年从澳门运往果阿的生丝约 3000 担，值银 28 万两，至崇祯八年（1635 年）多达 6000 担，值银 48 万两。[③] 日本是中国丝绸出口主要市场，也是经葡萄牙人从广州、澳门运往长崎，最多时可达 3000 多担，少时也有 1500 ～ 1600 担。万历十八年（1590 年）一艘开往长峙的葡船就装白丝 500 ～600 担，丝线 400 ～500 担，绸缎 1700 ～2000 匹，此后不断增加。更有大量白银从日本流入中国大陆，主要是葡萄牙人和荷兰人船只

① 《宋会要辑稿》，“蕃夷四七之三”。

② 邓开颂等：《粤港关系史》，中国书店，1999：120。

③ 新编《广东省志·丝绸志》，广东人民出版社，2004：520。

经澳门运入。嘉靖四十四年（1565 年）开辟了马尼拉到拉丁美洲航线，大批生丝和丝绸又从澳门运往美洲，嘉靖三十七年（1558 年）以前，每年从广州经澳门运马尼拉的生丝货价值约 19 万两西班牙银元，以后不断上升。广东—菲律宾—拉美之间丝绸贸易十分迅速，1580 – 1643 年达到鼎盛时期。此外，素有“海上马车夫”之称的荷兰也接踵而至，成立各种公司和商馆，争夺海上霸权，参与广东对菲律宾、日本的丝绸贸易。

入清以后，英美成为广东丝绸贸易主要对象。英国在澳门设立东印度公司支行，经营进出口业务。从 18 世纪后期到鸦片战争前夕，每年从广东运走 1500 担到 6338 担生丝，还有不少散商每年也从广东运走大量丝绸。美国也后来居上，成为仅次于英国的第二大生丝输入国。乾隆四十九年（1784 年）美国商船“中国皇后”号首航广州，运回大批丝绸，获得巨额利润。消息传开，在美国迅速掀起“中国热”。乾隆十四年至道光十八年（1749 – 1838 年）90 年间，抵广东洋船共 5266 艘，其中美国船有 1190 艘，占 22%，故美国也是广东丝绸贸易一个最大客户。

2. 佛山港兴盛根源

鸦片战争以后，我国丝绸出口港口、路线发生重大改变，特别是海上丝路已因这场战争而终止，即使丝绸贸易没有中断，但已不在海上丝路时间范畴，故不再是本文所及重点问题。

发生在广州—澳门之间的丝绸贸易，实际上是通过广州—佛山—澳门完成的。因为佛山是广州外港，澳门也是广州外港，三个港口形成一个外贸空间体系，佛山在其中起到二传手角色。集散佛山丝绸主要来源于珠三角各县，特别是乾隆以后，湖丝出口受到限制，广东生产丝绸比例上升居首位，成为重要出口对象，广州、佛山地区跃上一个新台阶。因为珠三角各地丝绸从佛山经澳门转口海外，直接与世界市场发生联系，如南海龙山一首《竹枝词》描述那样：“呼郎早趁大岗圩，妾理蚕缫已满车。记问洋船曾到否？近来丝价竟何如。”① 据《广东省志·丝绸志》记载：“南海县所产的生丝，销路以美、法、英等国为大宗。丰年及洋装丝生意旺时，每年出口约 300 余万斤，歉收递减。”② 同

① 嘉庆：《龙山乡志》卷十二。

② 新编《广东省志·丝绸志》，广东人民出版社，2004：283。

书指出："中华民国成立后，收回关税权，佛山被划为二等市，出品关税比广州低，于是广州及珠江三角洲各地需出口的丝绸都运来佛山转运出口，佛山遂成为广东省纱绸的重要集散地。"[①] 实际上，五口通商以后，外商已转到上海购货，广东丝绸出口转而依靠当地产品。在这种情形之下，珠江三角洲之南海、顺德、佛山等地渐已发展起来的丝绸产品便沿珠江水网和陆路汇聚于广州出海了。但从整个历史过程观察，佛山作为海上丝路枢纽港地位，仍在多方面表现出来。

其一，康熙二十三年（1684 年），广东开海贸易，全省设 7 个总关口，下已有 60 多个小关口。据《粤海关志·口岸一》，佛山口位列各关之首，比广州黄埔口、东莞虎门口、澳门总口等排列要前，是广东第一个总口。

其二，佛山棉纺织业利用外国棉花进行生产加工，产品也供应外国市场。棉纺织业如此，丝织业也应不例外，是以外向型为主的产业结构。

其三，虽然广佛并称，但更有不少文献称佛山商业之繁荣远胜于广州，也是佛山海上丝路地位的折射。咸丰年间陈微言《南越游记》称："俗称天下四大镇，粤之佛山与焉。镇属南海，商贸辐凑，百货汇集。夹岸楼阁参差、锦亘数十里。南中富饶繁会之区，无愈此者。"[②] 徐珂《清稗类钞》也说："佛岗（山）之汾水旧槟榔街，为最繁盛之区。商贾丛集……冲天招牌，较京师为大，万家灯火，百货充盈，省垣（广州）不及也。"[③] 清代佛山市场中心地位已定，至少与广州地位不分伯仲。并且佛山为中心市场网络也不断完善。志称佛山"控羊城之上游，当西北之冲要，天下巨镇、岿然居首"，[④] 西江、东江、梅江、北江各地城镇都与佛山有直接贸易关系。嘉庆十九年（1814 年）石湾丰宁寺重修，共有 418 家佛山和外地客商捐款，确知其中有客商 200 多家，除广东本省的以外，还有安徽、广西等县客商。[⑤] 佛山有河道直通江门和澳门，直出南洋。这一交通形势，也确立佛山在海上丝路枢纽港地位。

---

① 新编《广东省志·丝绸志》，广东人民出版社，2004：398。

② 陈微言：《南越游记》卷一。

③ 徐珂：《清稗类钞》第 17 册，"农商类"，中华书局，1988 年。

④ 《南海金鱼堂陈氏族谱》卷八，上。

⑤ 道光：《佛山忠义乡志》卷十一，"艺文"下。

其四，佛山地区在海外建立会馆甚多，遍及五大洲，直接反映海外贸易之盛，折射佛山地区海上丝路网络覆盖全世界。据刘正刚《广东会馆论稿》资料，佛山地区在世界各地的会馆，在亚洲有缅甸五邑会馆（1874 年，南海、番禺、顺德、香山、东莞）、日本横滨三邑公所（1898 年，南海、番禺、顺德），美洲加拿大维多利亚之番禺昌后堂、南海福荫堂、顺德行安堂等和旧金山的三邑会馆（1850 年，南海、番禺、顺德、附三水、清远、花县），南美秘鲁的南海会馆、番禺会馆，澳洲维多利亚南海、番禺、顺德的“南番顺会馆”，非洲毛里求斯首都路易港南顺会馆（1859 年）以及马达加斯加塔马塔夫的南顺会馆（1906 年），后改名华商总会。此外，在新加坡、马来西亚，即有珠三角地区会馆 20 间，最早建于 1805 年，最迟在 1911 年。[①] 如此众多商业会馆，是广东从自古以来以海洋为生另一种表现，不断地在海上丝路上活动，无论是珠三角还是佛山地区都是这些会馆的主体部分，其功能毫无例外与丝绸贸易有关。

五 小结

广东不利于蚕桑生产的某些自然条件，由于珠三角桑基鱼塘的建立而得到克服，在此基础上出现蚕桑生产的兴旺局面，有力地促进丝织业的振兴和珠三角丝织基地的形成，并参与海上丝绸贸易。但直到明中叶以后，随着珠三角资本主义萌芽的产生，商品经济的活跃，澳门作为国际贸易港的崛起和新航线开辟，珠三角丝织业才进入生产和外贸的兴盛阶段。特别是乾隆以后，广州一口对外通商地位的确立，极大地推动珠三角蚕桑种植业和丝织事业勃兴，进一步发挥广州—佛山—澳门丝绸贸易经济轴线的优势，并对周边地区发生辐射作用，带动珠三角桑区的繁荣，并借助海外会馆的作用，将珠三角丝绸贸易扩散到世界上不少国家和地区。在这个过程中，广州和佛山作为丝织业枢纽港和生产中心，发挥巨大凝聚和辐射作用，为我国海上丝路发展和繁荣做出积极贡献而载入丝路史册。在今天“一带一路”建设背景下，应大力弘扬、开发利用广佛这笔优秀历史文化遗产，为实现这一伟大战略目标服务。

---

① 刘正刚：《广东会馆论稿》，上海古籍出版社，2006：344－361。

佛山“桑基鱼塘”与珠江三角洲农业生产方式研究

衷海燕
（华南农业大学）
周　晴
（广州地理研究所）

珠江三角洲地区的桑基鱼塘是世界著名的生态农业模式，长期得到学术界的普遍关注，在这一领域积累的研究成果众多。如1980年代初，广州地理所钟功甫先生及其团队在顺德勒流的定位站，对桑基鱼塘系统的能流、物流的基本情况及效率进行了估算。[①] 不过，近代小农经营模式下桑基鱼塘系统的经营状况与结构特点等都与现代实验模式有着很大的差异。清末民国时期，珠江三角洲地区大量出现的桑基鱼塘有其相应的生态经济背景。清光绪年间至1929年以前，以顺德、南海为中心的珠江三角洲地区蚕丝贸易空前繁荣，促使桑基鱼塘的规模与范围突破了原有的格局，珠江三角洲形成一股“废稻树桑，毁田成塘”的热潮。清末顺德乡绅卢燮宸所撰《粤中蚕桑刍言》记录和分析了当地传统的桑基鱼塘经营技术；1920年代美国调查员考活（C. W. Howard）和布士维（K. P. Buswell）等对珠江三角洲地区的蚕桑业做过

① 钟功甫：珠江三角洲基塘系统研究［M］，北京：科学出版社，1987。

十分详细的调查。

本文主要以佛山为中心分析清末至20世纪30年代桑基鱼塘循环农业依托的生态经济环境及经营的一些实态特征，以期对近代珠江三角洲农业生产方式有更加深刻的认识和细致的理解。

一 水利与居住空间

珠江三角洲连片的桑基鱼塘主要集中在核心区域的南海、顺德两地，这里地处珠江三角洲下游的河网地带，地势低洼，水域面积广阔，是受洪、涝、潮共同影响的地带。在4～8月份的雨季，这里的平原土地都有受洪水浸涝的危险，珠江三角洲面积最大桑基鱼塘就位于这片地势低洼的平原区中。在抗日战争以前，蚕桑区范围大约北至三水芦苞，东至番禺，南至中山石岐，西到西江干道，到处可以见到桑树遍野，户户养蚕的景象，估计当时全三角洲桑地有12万亩左右。[①] 晚清至20世纪20年代末是珠三角蚕桑丝织经济繁荣时期，这段时间内桑基鱼塘农业模式扩展，取代了原来的稻田，在珠三角的核心地区顺德、南海一带，“咸丰以前，尚有禾田，后悉变为桑基鱼塘。”[②] 据1923年《南中国丝业调查报告书》记载：“全属桑基，有三千顷，半在桑园围之内，直达官山九江。其余一半，与顺德接连，直达佛山。”这种土地利用状况一直维持到20世纪50年代初期，如1954年，顺德容桂外海村的2801.78亩耕地面积中，桑地占耕地面积的43.2%，水田占20.2%，鱼塘为36.1%。[③] 其他地区如大良、陈村、龙江及龙山附近的小山丘外，河涌外都是桑基鱼塘。[④]

清末民国时期珠江三角洲地区桑基鱼塘被建造成各种形状，而非今天所见

---

① 孙敬之：《华南地区经济地理》[M]，北京：科学出版社，1959：43。

② 周廷干修：《民国重修龙山乡志》[M]，华南农业大学农史室藏，1930：4。

③ 顺德县委委员会：《广东省顺德县外村乡海尾村农村经济调查总结（初稿）》[B]，佛山：顺德档案馆，1954：3-A12，1-028。

④ 霍华德：《华南蚕丝业之调查》[M]，广州：广东省农业科学院蚕业研究所编印，1925。

卫星图片或航拍图片中大片规整的四方形。[①] 20 世纪 20 年代，霍华德等在顺德调查时，看到这里的桑基鱼塘常常间隔地出现在由狭窄河道交叉成的广阔平坦大地上，从山上高处眺望，不规则的池塘分散地处于密集生长的深绿色桑地之间。[②]

雨季，西江、北江洪水是珠江三角洲核心地区农业生产的最大威胁，人工修建的堤围可以降低桑基鱼塘在雨季被洪水冲毁的风险。堤围是珠江三角洲地区桑基鱼塘经营中最基础的水利保障。[③] 以顺德勒流为例，清末勒流的大部分地区属勒流堡的范围，位于甘竹滩以东，有 12 个村，西江水流过甘竹滩时，受北江顺德支流的水流顶托，洪水难泄，往往积潦成灾，江水在甘竹滩向西倒流，使这一带水域面积广阔，水网发达，民国《顺德县志》称："勒流之水，西接狮颔口，东注三合海，中贯村心海，北出三槽海类，皆河流曲缓。"[④]咸丰《顺德县志》中的勒流堡示意图中显示，勒流堡的四面都建有堤围，堤围外四面都是面积广阔的水面，堤围内还有着十分广阔的水面，如较大的河涌有槎涌、大白涌、断墟涌、卢滘涌等，河涌还串联着一些积水的湖泊，当地称为"澳"，如在南前海和中海之间就有两个澳，堤围以内的其他区域都是桑基鱼塘。[⑤]

洪涝之外，桑基鱼塘集中分布的顺德、南海水网平原还受珠江三角洲河口潮汐的影响，河网区中的桑基鱼塘系统是对潮汐进行合理利用的小型水利系统，在网河湿地的低洼环境中营造桑基鱼塘，农民首先必须不遗余力地用十分之四的土地面积挖成鱼塘，将挖掘上来的泥土堆积在其余十分之六的土地上，以使地面升高，创造适宜桑树生长的微环境，桑地一般是深宽之畦，深可五六

---

① 韩西丽：《基塘－城市景观安全格局构建研究——以佛山市顺德区马岗片区为例》［J］，地域研究与开发，2008：107－128。

② 霍华德：《华南蚕丝业之调查》［M］，广州：广东省农业科学院蚕业研究所编印，1925：41。

③ 佛山地区革命委员会珠江三角洲农业志编写组：《珠江三角洲农业志（初稿）·珠江三角洲堤围和围垦发展史》［M］，佛山：编印本，1976。

④ 周之贞，冯葆熙：《民国顺德县志》［M］，刻本，1929，卷十二。

⑤ 郭汝诚：《咸丰顺德县志》［M］，华南农业大学农史室藏，1853：卷二 39－40。

尺，宽约十五尺，每畦相距约二十余尺。[①] 这种人工筑成的“四水六基”桑基鱼塘还需要设置水窦，卢燮宸这样总结：“其法约每亩地将四成为塘，六成为基，其塘底约深四五尺，于塘底近水处开窦一眼，内外窦口约阔五六寸，使可放水出入。”[②] 一般的桑基鱼塘有两个水窦，一个在塘腰，称为上窦；一个在塘底，称为底窦。池塘水体通过闸窦与外部河涌的水流联系，利用池塘与外部河涌潮汐水位的高差来实现池塘水的灌排，通过塘边闸窦的起闭，也可以调节池水的温度和溶氧度。桑基鱼塘的经济效益与外部水文环境和自身的水利条件都有很大的关系，一般较好的桑基鱼塘外多绕以小涌，这样的基塘灌溉容易，无涸旱之虞。[③]

卢燮宸讲明有窦口设置的基塘，根据是否靠近河涌和易于排水分作两等，“鱼塘系当涌近海，易出水者谓之头筒塘，如该塘之前先有塘阻挡出水，必俟彼塘先行干底捉鱼上坭，然后始可借其塘出水者，谓之二筒塘，如无出水者，谓之望天塘，有出水而未安窦塞口者为野塘。”[④] 桑基鱼塘外部水文环境的优劣与基塘的效益直接相关联，民国时期邻近水源的基塘地一般每亩可值 265 元，而远离水源地的只值 170 元。[⑤]

传统时代桑基鱼塘区的农户多将住宅建在桑基上或池塘边，每户农家生活与蚕桑业产生废物基本都能够得到回收再利用，[⑥] 20 世纪 20 年代霍华德等发现，在临近城镇或村庄的桑基鱼塘区，厕所一般直接建在鱼塘上面。[⑦] 这种建

---

① 谭自昌：《顺属容桂及大良桑业调查》［J］，蚕业导报，1929：1（2）45－47。

② 卢燮宸：《粤中蚕桑刍言》［M］，华南农业大学农史室藏，1893：3 页

③ 谭自昌：《顺属容桂及大良桑业调查》［J］，蚕业导报，1929：1（2）45－47。

④ 卢燮宸：《粤中蚕桑刍言》［M］，华南农业大学农史室藏，1893：32 页。

⑤ 霍华德：《华南蚕丝业之调查》［M］，广州：广东省农业科学院蚕业研究所编印，1925：42。

⑥ 连子诚：《广东顺德蚕丝业之现状》［J］，经济月报，1943：1（3）：1－11。

⑦ 霍华德：《华南蚕丝业之调查》［M］，广州：广东省农业科学院蚕业研究所编印，1925：102。

宅模式也方便于农户随时看管池塘。鱼塘的经营过程中，需要随时根据气象变化及时调节池塘水位的深浅，同时也需根据水色变化，判断池塘的溶氧情况，及时进行换水添水。卢燮宸文中特别指出农家要通过闸窦随时控制鱼塘水体状况："如塘水太肥而咸，水面必起绿皮，即当开上窦，放去咸水数寸，换入生水为妥，或是塘水浅，亦宜照法添放生水入内，以放足为度，若塘水太满，又宜放出也。总以深浅得中为度。"利用网河区的感潮特点，鱼塘可以通过闸窦进出水，但由于潮流影响弱，潮位往往在 1 米以下，所以农家必须密切留意池塘水位与河涌水位差，才能顺利灌排水。夏季池塘经常面临缺氧情况，缺氧时大量塘鱼聚集在浅层水面，这时还要密切留意防盗 ，"凡暑天烈日晒热塘水，忽然下雨不多，该鱼仨然贪凉，或多食过饱，被雨一淬，多浮水面，致有死者，是晚及明早，均宜赴塘边密巡，以防窃取，又当车水踢箔，未捉鱼之际，连夜俱要赴塘看守"。①

桑基鱼塘区的农家多居住于一种特殊形式的坭屋里，村庄是由分散的坭屋所组成，坭屋的建筑过程十分简单，主要建筑材料取材于桑基鱼塘。桑枝被用作建筑材料，将冬期剪伐下来的桑枝条用竹片交叉编成篱笆，两面都用混有少量稻草的泥巴涂上，做成类似山形的墙壁，另外用稻草搭成屋顶，屋顶倾斜面很陡，利于排干雨水；坭屋地面用黏土打得很结实，一般不会高出地平之上，通常只有一扇门，泥墙上装有几扇小玻璃窗，供室内光照之用；通常在靠近地面处有一扇小窗，用布网盖住，另外在高墙处还有一扇狭长的高窗，是供蚕室通风用。房屋的规格有各种各样，小者有二间房，大者有三间房并在中间设一个庭院。在三间房中，一间房作家用，一间养蚕，另一间是厨房，但这种规格的房较贵。1920 年代初期每座简单的坭屋价值约为 500 元，大部分桑基鱼塘区的农户都是在简单的坭屋里养蚕、生活，坭屋只要每年修缮一下一般可用 30～40 年。②

---

① 卢燮宸：《粤中蚕桑刍言》［M］，华南农业大学农史室藏，1893：33－34，36。

② 霍华德：《华南蚕丝业之调查》［M］，广州：广东省农业科学院蚕业研究所编印，1925：43。

二 肥料与饲料

桑基鱼塘系统是良性循环的人工生态系统，佛山的桑基鱼塘系统由蚕桑子系统和鱼塘子系统所组成，两个子系统之间通过基面种桑、桑叶饲蚕、蚕沙养鱼、塘泥非桑实现两个子系统之间的循环，如顺德有着“桑茂蚕壮鱼肥大，塘肥基好蚕茧多”就说明这一循环特点。[①] 清末民国时期珠江三角洲以顺德为中心的桑基鱼塘系统早已脱离自循环的水平，更多地体现为开放系统的特点，最典型的是桑基鱼塘经营所需的肥料和饲料大量依赖于外部的输入。

1. 桑与蚕

珠江三角洲栽植广东荆桑，栽桑技术突出的成就是密植桑株。据章楷在《中国古代栽桑技术史料研究》指出，黄河中下游乔木桑的栽桑密度是每亩240棵，明清江南湖桑的栽桑密度是每亩200棵左右。而《岭南蚕桑要则》中提到顺德地区桑地密度达到每亩桑地平均植桑10000株，南海一带每亩植桑6000株左右。

顺德地区的桑农通过密植来抑制桑地杂草生长。但具体每亩植桑多少还要依基塘的水利条件、肥料来源情况而定，种桑株数根据当地的水利情况而定。如果当地没有池塘和河道，一般每亩也只能种植1000多株桑苗。[②] 钟功甫等计算了1980年代顺德勒流地区桑基鱼塘系统的光合生产量，桑基鱼塘系统运转维持的能量大部分来自太阳辐射，[③] 但实际上，传统时代桑基净生产力的产出还依赖于农家对于桑地有机肥的投入情况。卢燮宸早已总结出：“以一亩实地论，果是肥料充足，每造可生桑六百斤，如兼工勤，则多生数十斤。若地瘠

---

① 钟功甫：《珠江三角洲基塘系统研究》[M]，北京：科学出版社，1987。

② 霍华德：《华南蚕丝业之调查》[M]，广州：广东省农业科学院蚕业研究所编印，1925：43。

③ 钟功甫：《珠江三角洲基塘系统研究》[M]，北京：科学出版社，1987：73。

而并工惰，则不敢知矣。”①

桑基的土壤是每年通过堆叠大量有机肥而形成的人工堆叠土，通过叠加塘泥、垃圾等，桑地才可以保持一定的高度，《粤中蚕桑刍言》已提到：“先培坭后以攋杂铺面。”② 苏大道等在顺德细滘、新隆村等地调查了桑农的传统施肥习惯，桑地一年中四季都要进行施肥。塘坭和河涌坭是重要的肥料来源，农家冬季用坭肥和垃圾等制成土杂堆肥，这时桑地还要上人粪，戽塘坭；春季第一造之后施速效性的追肥，常用腐熟的人粪尿；夏季主要是戽坭花；秋季也以施人粪尿为主 。“戽大坭”是珠江三角洲乡村桑地一年中十分重要的一次施肥，一般于冬耕之后进行，这时塘坭肥沃，塘坭和一半水，用艇承载戽于桑地，盖过刈枝后的桑头，一般所戽的坭干过之后厚度约 6 ～ 8 分，传统时代也有将大坭担到桑行出售的，称作“担坭”，担坭待风干后再打碎施于桑地，因经过风化，担坭肥效较大，也可以避免水分过多对桑地发芽的影响。在上三造采桑之后，桑地还要“淋坭浆”，这时是取半艇坭加一艇水，充分混合后用手捅提上淋在桑地，下半年由于桑地常旱，需水肥较多，这时桑树侧枝还大量发生，这时需要“戽坭花”，坭花以一艇坭加水开成二艇坭花，加水时充分搅匀成浆状。戽坭花时在高温晴天先戽在桑树枝条上，利用坭花打落枝条上的害虫如桑毛虫、桑尺蠖等，将害虫打落地面后，再戽坭花到桑地，使害虫被覆盖掩死。③

珠三角地区降雨量大，每年由于淋洗所造成的桑地土壤损失很大，桑基需要每年进行培护，主要仍是利用塘坭，卢燮宸记录桑基培坭的技术十分精细：“每年冬令弊落桑枝后，其地系近海近涌者，即向坦边挖取新坭，培上基面，以手熨匀，约厚一寸，倘地係近塘者，则或用小艇放在塘心，用器向塘底钩坭落艇，再将坭艇撑近磡处，戽上基面，或俟干塘底时，向塘底挖坭，用竹箩载

① 卢燮宸：《粤中蚕桑刍言》［M］，华南农业大学农史室藏，1893：3－4。

② 卢燮宸：《粤中蚕桑刍言》［M］，华南农业大学农史室藏，1893：7。

③ 苏大道：《广东桑园的施肥技术》［J］，广东蚕业，1963：（Z3）：38－47。

之，梯行挽上基面，均以手熨，匀约厚一寸。”[①] 1922－1923 年间，商品化肥使用也很普遍，这些商品化肥使用简便，肥效很高。但是一些农民认为使用化肥过多，会使桑基土质变坏。桑基地的堆叠土是人为形成的土壤，经桑农的精心培肥，土壤肥沃，如典型的桑基地土壤表层一般含有机质 2.54%，全氮 0.094%，PH6.5，每亩平均含速效磷 5.63 斤，速效钾 45.7 斤。[②] 因桑地还施用大量的垃圾、花生麸以及蚕沙等，这些肥料一般在施肥时深埋在土中，可改良桑地土壤，促进一年中桑树的良好生长。[③] 但是在 20 世纪 40 年代蚕桑经济衰退时期，为节省投资，农家用于桑地的肥料则以绿肥为主。[④]

据霍华德等的调查，桑地单位面积的肥料施用量相当大。一般每亩桑地施用尿 10 担，人粪 3～4 担，垃圾 30～50 担，花生麸 50～100 斤，猪屎肥 80～100 斤，蚕沙 10 担，商品化肥 20～30 斤。但准确的施肥量要根据不同的桑基地的土壤状况而定。如桑基鱼塘区中的鱼塘每年每亩大约可挖 30 担塘坭，[⑤] 但塘坭的质量还依赖于桑基鱼塘所处地区的原始土壤条件，卢燮宸讲述桑基所在地土壤母质的重要性，“其基地是坭肉者生桑常多，而叶靓润，以之饲蚕，其茧必厚而好丝。围地是沙坭夹杂者，生桑略少”。[⑥] 因土壤母质和肥培条件的差异，桑基地的桑叶产量差异很大，桑基根据土壤环境可分为低水基、中基、高旱基等。低水基的桑地最年轻，堆叠土层较矮，土壤发生层次不明显，地下水位在半米以内，因地下水位高，土体过湿，桑树根系生长不良，这样的桑地产量不高；中基的堆叠土层通常高出地下水面 0.5～1 米，土壤剖面层次已有分化，适宜于桑的生长，产量较高；但桑基过高又会出现旱象，如

① 卢燮宸：《粤中蚕桑刍言》［M］，华南农业大学农史室藏，1893：4。

② 中国科学院华南热带生物资源综合考察队，广州地理研究所：广东省综合自然区划（内部资料）［G］，1963：115。

③ 霍华德：《华南蚕丝业之调查》［M］，广州：广东省农业科学院蚕业研究所编印，1925：46－47。

④ 连子诚：《广东顺德蚕丝业之现状》［J］，经济月报，1943，1（3）：1－11。

⑤ 霍华德：《华南蚕丝业之调查》［M］，广州：广东省农业科学院蚕业研究所编印，1925：47（103）。

⑥ 卢燮宸：《粤中蚕桑刍言》［M］，华南农业大学农史室藏，1893：3。

高旱基高出地下水面 1 米以上，土壤剖面虽然发育明显，但铁锰积聚，水分状况反而不良。[①]

桑基鱼塘区的土壤都是人工堆叠土，土壤有机质分解快，珠三角地区普遍每年养蚕六造以上，对桑树进行多次、大量的采叶，桑叶采摘之后必须多次施用大量的速效性肥料。传统时代，桑地要使用大量的人粪尿，顺德桑基鱼塘区的农家力求在桑地尽可能地多施人粪尿产，卢燮宸讲道："其本多者，自然以浇多次为佳，惟本少者，虽欲多浇而不能耳。"[②] 桑基鱼塘区一方面可从周围城镇获得大量的人粪尿肥料供应，同时还有大量粪肥由承包商在香港和广州收集并运载到顺德等地乡村卖给桑农。如紧邻顺德水道的黄连是香港粪肥转卖到顺德周边乡村地区的中转地点，这里的人粪尿相对便宜，桑地经营特别好，同时也是一个蚕丝业中心 。"各桑区所用人粪尿除本土所得者外，尚须由香港输入甚多，多运至顺德之黄连，然后分发各地"。虽从香港进入顺德肥料的具体数字多少现无从考知，但据 1920 年考活等的调查，当时香港粪埠投价每年约在港币 5 万元左右，因市场需求旺盛，其发客价格往往高低无定，普通干粪 60 斤左右约售当时省币 1 元，净尿每担约售银四毫。[③]

清末民国蚕桑经济的繁盛时期，有桑地的农家在市场价格高时出售桑叶，可获得丰厚的利润，农家可以根据市场情况平衡种桑与养蚕。桑是蚕的唯一饲料，一般一年之中，农家多次养蚕，扩大养蚕规模在短期内相对容易，但扩大种桑面积却较难，相对来说种桑收获桑叶的周期至少是一年。

桑叶虽是鲜货，但珠江三角洲的顺德、南海一带桑叶市场普遍存在，1920 年霍华德等看到，在桑叶价格奇高时，有些桑农甚至不管桑叶成熟与否，都将桑叶采下来倾销于市场，桑基鱼塘区河网纵横，交通条件便利，小艇是农家的日常交通工具，通过四通八达的河网水面农家可以便利地将各种桑基鱼塘经营

---

① 曾水泉：《珠江三角洲基塘系统物质循环与原发性肝癌》［M］，北京：中国环境科学出版社，1991：23。

② 卢燮宸：《粤中蚕桑刍言》［M］，华南农业大学农史室藏，1893：7－8。

③ 考活·布士维：《南中国丝业调查报告书》［M］，广州：广州岭南农科大学布告第十三号，第 175 页。

所需的物资运进乡村与城镇的每个角落，通过密如蛛网的河涌，还能使小艇达到紧靠桑田的地方，以便把采摘好的桑叶容易且方便地运往市场出售。①

2. 池塘

鱼塘是桑基鱼塘中一个独立、完整的生态系统，各种鱼类池塘中以食物链的形式构成一个小型循环系统。鲩鱼以青草、粪肥、蚕沙等为主要饲料，其排泄物促进池塘水体中浮游生物的繁殖。鳙鱼（大头鱼）和鲢鱼食浮游生物，剩下的残渣、浮游生物残留物等沉入池底，为鲮鱼的饲料来源。鲮鱼取食的过程中，促进部分微生物分解，为池塘中的浮游生物提供养分和饵料。但传统时代农户对于塘鱼饲养饲料与1980年代差异较大。钟功甫等强调了蚕沙在池塘养殖系统中的重要作用，② 但在顺德蚕桑业的鼎盛时期，蚕沙主要是作为桑地的肥料，农民首先是急于获得桑叶的丰产，因此多将蚕沙施用于桑地。③ 卢燮宸讲培桑肥料："或用蚕屎更便。"④

在珠三角地区池塘养鱼传统养鱼经验中，蚕沙即算作为塘鱼饲料，那也只是很少的一部分，一般的农家养鱼主要依靠的是水草和其他有机肥料搭配沤制的绿肥，这种养鱼方法就是珠三角洲有名的"大草养鱼法"。大草养鱼是将用绿肥培养出大量的浮游生物作为塘鱼养殖初期的主要饲料。传统时代桑基鱼塘的角落一般都设有沤草的小池，1950年代南海地区传统的大草制法是用40%的凤眼莲，40%的塘坭和20%的猪屎、蚕屎、人粪等互相堆沤而成，经发酵5～7天后喂鱼。⑤ 以绿肥养鱼的池塘，池塘的水色会依浮游生物种类及其多少而变化，农民能够用鱼塘水色来判别鱼塘水条件是否合适鱼的生长，如果水

---

① 霍华德：《华南蚕丝业之调查》[M]，广州：广东省农业科学院蚕业研究所编印，1925：50。

② 钟功甫：《钟功甫地理研究论文选集》[M]，广州：广东科技出版社，1997：108。

③ 霍华德：《华南蚕丝业之调查》[M]，广州：广东省农业科学院蚕业研究所编印，1925：47。

④ 卢燮宸：《粤中蚕桑刍言》[M]，华南农业大学农史室藏，1893：7。

⑤ 南海县委委员会：《南海县春季鱼塘生产总结及夏季生产意见》[B]，佛山：南海区档案馆，1959：1-49-8。

色是绿色的话，说明浮游生物的培养状况很好，这样的池水中鱼的生长就会兴旺。[①] 池塘投入绿肥量根据鱼塘的面积、养鱼类和草料的质量而定，一般养鲮、鲩、青、鲤鱼的塘每亩用大草五六担，鳙、鲢花的池塘每亩用大草七八担。[②]

顺德一带池塘中不种植水草如浮萍一类，人们认为这些水生植物会影响池塘水的肥浓度，“塘面有浮萍，能使水瘦，宜用娄披兜去净尽，惟塘水肥及鱼种塘有此物，则不必兜”。靠近民居点的池塘，池塘底质和水质都比较肥沃，养的鱼容易长大，“其近人家者，塘必肥，以有沟渠肥水渗入也。其坭色，湿时黑滑，干则坚实，并无沙石瓦渣夹杂焉，反是则近瘦矣，塘之肥者，鱼易长大”。[③]

清末珠江三角洲桑基鱼塘区池塘中放养鱼的种类、数量以及鱼种的比例要依农家所能投入肥料、饲料的种类和数量而定。卢燮宸记录了光绪年间本地区一般池塘放养鱼种的比例：“每塘面一亩，约放大头鱼四十口，鲩鱼约一百口，土鲮鱼一千二百口。”这是在肥料的投入充足情况下的搭配比例，卢燮宸还特别提到为了节省肥料，其他鱼类必须尽量放少一些：“鲤鱼、鳊鱼、斑鬃、塘虱以及鳝鱼各等，随意放些，不宜过多，防其搀夺肥料”。[④] 如果池塘养鳙鱼与鲮鱼，还要投入各种粪料，卢燮宸讲：“大头鱼与鲮鱼俱食粪料，其料有用人屎，有用蚕蛹、蚕屎、桑渣，有用猪屎，数者仍以人屎为上，猪屎次之，蚕屎等又次之。”[⑤] 池塘放养鱼种的数量还需参照农家投入饲料的多少，如 1950 年代的顺德外海村，鱼塘一般每亩水面落大头鱼 25 ～ 30 条，鲩鱼种 150 ～ 200 条，鲮鱼种 1000 条，鲤鱼 30 ～ 50 条，相比之下，只有草鱼饲养的

---

① 霍华德：《华南蚕丝业之调查》[M]，广州：广东省农业科学院蚕业研究所编印，1925：102。

② 广东省水产厅编著：《广东池塘养鱼》[M]，广州：广东人民出版社，1958：57。

③ 卢燮宸：《粤中蚕桑刍言》[M]，华南农业大学农史室藏，1893：34。

④ 卢燮宸：《粤中蚕桑刍言》[M]，华南农业大学农史室藏，1893：33。

⑤ 卢燮宸：《粤中蚕桑刍言》[M]，华南农业大学农史室藏，1893：33。

比例增加，[①] 这是因珠江三角洲地区河网湿地纵横，能用来饲养草鱼的水草也很丰富，卢燮宸提到乡间有多种水草可供饲养草鱼："鲩鱼所食者，以大尾草为上，若海坦边之油草、荒地上之野草次之。"[②]

19 世纪末期塘鱼的精饲料投入可能是传统时代的最高水平，如鲮鱼一般肥育期长，饲养时甚至还要用肉麸，卢燮宸讲道："鲮鱼食肉麸则易肥，故每年到九月时，必落肉麸一二次，以催其长。"[③] 1920 年代珠江三角洲桑基鱼塘区池塘养鱼的数量及肥料投入都没有达到 19 世纪末期的水平，霍华德调查时，一亩鱼塘大约养 300 头鱼，鱼塘混养几种鱼，大约是 100 头鲩鱼，30 头花鲢，20 头白鲢，以及 150 头鲮鱼。因为鱼塘也需投入大量的肥料与饲料，总体来说，养鱼所投入的绿肥和饲料的情况一般服从于农家蚕桑业的经营状况。如在 1920 年代时，顺德的一些农家自己很少用蚕沙养鱼，蚕沙甚至用来出卖，"蚕窝里的蚕沙通常倒在屋墙边，等待担出处理。蚕沙多被农民用作桑田的肥料，或者出卖给鱼塘作鱼的饲料。"[④] 1930 年代顺德农家养鱼的肥料仍然是水草、蚕蛹、花生麸、人畜有机肥等，用猪粪来充饲料的也有，但这时蚕桑经济已经衰退，因此桑地经营获利下降，作为桑地肥料的蚕沙也被用来做塘鱼的饲料。[⑤] 养蚕过程中，蚕农会及时淘汰孵化不良的蚕种以及各类弱小蚕儿，由于二三造养蚕正值珠三角地区的雨季，此时桑叶含水量过多而纤维素不足，加之养蚕环境潮湿多菌，蚕农缺乏生理学和昆虫病理学的专业知识，这时会有大量的蚕儿死亡，[⑥] 这些淘汰和死亡的幼蚕就都可以用来养鱼。1930 年以后，蚕桑

---

① 顺德县委委员会：《广东省顺德县外村乡海尾村农村经济调查总结（初稿）》[B]，佛山：顺德档案馆，1954：3 - A12，1 - 028。

② 卢燮宸：《粤中蚕桑刍言》[M]，华南农业大学农史室藏，1893：33。

③ 卢燮宸：《粤中蚕桑刍言》[M]，华南农业大学农史室藏，1893：33。

④ 霍华德：《华南蚕丝业之调查》[M]，广州：广东省农业科学院蚕业研究所编印，1925：102。

⑤ 周子泉：《顺德蚕农之生计谈》[J]，广东蚕声，1936，2（11）：10 - 13。

⑥ 霍华德：《华南蚕丝业之调查》[M]，广州：广东省农业科学院蚕业研究所编印，1925：74 - 76。

业不景气时，许多农民直接将蚕抛进池塘饲鱼。①

资本较多的农家池塘养鱼过程中还要购入豆饼等养鱼，顺德、南海两地多缫丝厂，丝厂所出的蚕蛹是当地塘鱼的重要精饲料。如 1925 年顺德有 135 家蒸汽缫丝厂，每个厂平均有 400 多台缫丝车，此外还有 200 家以上的脚力缫丝厂，每厂都有超出 30 台车，② 这些缫丝厂产出大量的蚕蛹。

顺德的容桂是近代中国南方丝业之中枢，大量的蚕茧都汇集于此地，广东一省约有 80% 的蚕茧输入此地。③ 因而容桂周边的农户可以购进大量蚕蛹来饲养塘鱼，1950 年代初的调查访问中，容桂海尾村的农民都认为用蚕蛹饲养塘鱼，塘鱼长得最快，当地一般用五担蚕蛹即可养肥一担鱼。实际上塘鱼投入精饲料的多少依外部经济环境而定，如 1950 年代顺德外海村养鱼已经很少用蚕蛹作为精饲料，蚕蛹主要是供给鲩鱼、鲤鱼吃，其他鱼吃鲩鱼粪，鲮鱼则不投入饲料，光靠吃塘坭底部的杂物。④

三 经营实态

清末以来，珠江三角洲地区的桑基鱼塘农业经营效益与整个世界丝业市场直接联系，由于桑基鱼塘区经营中的大部分生产和生活物资都依赖于外部的供给，小农户必须根据外部市场经济的状况随时调整桑基鱼塘各部分的经营。如 1920 年代前期蚕桑丝织业经济繁盛时期，珠江三角洲地区的高地几乎都用来种桑，桑树种植扩展到中山、肇庆等地。在珠三角洲核心地区顺德南海等地，桑地间作蔬菜的情况不常见，因间作蔬菜需施肥淋水，桑树不久就生长发芽，

---

① 陈翰笙，冯峰（译），《解放前的地主与农民：华南农村危机研究》［M］，北京：中国社会科学出版社，1984。

② 霍华德：《华南蚕丝业之调查》［M］，广州：广东省农业科学院蚕业研究所编印，1925：9。

③ 考活·布士维：《南中国丝业调查报告书》［M］，广州：广州岭南农科大学布告第十三号，第 12 页。

④ 顺德县委委员会：《广东省顺德县外村乡海尾村农村经济调查总结（初稿）》［B］，佛山：顺德档案馆，1954：3－A12，1－028。

影响来年桑树的生长。[①] 加之十二月和来年一月间农家对于桑基鱼塘还有大量的管理工作要做，如剪刈桑枝、干塘捉鱼，戽坭、培缮桑基等工作，这段时间养蚕的农户也很少。

1930年代以后，茧价大跌，桑基鱼塘的经营效益十分低下，据陈翰笙调查，当时珠三角蚕桑区有十分之三的桑地荒弃，农家食不果腹，有诗描述这种情形："丝平桑贱家家哭，春蚕弃却鱼果腹；可怜鱼饱人自饥，饥儿膝下犹依依；昨朝犹有白粥吃，今日厨空火尽熄。"[②] 到1936年以后，顺德桑农多在桑地改植甘薯、玉米、豆类、花生等杂粮作物，并大量间作大头菜、白菜等蔬菜，如大头菜耐储藏，可以制成菜干，运到各地发售，同时在桑地的隙地也多种植芭蕉、荔枝、龙眼、橘橙等果树。在土地较多鱼塘较少的桑区，农民直接把桑树掘去，每年种植两造禾稻，因原桑基土质肥美，种稻不用施用肥料，普通早造也可收两担谷，晚造可收三担谷。[③]

蚕桑业经济获利较多时，农户对于家畜饲养的积极性不高，宁愿将资金、劳动力、空间等资源更多地投入收益较高、获利快的蚕桑业中。如主要家畜猪的饲养在1930年以后才增多。1930年代以来，在蚕桑业不景气的情况下桑基鱼塘区的农家才将养猪作为重要副业，这时桑地多改作粮食作物，种植的杂粮如番薯等可作猪饲料，1930年代农家还到河边采集浮萍、茜草等养猪。[④] 珠江三角洲的饲养的地方猪种为大花白猪，饲养周期较长，至少需10个月的肥育期，而栽桑养蚕资金周转快，一个月左右就可获得收益。民国年间顺德龙山一带饲养的大花白猪是舍饲的肉用型猪种，"背黑腹白者，其常以肥腯为胜"，[⑤] 这种肉用型的大花白猪种饲养过程中需投入较多的粗、精饲料，但饲料转换为

---

① 霍华德：《华南蚕丝业之调查》［M］，广州：广东省农业科学院蚕业研究所编印，1925：51。

② 汪熙，杨小佛：《陈翰笙文集》［M］，上海：复旦大学出版社，1985：82。

③ 《顺德县农业情况调查表》［J］，经济月报，1944，2（5）：180－187。

④ 周子泉：《顺德蚕农之生计谈》［J］，广东蚕声，1936，2（11）：10－13。

⑤ 周廷干修：《民国重修龙山乡志》［M］，华南农业大学农史室藏，1930：4－卷四－47。

肥料的转换率相对较低，因此一般农家往往养猪积肥的效率不高，因此在清末民国蚕桑经济的极盛时期，桑基鱼塘区的农家往往将大部分资金购买肥料投入桑地，较少将资金投入周转期长的畜牧业中。

农户每年对于桑基鱼塘最大的支出几乎都在桑地上。清末以来珠江三角洲地区的桑基鱼塘多由稻田改建，当地的富户拥有所有权，如顺德龙山一带的富户将稻田改为基塘以获得更多的租金，据嘉庆《龙山乡志》（1805 年）记载："其田多属富户，贫者岁为领耕，遇歉则租减，计其所入，常不足输之于官，故租恒贱而主屡易焉，筑土遏水曰塘，乡之塘倍于田，民舍外皆塘也。塘之先皆田，主者以租贱，多变田为塘，耕者亦利于塘，其租辄倍。"①

1920 年代，在顺德、南海一带只有 15% 的土地是农民自己占有，1940 年代初期，自耕农比例下降到 11%。② 1920 年代霍华德调查的 175 户农户中，只有 4 户农民的土地是自己所有，其余 171 户都是租借土地，一户农家通常租用的桑地为 5～10 亩，1920 年代初期，顺德县一亩桑地租地费用根据地势高低、周围鱼塘大小、距农户居住地远近等情况而定，一般上等的桑基租金为 20 元左右，地势低下的一般为 10 元一亩。总体来说桑地的承租者多，桑地却偏少，条件好的桑地，需要预先缴清全部地租，差一点的桑地也需向地主讨情才能承耕。承佃期限一般是 5～10 年，期满后由地主或乡绅再行召耕。

民国时期种桑的农户每年每亩桑地还需向乡公所和护沙局缴纳捐税。高额地租与赋税之外，农家将绝大部分资金投入购买桑地肥料，如 1920 年代每年好桑地施用肥料的价钱约每亩 20 元。因此资本较少的小农家庭单靠租种桑地很难糊口，必须栽桑、养蚕和兼营鱼塘结合。养蚕、养鱼经营中的各种废弃物都能用于桑地，节省了购买肥料的支出。根据霍华德等调查的农户，1920 年代初期，除去各项支出，每亩桑地平均至少仍可得 15.5 元的利润，另外养蚕卖茧、池塘干塘时还能获得收益。③

---

① 温汝能：《龙山乡志》[M]，南京：江苏古籍出版社，1992（31）：65。

② 《顺德县经济状况调查》[J]. 经济月报，1944，2（5）：174－179。

③ 霍华德：《华南蚕丝业之调查》[M]，广州：广东省农业科学院蚕业研究所编印，1925：51。

清末到1920年代珠江三角洲的顺德、南海是广东蚕丝业最盛之区，空前繁荣丝织业吸纳了大量的外来人口的进入，19世纪初期顺德约共有人口49万，道光年间（1821－1850）已达103万。[①] 1920年代是珠江三角洲蚕桑经济的鼎盛时期，1925－1929年间顺德全属公有丝厂135间，雇工不下6万余人，顺德180余万人口中操蚕丝为业者有144万人，[②] 桑基鱼塘经营中可以吸纳大量的劳动力，传统桑基鱼塘的生产环节多，种桑方面有整地、种桑苗、采桑、戽坭、冬种蔬菜等环节，养蚕有不同蚕龄的喂养、结茧、烘茧等环节，养鱼有分隔养殖、养大鱼、大鱼、戽水、灌水等环节。

由于生产环节多，需要工种多，小农户中的强、弱劳动力都可利用起来。[③] 桑农也会雇佣一些劳动力，雇佣最多是采桑时，一般每5亩桑地就要雇佣一个人，有些雇工是按工作日算，采桑工作多半需是雇佣妇女和小孩，如顺德共有桑基6000余顷，每年出产桑叶1500余万担，采桑女工赖以生活者达数万人。[④] 1920年代初期顺德等地的妇女摘一天桑可收入0.8～1.0元，十分熟练的采桑妇女每天至少能摘100斤，雇佣桑田劳力工资平均每日0.5～0.8元，甚至多达1元，每月的工资通常是12～14元。这对农家来说是一笔不小的支出，无力支付雇佣采桑工资的农户，普通情况是一家八口只承耕十亩左右的耕地，这种规模下大部分桑基鱼塘的经营管理工作可由家庭内部成员完成。[⑤]

总之，清末民国时期，蚕丝经济高度发达，由于桑基鱼塘的生产效率高，正满足了机器缫丝业对蚕茧的大量需求。高效高产的桑基鱼塘系统，支撑着近

---

① 曹树基：《中国人口史·第五卷》［M］，上海：复旦大学出版社，2001：193。

② 曾水泉：《珠江三角洲基塘系统物质循环与原发性肝癌》［M］，北京：中国环境科学出版社，1991：23。

③ 钟功甫：《钟功甫地理研究论文选集》［M］，广州：广东科技出版社，1997：108。

④ 考活·布士维：《南中国丝业调查报告书》［M］，广州：广州岭南农科大学布告第十三号。

⑤ 周子泉：《顺德蚕农之生计谈》［J］，广东蚕声，1936，2（11）：10－13。

代珠江三角洲地区的蚕丝经济，也支撑着本地区的资本积累和近代化历程。①

四 小结

清末民国时期珠江三角洲桑基鱼塘的经营，首先需要有堤围和闸窦等水利设施的保障，筑堤围以防洪，通过闸窦以利用潮水排灌，控制池塘的溶氧。珠江三角洲地区桑基鱼塘所在的乡村也具有独特的农户住宅模式，桑基鱼塘区的农户住宅模式别具特色，农家多分散居住在桑基地的坭屋中，以便于桑基鱼塘的管理。小农家庭在桑基鱼塘系统中投入了大量的有机肥，香港开埠之后，大量的人粪肥与城市垃圾通过顺德水道及其支流进入顺德地区，珠江三角洲的网河湿地生境也为桑基鱼塘提供了丰富的饲料、肥料来源。清末以来，顺德缫丝厂众多，蚕桑经济空前繁荣，桑基鱼塘的经营获利甚高，平原区中几乎所有的土地都用来植桑，桑地密植，极少间作，民国时期珠江三角洲地区经营桑基鱼塘的农户很少养猪，农户的资金主要投入在植桑养蚕部分。在蚕丝业经济兴盛时期，尽管桑基鱼塘区地租、税额高，小农户通过种桑养蚕、养鱼的循环经济模式仍能获得一定的收益。20 世纪 30 年代以来在珠三角地区蚕丝经济整体衰退的背景下，桑基鱼塘的结构特点也逐渐改变，最明显的是原桑基地大量改种粮食作物，同时小农养猪的饲养增多。传统的桑基鱼塘循环生态农业模式在 20 世纪 50 年代以后逐渐消失。20 世纪 50 年代末期以来大面积推广甘蔗种植，传统意义上的桑基鱼塘在景观层面逐渐被蔗基鱼塘取代。

---

① 陈翰笙，冯峰（译）:《解放前的地主与农民：华南农村危机研究》[M]，北京：中国社会科学出版社，1984。

陈启沅与近代纺织企业研究

刘永连

（暨南大学中外关系史研究所教授、博士生导师）

摘要：陈启沅是开创顺德机器缫丝新企业的华侨商人，是带动广东桑蚕丝织业生产走向繁荣的商界巨星，更是促进中国民族工业兴起，带来中国纺织行业近代化的著名民族资本家。继昌隆缫丝厂通过从手工到机器的生产革命和技术改进，不仅给顺德、广东乃至全国的缫丝业树立了一个新的发展标杆，也给广东乃至全国的出口贸易带来繁荣，为欧美等国际市场带来面貌崭新的中国生丝等货源，其意义不可低估。

关键词：陈启沅；继昌隆缫丝厂；近代纺织企业；近代化

陈启沅是近代史上著名民族资本家，其历史事迹人所皆知。不过人们通常关注的仅是其创办继昌隆缫丝厂的过程，而对其所产生的巨大社会效应和深远历史影响较少深究。如果再从当今我国“一带一路”战略背景下审视陈启沅，我们还会挖掘出更新、更重要的文化内涵。

一　陈启沅其人

陈启沅，名如琅，字芷馨，号启沅，南海县简村堡人。1834 年 4 月出生在一个清贫农民家庭。父亲有文化，半农半儒。启沅从小读书，勤奋好学，博通诸子百家、天文地理，不过科举不利，转而一心务农。

简村堡一带位于珠江三角洲中心，有着蚕桑和丝织生产悠久的历史和雄厚的基础。早在清朝前期这里就废稻树桑，或者将原来的果基鱼塘改造为桑基鱼塘，桑市丝墟很多。就陈启沅家庭而言，也以从事农桑为主。而陈启沅个人更是深感兴趣，后来还总结家乡和自身生产实践经验，撰写出一部《农桑谱》。这些成为后来陈启沅倾力从事缫丝业生产的重要背景条件。

19 世纪 50 年代，我国正处于内忧外患，社会动荡之际。鸦片战争后，西方列强以武力打开我国大门，从此外患不止。国内社会黑暗，民不聊生，大规模的太平天国运动已经风起云涌。就广东而言，本来就多盗匪，战火亦常殃及，于是像众多出洋的广东华侨一样，陈启沅在 1854 年跟随其兄远赴越南谋生。在越南，陈启沅从为人做工，买卖杂货开始，稍有资本后经营纱绸生意。走出国门的陈启沅曾经“历游外国”，大开眼界，了解并熟悉了许多西方的先进技术和新生事物；另一方面本着对家乡的深厚情感，“仍未尝废农桑之心”，时刻关注家乡桑蚕丝织业的命运和前途。尤其当他接触到法国在越南建立的新式机器缫丝业之时，非常及时地抓住了促动我国纺织业开始近代化进程的重要契机。

二 继昌隆缫丝厂的创办

陈启沅一生最重要成就是创办了继昌隆缫丝厂，它是我国第一家采取机器生产的民族资本纺织企业，标志着我国民族工业近代化的开端，更是我国民族纺织业生产近代化的先驱。

1873 年，[①] 陈启沅仿照其在越南所见到法国式缫丝机器，自己画图设计，木制丝车，陶制丝釜，同时购买小火轮部件改造为蒸汽设备，请广州陈联泰机器店负责改装，在南海县西樵镇简村堡投资设厂，取名继昌隆缫丝厂。

在继昌隆缫丝厂创办的那个年代，国际市场正发生着巨大变化。在欧美国

① 也有人认为是在 1874 年。

家，由于机器大生产的普遍使用，其纺织工业为所需求蚕丝建立了新的质量标准：粗细程度必须一致，规格上则有精确规定，断头现象必须减少到最少。这种标准要求是传统手工缫丝无法达到的。而与此同时，中国国内包括顺德等地的缫丝生产，都还处于传统且落后的手工技术层面。而且由于是乡间以家庭生产为主的小型手工业作坊模式，质量和产量都成问题，难以适应欧美等国际市场的大规模需求。因此，19 世纪六七十年代的中国丝绸对外贸易也正面临着一种极其困难的境地。主要表现在所出口的生丝质量的下降，由此在国际市场上已有不堪角逐之势。当时外国丝商们纷纷认为：（中国人）必须尽一切力量加以改进，除非在这两方面（指缫丝制作和包装——引者注）采取改进措施，他们的生丝就必须从我们的消费中排除出去。[①] 在此情况之下，中国的一些有识之士也深刻感觉到丝业改革的重要性和紧迫性，从西欧近代机器工业中引进先进的机器缫丝技术势在必行。继昌隆缫丝厂正是在这么一个背景下诞生的。

继昌隆缫丝厂采用机器生产，并招纳雇佣成批工人，设厂集中生产，可以说针对性地解决了以上问题。陈启沅通过改造将丝车以及丝釜等设备规格统一起来，工人经过培训也达到了近乎一致的技术水平，因而所生产出来的生丝基本上在质量和粗细程度等方面达到统一标准，甚而可以根据市场需求生产不同规格的产品。故而在国际市场上，这种生丝被区别对待称为“车丝”或“厂丝”，由于质量较高、标准划一，便于机器纺织使用，出口价格也高。而原来手工生产的生丝则被称为“土丝”，因其无法克服的缺点而逐渐失去市场。《广州口岸贸易研究》（中国社会科学出版社 1987 年版）一书中有史料提到：“1874 年时，广东区即有机器缫丝，广东丝的品质即已得到改进。”还有史料说，1879 年英国驻上海领事的商务报告在谈到缫丝工作时，提及“广州丝在这方面的优越性”。在以后十数年内，继昌隆影响之下的广东生丝进步更为显著。1887 年上海海关贸易报告指出：“广东所产的丝，在缫制方面，都是采用最新的改良方法，并加以更细心的照料。”因而“出丝精美”。“新产品的优点在于丝经粗细均匀，改良了绕法，丝色洁净，同时丝的伸缩性也较大”。[②] 在品类规格上，继昌隆所“制出之丝，别为两种：一曰四角丝，运销美国；一

① 转引于程浩《广州港史》近代部分，海洋出版社 1985 年版。

② 《海关十年报告》，1882－1891 年份，第 576－577 页，广州。

曰六角丝，运销欧洲"，直接针对国际上不同市场的需要而制作，结果"行销于欧美两洲，价值之高，倍于从前，遂获厚利"。[①]

同时这种新式丝车大大提高了生产效率。仅据继昌隆缫丝厂与传统缫丝作坊比较情况看，"旧器所缫之丝，用工开解，每工人一名可管丝口十条；新法所缫之丝，每一名工人可管丝口六十条，上等之妇可管至百口"。[②] 相比之下，生产效率提高了六到十倍。

不过，与上海等地区的革新背景不同，明清以来愈来愈强的国际市场需求之直接刺激和珠三角不断高涨的蚕桑丝织业发展为顺德一带造就了一支特别庞大的手工业生产队伍。如果简单地利用机器大生产来取代手工缫丝势必造成数十万手工业者破产，所遭遇的阻力也非常之大。在 1881 年，就有数千名锦纶堂的机工聚众闹事，将一家机器缫丝厂——裕昌厚丝厂内所有机器全部砸毁。随后，他们又打算捣毁继昌隆等其他缫丝厂，结果引发严重流血事件，酿成一大公案。当时迫于这种巨大压力，继昌隆缫丝厂一度迁往澳门。

考虑到适应珠三角社会生产状况的需要，陈启沅对所引进的纯粹机器生产进行了折中式的改革。他摒弃了国外商人和上海外商所采取的那种联机式大机器生产，而将缫丝车改良成半机械化的形式。原来用来牵引丝车的蒸汽动力设备，他改制成丝釜用来煮茧。丝车则是将珠三角原来就有的旧式手摇丝车进行改良，做成脚踏式缫丝单机。这种脚踏式缫丝车亦仿照法国宫捻式缫丝车，其生产效率和质量虽不如机器缫丝，但是比手工缫丝有了很大的提高。这种看似并不彻底的机器生产方式，其实恰好解决了珠三角缫丝业者资本短缺、人员分散等问题，不需要大规模资本投入，也不必采取集中统一的管理和组织模式，而很好地适应了珠三角乡村社会中自由生产的空间。

三　缫丝和纺织企业的发展

由于陈氏所创蒸汽机丝厂利润可观，广东地区受到巨大鼓舞，机器缫丝企

① 转引于程浩《广州港史》近代部分，海洋出版社 1985 年版。

② 陈启沅：《蚕桑谱》，光绪二十九年（1903）重刊本，第 4 页。

业迅速兴起。尽管“直到1876年，新缫丝厂的前途才真正稳定下来”，[①] 但到了1881年，仅有五年的时间，广东已经“有十个厂，共计有缫车2400架，产丝1200包，约为950担至1000担”。[②] 如据《南海县志》统计，从1872年起“三四年间，南（海）、顺（德）两邑相继起者多至数百家”，[③] 则增长愈速。再到甲午战争前夕（1894年），仅顺德一地所开办的机器缫丝厂已达35家；至1901年又增加到120余家。而在当时，国内其他地区尚无蒸汽机丝厂发展。据1894年统计资料可知，是年中国共有机器缫织工人约13,600人，其中广州一带的珠江三角洲地区就占9,500人，为总数十分之七。因此机器缫丝业方面广东是全国首屈一指的重要地区。及至1910年前后，广东“全省缫丝均用机器，多至百数十家，妇女之佣是营生者，十数万人”，[④] 广州一带遂成为近代中国民族资本主义缫丝业的中心。

在机器缫丝业飞跃发展的影响下，广东的桑蚕和丝织等行业也有了相当程度的进步。海关报告云：“在广州城内及周围各县，都有很大的丝织业。”[⑤] 姚绍书《南海县蚕业调查报告》提到：“广东织造物为绸缎、云纱、花绉、素绉、竹纱、牛郎纱、机纱、花绸、天鹅绒、官纱等，其机房工人有十余万。”在南海，除大量的生丝销售外，还有大量的蚕蛹、废茧出售，“蛹皆发与农家养鱼塘，最易肥大，故鱼塘多处则销路广而价高，大约每百斤价值一两六钱”，“废茧之用途：有人到铺收买，及贩出外洋，以制粗丝”在三水，[⑥]其“西南市场上出售的蚕茧，每年计值关平银30万两，其中2/3的茧子都是本区生产的。出售的丝经估计每年约值关平银九万两”。[⑦] 在新会，“查出丝地方系在省城之东北，来往甚易，三水支路之线，一过佛山，即经该处之一角，现有丝厂共180家，每家约用工人500名。该处每年产丝六七造，由三月底起至九

---

① 《海关十年报告》，1882－1891年份，第576－577页，广州。
② 《海关特种调查报告——丝》1881年份，第150页。
③ 宣统二年所修《南海县志》卷二十六，第56页。
④ 粤海关税务司《广州口岸贸易十年报告之四》（1902－1911年）。
⑤ 《考察中国商业贸易机构报告书》，1896－1897年，第55－56页。
⑥ 姚绍书：《南海县蚕业调查报告》第4页。
⑦ 《海关十年报告》（1892－1901年份），卷二，第264页。

月止，约略估计出丝八万担，半由丝厂缫成，贩运出口，其余均归本初销场之用”。[①] 总看广东省内市场，在19世纪七八十年代，据当时的调查，广东生产的生丝在本省消费者有两万担，约占总量的一半。[②]

缫丝纺织企业的巨大发展，还可以从广东及全国出口贸易结构的变化表现出来。这里最为突出的是机制丝逐步取代手工丝现象。

机制丝即机器缫丝，又称厂丝或洋庄丝；手工丝即手工缫丝，为传统生产方式。随着珠江三角洲缫丝业的迅速发展，机制丝在广东生丝生产和对外贸易中后来居上，很快取代手工丝而占据了出口贸易的重要地位。

我们以在广东缫丝业中占有重要地位的顺德县为例来说明机器制丝迅速取代手工缫丝的具体情况和缘由。宣统二年修《顺德县志》记载，“土丝为吾邑出口之大宗，缫丝之法，咸同年间用手机，俗称‘手缅’，亦曰‘大缅’。光绪初又用足机，俗称‘踹缅’。及光绪中叶，用汽机缫丝者日盛，俗称‘鬼缅’，又曰‘丝偈’。手机成本轻，起纱亦少；足机起丝稍多，而价亦贱；唯汽机则费用虽繁，然丝条柔而价值高，其法尤良，其利尤巨。”下面的表格更为全面和直观。

表1　1881－1882年度到1900－1901年度广州生丝出口结构变化(单位:担)

年度	手缫丝	机制丝	总计
1881－1882	11,526	——	11,526
1882－1883	8,302	1,254	9,556
1883－1884	8,978	2,857	11,835
1884－1885	3,116	3,437	6,553
1885－1886	2,567	4,457	7,024
1886－1887	8,462	7,158	15,620
1887－1888	4,207	8,720	12,927
1888－1889	1,760	5,123	6,883

① 《宣统二年广州口华洋贸易情形论略》(《通商各关华洋贸易总册》下卷，第109页)。

② 《海关报告·分类专卷：丝》第150页。

（续上表）

年度	手缫丝	机制丝	总计
1889－1890	4,928	10,219	15,147
1890－1891	3,278	10,317	13,595
1891－1892	4,659	12,146	16,865
1892－1893	4,171	18,687	22,858
1893－1894	1,951	16,438	18,389
1894－1895	2,159	18,179	20,338
1895－1896	2,474	20,629	23,103
1896－1897	2,411	22,210	24,621
1897－1898	1,933	22,727	24,660
1898－1899	2,655	34,055	36,710
1899－1900	2,375	34,612	36,987
1900－1901	1,037	31,038	32,075

资料来源：粤海关税务司广口岸贸易十年报告之一（1882－1891）、之二（1892－1901）（广州市地方志编纂委员会、广州市海关志编纂委员会编译《近代广州口岸经济社会概况——粤海关报告集》，暨南大学出版社1995年版）

从上表可以看出，在1882－1891这十年里，广州机制丝一得稳定便迅速发展，很快就占到出口生丝的大部分，并在国外“几乎独占了欧洲大陆市场，成为那里的意大利丝的廉价替代品”。[①]

约从19世纪90年代起，在广东生丝出口中，“洋庄丝居十之六七，土庄丝十之三四而已”。[②] 而1894－1895年度，机制丝占到了生丝出口总量的89.4%。至18世纪末19世纪初，广东机器缫丝业又进一步将产量提高到三万担以上，手工缫丝所占比例已经微不足道。[③] 例如，1900－1901年度机制丝占了生丝出口总量的96.8%。从此，机器缫丝业成为广东近代主要工业，机制

① 《海关十年报告》1882－1891年份，第554页，广州。

② 桂坫：《宣统南海县志》卷四，第41页。

③ 参考张晓辉《广东近代缫丝业的兴衰及其原因》（《暨南学报》1989年第3期）。

丝则成为广东对外贸易经济的最强支柱。

出口贸易中机制丝取代手工丝，使广东生丝质量和声誉得到显著提高，在海外市场上竞争力也大大增强。当时尽管有日本生丝已经发展起来，但是西方丝商认为，“最好的中国丝比日本产品优良得多”。[①] 在欧洲市场，法国人宁可购买中国优质丝而生产高档丝织品，中国生丝的地位依然至关重要。考察19世纪80年代至20世纪头十年中国丝绸出口，其发展态势是良好的。1885年出口生丝58,000担，值银13,570,000两，出口丝织品“10,000”担，值银4,556,000两；1890年出口生丝80,000担，值银20,626,000两，出口丝织品11,000担，值银5,320,000两；1895年出口生丝111,000担，值银34,576,000两，出口丝织品24,000担，值银7,372,000两；1899年出口生丝148,000担，值银65,245,000两，出口丝织品18,000担，值银9,893,000两；1904年出口生丝125,000担，值银61,327,000两，出口丝织品21,000担，值银11,764,000两；1908年出口生丝129,000担，值银62,128,000两，出口丝织品23,000担，值银13,728,000两；1912年出口生丝158,000担，值银67,691,000两，出口丝织品38,000担，值银16,140,000两。其中生丝出口由5万多担、1357万两银提高到15万担、6213万两银。而在大幅度提高的生丝出口量中，机制丝比重日益增加。1894年机制丝仅占5.5%，1900年就提高到52.2%，1905年占到65.2%，1910年为67.4%，以后更增加到80%以上。

如果我们进一步考察中国机器缫丝业的发展、分布状况，可见从19世纪80年代到20世纪头十年，广东机器缫丝业首先得到发展，并在全国一直处于领先地位。可参考下表。

表2　1885－1910年广州和上海厂丝在外销生丝总量中所占比例(%)

年份	广州	上海
1885	52.6	－
1890	67.5	－
1895	85.2	11.7

① 里默《中国对外贸易》第105页。

（续上表）

年份	广州	上海
1900	97.9	18.5
1905	94.6	36.5
1910	96.4	44.9

资料来源：H. D. Fong：China's Silk Reeling Industry：A Survey of Development & Distribution，发表于 Monthly Bulletin on Economic China，7.12：491，12－1934。

注：该资料所统计上海口岸的数据并不包括白经丝出口数，而白经丝的出口量为数不小，且到1910年以后大大超过了普通手缫丝的出口量，那么实际上机制丝在上海外销生丝总量中的比例要小得多。这一点可以参考肖良林《中国对外贸易统计，1864～1949年》，第102－103页。

四 对出口贸易等领域的重大影响

继昌隆缫丝厂所激起的广东机器缫丝业这种极为突出的发展势头对广东乃至中国的出口贸易影响深刻，意义重大，它是丝绸出口在广东乃至全国对外贸易中地位大大提高的稳固基础。下面我们以继昌隆缫丝厂创建后约40年间广东丝绸对外贸易的巨大发展来说明这一事实。

19世纪七八十年代的广州口岸贸易报告提到，在1872至1874年间，是广东蚕丝出口遇到困难最严重的时期，劣质土丝充斥市场，外销上形成臃滞局面，粤丝的价格在国内外市场上一跌再跌。由于从业者损失惨重，导致蚕丝生产也下降不少。粤海关税务司康发达（F. Kleinwahter）在其1874年广州口岸贸易报告中提到："我肯定广东缫丝业近年无改进，尽管公认还有很大的改进余地。"他甚至埋怨说，广东人宁愿放弃缫丝业而不愿改进他们的生丝。据统计，广东生丝出口量1872年为25,204担，1873年为28,762担，1874年为24,407担，1875年为29,017担，处于一种徘徊不进的状态。一直到1881年蒸汽机缫丝厂增加到了一定的规模而在广东出口贸易中起到了明显作用之前，十年中广东生丝外销未见大的起色。

约从19世纪80年代起，广东生丝出口开始有了振兴的气象。粤海关税务司在其广州口岸贸易十年报告中指出，在1882－1891年十年间，广东生丝出口总量比前十年即1872－1881年增加了大约2万多担。这种振兴气象在下面所列1882－1894年广东生丝出口贸易数字中表现得更为具体。

表3　1882－1894年广州生丝每年出口量(单位:担)

年份	出口量	年份	出口量
1882年	27,627	1889年	39,152
1883年	33,658	1890年	37,386
1884年	22,392	1891年	39,950
1885年	21,203	1892年	36,641
1886年	36,373	1893年	38,746
1887年	38,624	1894年	39,614
1888年	32,457		

资料来源：粤海关税务司广州口岸贸易十年报告之一（1882－1891）、之三（1892－1901）。

自19世纪90年代，特别是中日甲午战争以后，中国生丝出口表现出进一步的巨大发展。在这一时期，广东生丝年出口量大多在四万担以上。具体数字谨列于下。

表4　1894－1901年广州每年蚕丝出口量(单位:担)

年度	七里丝、厂丝两项总计	细生丝、丝线两项总计	七里丝、厂丝、蚕茧、废丝四项总计
1894－1895年	20,338	24,375	45,129
1895－1896年	23,103	23,285	41,914
1896－1897年	24,621	30,716	46,471
1897－1898年	24,660	33,852	43,337
1898－1899年	36,710	37,172	(大于)40,336
1899－1900年	36,987	28,221	(大于)34,138
1900－1901年	32,075	36,449	46,303

资料来源：粤海关税务司广州口岸贸易十年报告之二（1892－1901）。

从上表可以看出，自1894－1895年度到1898－1899年度，四年中七里丝和厂丝两项增长了80%，而生丝出口总量最高可达46000余担，在当时全国生丝10万担年出口量中占到了40%以上。由此可见，广东在全国的丝绸贸易中又恢复到了极其重要的地位。同时就广州本身丝绸与出口及进出口贸易总值相比较，1897年度丝和丝织品两项出口值为1700余万两，占了是年出口总值85.4%，进出口总值的46.45%。而其中仅生丝、丝经两项就达3万余担，价值为1150万两，约占出口总值的一半。① 这些表现出丝绸在广州对外贸易尤其出口贸易中的支柱性作用。

在1902－1911年间，生丝出口有着持续而稳定的发展。这一点从粤海关的每年统计中就可看出。

表5　1902－1911年广东生丝出口情况

年份	数量(包)	换算为担
1902	43,000	34,400
1903	44,000	35,200
1904	41,500	33,200
1905	40,000	32,000
1906	38,000	30,400
1907	54,000	43,200
1908	34,000	27,200
1909	——	36,313
1910	——	44,638
1911	——	36,428

从表中可看出，除情况个别的1908年外，这10年中每年的生丝出口量都达到3万担以上，比此前1892－1901年10年中年平均2万余担的数量又上了一个很大的台阶。比较好的年份如1907和1910年，生丝出口量更高达43,000～44,000千担，可谓是史无前例的丰收年。

此外一些资料提供了不少信息。1904年前后，南海县有丝厂35家，年出口量“约300万斤”。② 到1910年，广州附近增开了丝厂180多家，“由

① 杜德维：《光绪二十三年广州口华洋贸易情形论略》（《光绪二十三年通商各关华洋贸易总册》卷下）。

② 宣统年间修《南海县志》卷四，第41页。

（1910年）3月底起至9月止，约略估计出丝8万担，半由丝厂缫线，贩运出口”。[①] 到了1912年，粤丝出口量为44,326包，值银20,579,991海关两，占是年广东对外贸易总值的47.53%；1913年，粤丝出口量为55,092包，值银29,059,058海关两，更占到当年外贸总值的51.95%。[②] 在这一段时期，广东生丝每年的出口值都在2000万海关两左右，占广东出口总值的一半以上。

在丝绸大量出口的有力影响之下，广东出口贸易额大大上升，而且在全国对外贸易总额中的比重有了显著提高。具体可见下表。

表6　19世纪下半叶至20世纪初广东丝绸年出口值比增长情况

年度	年平均值（千元）	增长比数	占全国百分比（%）
1869－1878	20,088	100.0	19.0
1879－1888	29,406	146.4	25.3
1889－1998	67,296	335.0	35.1
1899－1908	109,727	546.2	32.0

资料来源：国立中央研究院社会科学研究所、广东省银行经济研究室蔡谦编《经济丛刊·粤省对外贸易调查报告》（商务印书馆民国二十六年1月版）

与此同时，对外贸易方面在全国入超严重的情况之下，广州口岸却长期保持出超的较好状态。

表7　甲午战争至辛亥革命前后广州与全国对外贸易比较

年份	全国情形				广州情形			
	进口值	出口值	入超额	入超指数	进口值	出口值	出超额	出超指数
1894	162.1	128.1	－26.2	100%	13.7	15.8	＋2.1	100%
1895	171.1	143.3	－22.8	87%	16.5	17.7	＋1.2	57%
1896	202.6	131.1	－57.8	220%	12.1	17.5	＋5.4	257%

① 粤海关税务司《宣统二年广州口岸华洋贸易情形论略》（广州市地方志编纂委员会、广州市海关志编纂委员会编《近代广州口岸社会经济概况——粤海关报告集》第502页，暨南大学出版社1995年版）。

② 陈真遍：《中国近代工业史资料》第4辑，第191页，三联出版社1961年版。

（续上表）

年份	全国情形				广州情形			
	进口值	出口值	入超额	入超指数	进口值	出口值	出超额	出超指数
1897	202.8	163.5	－28.3	108%	13.7	19.9	+6.2	295%
1898	209.6	159.0	－35.4	135%	12.0	20.6	+8.6	409%
1899	264.7	195.8	－50.3	192%	13.9	23.9	+10.0	476%
1900	211.1	159.0	－39.1	149%	13.7	18.9	+5.2	248%
1901	268.3	169.0	－71.0	271%	16.5	21.7	+5.2	248%
1902	315.4	214.2	－69.0	263%	16.5	36.6	+20.1	957%
1903	326.7	214.4	－71.9	274%	23.6	44.6	+21.0	1000%
1904	344.1	239.5	－69.0	263%	26.0	39.7	+13.7	652%
1905	447.1	227.9	－160.1	611%	26.3	37.3	+11.0	524%
1906	410.3	236.5	－139.1	531%	26.0	39.3	+13.3	633%
1907	416.4	264.4	－120.0	458%	29.6	51.7	+21.5	1024%
1908	394.6	276.6	－76.6	292%	30.0	43.9	+13.9	662%
1909	418.2	339.0	－48.9	191%	28.6	45.2	+16.6	791%
1910	463.0	380.8	－54.3	207%	32.6	54.0	+21.4	1018%
1911	471.5	377.3	－61.3	233%	29.3	50.0	+20.7	986%
1912	473.1	370.5	－75.9	290%	25.8	42.9	+17.1	814%
1913	570.2	403.3	－121.9	465%	31.8	55.9	+24.1	1148%

资料来源：《六十五年来中国国际贸易统计》第14表。

上表仅限于对海关口货物的统计，还不能完全真实到反映广州外贸的情况。粤海关税务司马根在总结广州外洋贸易时说："外洋贸易，进口洋货，粤省此项生意向难核实，由民船装运进口者，多寡无从查核。"① 土货出口，同样有许多由民船装运澳门、香港等地，甚至以走私形式出口，因此未统计者恐怕为数不少。但是从上表我们足以看出，即使在海关数额上，也是不断地增长。1894 年为 210 万海关两，到 1913 年增加为 2410 万海关两，出超指数为 1147.6%，有十余倍的增长。

最后可以这样说，19 世纪 80 年代以后中国丝绸对外贸易的增长主要是生

① 《近代广州口岸社会经济状况——海关贸易报告集》第 402 页。

丝出口的增长，生丝出口的增长又主要是机制丝的增长；而机制丝的增长在广东有着全国首屈一指的重要作用。因此这一时期中国丝绸出口贸易的发展主要在于广东机制丝业的迅速发展。

五 结论

从以上论述可知，陈启沅的历史贡献包含了多个层面。从地域空间上讲，他的贡献不仅仅在顺德，也不仅仅在广东，甚至不仅仅在中国，因为正是珠三角机器缫丝行业的迅速崛起不但振兴了顺德、广东经济，而且以生丝出口的繁荣为中国赢得了难得的贸易出超，以大规模更高质量的生丝为欧美等国际市场提供了充足的纺织原料和货源。从经济领域上讲，陈启沅创办继昌隆缫丝厂不仅仅促动了缫丝技术的关键性进步和纺织企业的飞跃发展，也揭开了中国民族工业近代化的序幕，甚至在一定程度上造就了19世纪最后30年乃至20世纪前30年中西贸易的繁荣。

如今我国再度重视丝绸之路的文明交流之功用，提出振兴“一带一路”的发展战略。如果从这一角度审视，那么19世纪到20世纪海上丝绸之路因中西贸易发展而形成的繁荣景象，其中不能没有陈启沅的一份功劳和影响。从这一角度看，陈启沅属于顺德，属于广东，亦属于中国和世界。

佛山丝绸业现状与保护开发的研究

吴浩亮
（佛山市纺织丝绸学会会长）

一　历史沿革

佛山丝绸历史悠久，源远流长。佛山的发展长期以来与丝绸的发展是分不开的。佛山丝绸的历史可追溯到2000年前的西汉时期。这在《汉书》九十六卷下“西域传”中已有记载。当时以泊来绸、当地丝的贸易为主。岭南因天气因素，蚕丝均以多化性的土丝为主。而佛山的丝织业自唐代兴起，到明清时誉满天下，以明嘉靖年间最盛。据史料记载，乾隆年间（1336－1795年），广东的丝织品质超过苏、杭，史称“广纱甲天下，缎次之”；“粤缎之质密而匀，其色鲜华，光辉滑泽”，“金陵苏杭皆不及”。其中又以顺德县丝织品最佳，史记“坡山之丝线良、龙江之线绸良，然龙江蚕种皆购九江，而为线为绸特良”。至道光年间（1821－1850年），佛山的丝织业蓬勃发展，据《佛山街略》记载，佛山有主要街巷45条，其中涉及丝织、印染的街道有34条，占总数的80%，其中丝织业街巷又占60%以上。至同治十二年（1873年），南海县陈启沅、陈启枢兄弟在简村创办了“继昌隆”机器缫丝厂后，使广东的缫丝和丝织业更加发达，据不完全统计，光绪十三年（1887 年），仅顺德县的机器缫丝厂就达到 42 家，宣统三年（1911 年），增至 142 家。“光绪末年，佛山大机房二十余家，小者六七十家，工人二千余，多织丝织品”，“出口一般都很精致”。如此发达的缫丝和丝织业生产，为海上丝绸之路的发展提供了充足的货源。

佛山的缫丝业据史料记载，以民国十一年（1922 年）为最盛，全省大小丝厂共 299 家，丝车 13.6 万台，其中机器缫丝厂 180 家，丝车90,064台；缫丝女工 10 余万人。其中机器缫丝厂顺德有 135 家，占全省的 80.83%，年产洋装丝约 4.84 万担（约 2420 吨），产值 7814 万元毫银，用工 6.5 万多人。工厂分布以乐从最多，共 71 家，其中又以水藤最多，共 14 家。南海县缫丝厂 30 多家，是年全县生丝产量达 19320 担，计值港币 2898 万元。广东全省生产量为 6328.69 吨，占全国生丝产量的三分之一，是广东蚕丝生产的最高历史纪录。发展到 1926 年，全省机器缫丝厂有 202 家，丝车 95215 台。丝车分布：顺德占 75%，南海占 24%，三水、番禺仅占 1%。由此可见，广东的生丝产量主要由佛山提供。

从生产出口贸易情况来看，民国十一年（1922 年），广东生丝出口达 50028 担，出口值 5847 万元（港币）。每担生丝价最高达 2400 港元，折合洋毫3120～3360 元。据记载，民国八年到民国 11 年（1919－1922 年），广东生丝输出价值共325,494,299海关两，占广东对外贸易总值的 59.50%。其中比重最高年份是民国十一年（1922）年，占 65.69%。上述比重仅仅是生丝，再加上大量的废丝、蚕茧和占出口总值百分之八九的丝织品，则比重可以达到甚至超过 80%。再从广东生丝输出值在全国生产出口中所占的比重来看，民国初开始赶超上海之势，到 1918 年，广州生丝出口价值超过了上海，成为全国生丝出口第一商埠。从 1919－1925 年的 7 年统计来看，广东生丝输出值占全国生产输出总值的 40.45%，其中最好的民国九年（1920 年）占到全国生丝输出的 46.2%。这在近代史上是空前绝后的。当时著名的商学博士李泰初发出万般感慨：“其实吾粤之国外贸易，几全靠生丝。盖粤丝业之贸易，年中出入以千万计。故广东之能于中国国外贸易上占重要地位者，亦赖生丝。”

而生丝的主要货源，则主要为佛山地区，由此可见，佛山的丝绸业在广东、甚至全国其所占的重要地位。

二 改革开放，转型升级30年

20世纪30－40年代，由于受战争摧残，整个行业到1949年已处凋零状态。1949年10月新中国成立后佛山的丝绸工业得到了飞速的发展，到1985年，全市有丝绸企业30家，占全省42家的72%，固定资产投资达1.95亿元，职工总数达28044人，工业总产值达7.69亿元，实现利税总额达7760.3万元。

1. 改革开放前10年

1979年，广东实行改革开放，佛山的丝绸工业，特别是丝织、印染业，迎来了生产发展的黄金时期。缫丝产业实现全面升级，到1990年，立缫机逐步淘汰，代之而起的是自动缫丝机，生产效率大大提高。随着全省蚕茧二代性白茧的产量不断增加，生丝的质量也有了很大的提高，平均等级于1990年达到2A＋0.2。

随着改革开放的大潮，珠三角地区“桑基鱼塘”的生产模式受到冲击，缫丝工业首当其冲，由于原料茧的缺失，20世纪80年代中后期，部分缫丝企业开始关闭，一些国营的中型企业则开始延伸产业链，搞多种经营，以维持企业经营。广东的缫丝工业开始由珠三角地区向粤西、粤北转移。到1994年，是建国以来广东省缫丝厂最多、生产能力最大的一年，共有缫丝企业21家，生产厂丝1981吨。而佛山的缫丝企业仅剩下顺德丝厂、南海丝厂、立新丝厂三家，生产厂丝700吨，仅占全省的三分之一强。

佛山的丝织、印染产业，则乘着改革的东风，迎来了丝织生产的大发展。20世纪80年代初，全市各丝织企业狠抓操作、工艺、设备等三项基础管理，丝绸产品质量全面上档次，红绵丝织厂的正品率达到一档水平。丝织产品的品种也得到了极大的丰富，真丝绸、人丝绸及其交织产品全面开花。公记隆、伦教丝织厂生产的和服绸、碧蕾缎，红棉丝织厂生产的14522“迎春缎”等产品先后获部优产品的称号。在此基础上，20世纪80年代中，即1985年开始，在改革开放的大潮中，丝织行业的生产设备、管理技术、科研教育、出口创汇等各个方面迎来了丝织业的黄金时期。特别是无梭织机的引进，取得突破性的进展，从而实现了全国的三个第一。1982年4月，佛山市第三丝织厂率先引进了208台日产WE型单头喷水织机及其配套设备形成了第一条化纤织物自动化生产线。1985年佛山公记隆丝织厂又引进了50台瑞士、意大利的剑杆织机，又形成了全国第一条真丝绸无梭织机生产线。接着，顺德伦教丝织厂、南海丝织三厂和二厂、广东红棉丝织厂、佛山第四丝织厂等先后引进了意大利、瑞士和比利时生产的剑杆织机。到1991年，佛山红棉丝织厂和公记隆丝织厂、顺德容里丝织厂、三水白坭丝织厂又先后引进了日本的喷水织机。到80年代末期，佛山引进的无梭织机达724台。无梭织机的引进，使广东丝织业的机械装备达到20世纪80年代中期的国际先进水平，大大推动了全国丝织业的发展。以1987年为例，佛山共有丝织厂21家（包括中山两家）占全省26家的81%，丝织品的产量达13000多米，比70年代最高的1978年增加3.3倍，出口创汇达21000多万美元，比1978年增加1.7倍。1988年开始，广东红棉丝织厂、佛山公记隆丝织厂成为全国丝绸行业第一、二家具有自营出口权的企业。从80年代来，丝织企业先后与外商以合资、合作的形式组建了多个以服装生产为主的加工出口企业，到1995年共合作组建了十多家合资、合作企业。延长了产业链，提高了出口产品的加工深度。

佛山的丝绸印染产业与丝织业一样，在改革开放的前十年得到了飞跃的发展。20世纪80年代初，佛山丝绸印染厂引进了多台化纤产品的染色、印花和后整理设备，形成了国内第一条“塔夫绸”“尼龙绸”的印染加工生产线，填补了国内丝花布的生产空白。

20世纪80年代中期，佛山丝绸印染厂与广东省丝绸公司、法国里昂布诗雅公司合资，组建小批量生产的真丝线印染产品生产线，与佛山公记隆丝织厂、广东红棉丝织厂的真丝绸无梭织机生产线配套。佛山丝绸印染厂印染产量1990年为2361万米，1992年达2544万米。其中，真丝练白绸为408万米。产品的质量也有极大的提高，从1980年至1991年，先后有27个产品获部、省优质产品称号。

由于受国内蚕茧大战的影响，随着改革开放的深化，以计划经济为主的国有企业越来越不能适应市场经济的发展。佛山丝绸产业从20世纪90年代开始走上转型升级的道路。

2. 佛山丝绸行业大规模转型升级期（改革开放后20年）

改革开放后20年，即1995－2015年，佛山丝绸行业的转型升级实际是从

1993 年顺德前进丝织厂的转型拉开序幕的。1993 年，顺德前进丝织厂进行了改制，国有资本退出，企业更名为顺德前进实业有限公司；1994 年，顺德伦教丝织厂也进行了股份制改造并更名为顺德华顺织染实业有限公司。同年，顺德的缫丝企业水藤、红卫、立新由于缺乏原料茧，于 1994 年先后停产，到 1995 年，顺德丝厂和南海丝厂都将立缫机停产，只用自动缫丝机生产，大大缩小了生产规模。

随着改革的深入，丝织和印染国有企业的弊病越来越暴露，加上 20 世纪 90 年代后期国际丝绸市场的萎缩，佛山丝绸行业的国有企业遇到了前所未有的困难。以红棉丝织厂、公记隆丝织厂、佛山丝绸印染厂三大企业为主的丝绸行业到 1997 年，已经严重资不抵债，生产经营十分困难，佛山城区的 6 家企业，总资产为 61531 万元，负债为 85879 万元，所有者权益为 -24348 万元，资产负债率达 139.57%。虽然 90 年代中后期，佛山丝织企业在品种开发上有明显的进步，广东红棉丝织厂的真丝拉架重绉 1994 年列入国家级新产品开发计划，真丝拉架乔其 1997 年通过了省级鉴定，1999 年获国家新产品开发奖。同年，丝棉缎 VF 面料又通过省级鉴定，2000 年公记隆丝织厂的真丝色织塔夫绸也通过了省级鉴定。以上这些产品都填补了省内空白，达到了国内同类产品的先进水平，为困难中的国有丝织企业创造了一定的经济效益，但无法从根本上改变多数丝绸企业逐步退出历史舞台的现状。

20 世纪 90 年代，特别是 90 年代后期，在国有企业逐步疲弱的同时，佛山的民营企业却似雨后春笋般地蓬勃发展起来，南海西樵形成了“百家厂、千家店、万台机、亿米绸（化纤绸）”的新局面，化纤布疋批发市场应运而生，并一跃成为全国大型纺织市场之一。到 2000 年，全区有民营企业 1630 多家，从业人员为 5 万人，各种无梭织机 3 万多台，年生产化纤绸达 6 亿米，产值接近 100 亿元，税利达 1.5 亿元，多数厂家以生产中、高档的西装面料、裤料为主，逐步形成了“大生产、大市场、大流通”的新格局，从而对国有丝织、印染企业形成了新的冲击。

随着市场经济的不断深入，21 世纪初，国有、集体的丝绸企业纷纷停产和转制。1997 年南海丝厂由职工注资成为股份有限公司，企业更名为南海丝厂有限公司。2013 年企业更名为佛山市南海丝厂有限公司，仍为国有控股，企业注册资本为 381.1 万元，主要产品为白厂丝和丝棉被。2002 年，企业开创“缫丝特色游”，2005 年 7 月被认定为佛山市科普教育基地，2006 年批准组建缫丝工程技术研发中心，2006 年 12 月被命名为“广东省科普教育基地”。2011 年 6 月被认定为传统缫丝技艺传习所。从此企业除生产外，还承担了传承丝绸文化的重任。

顺德丝厂，20 世纪 90 年代后期生产压缩，仅开 120 台自动缫，真丝针织面料及服装因无订单而逐步停产。整个企业因无力偿还贷款，于 2000 年 8 月宣布破产。

广东红棉丝织厂因企业迟迟未实施转制，虽然在 1994 年开发成功桃皮绒，1996 年开发成功丝棉缎后，企业曾出现较好的发展势头，但因地处城市中心，土地被房地产开发商看中，最终在 2002 年 8 月底前被强行停产遣散，生产设备被拍卖。

佛山公记隆丝织厂在 20 世纪 90 年代后期，企业经营十分困难，虽有订单，但资金不足，债务包袱沉重。特别是职工集资无法偿还，于 2000 年 11 月将国有资产转让给职工成立新公司。企业保留法人资格，处理剩余资产、债权债务和离退休人员。转制后的新公司名为佛山市高达利纺织有限公司并搬迁到南海狮山，保留剑杆真丝绸和喷水化纤绸两条生产线。2007 年公司更名为佛山市格绫丝绸有限公司，产品增加高档蚕丝被和真丝床品。2008 年至 2014 年产销蚕丝被 3086 床。2012 年因环保问题，淘汰喷水织机生产线，同年停止生产真丝面料产品，转产高档珍珠丝（醋酸纤维）面料。2013 年购置并配套数码印花生产线，开发出醋纤印花新技术。企业于 2013 年设立电子商务部，2014 年开设天猫旗舰店和京东旗舰店，摸索改变销售模式，探索电子商务。

顺德伦教丝织厂 1994 年转制后，进行过两轮较大的技术改造，在丝织生产的基础上，增加了印染生产线。后因债务和市场问题，于 1997 年 10 月和 1998 年 1 月承包给私人经营，直至 2009 年 1 月企业停产拍卖。

广东丝绸行业转制转型升级最成功的是顺德前进丝织厂。该企业成立于 1966 年，时称顺德地方国营前进丝织厂，全部为电动铁木丝织机。主要产品为白胚纱绸，1968 年转织化纤产品。1979 - 1983 年实施第一期技术改造，扩建厂房达 1.85 万平方米，淘汰铁木机，K251 丝织机增至 244 台，年产丝绸 375 万米。1984 年年产化纤及真丝绸达 565 万米，是 1954 年白胚绸能力的 80 多倍。1985 年，试制丝绒产品成功投产，填补了广东丝绒生产的空白。同年成立染整分厂，集资900万元，引进一条涤纶染整生产线和组建一条国产丝绒生产线，年染整能力达1000万米。1988年，企业又投资1500万元，从德国购置8台双层拉舍尔经编丝绒机及配套设备，组建经编生产线，扩建经编分厂。同年，与澳门利安国际发展有限公司合资经营前进牛仔布厂，双方共增资160万美元，引进设备，生产出口牛仔布，1989年出口创汇192万美元，1991年出口创汇达850万美元，销售收入突破亿元，达12247万元。是年，丝织分厂转制为中外合资德利织造有限公司，主要生产高档化纤时装面料。同时牛仔布厂再扩大生产规模，增加出口。1992年全年销售达15738万元，出口创汇达1070万美元。主要产品氨纶布获美国杜邦公司在中国唯一使用“拉架”商标的厂家。1992年9月经佛山市政府批准，顺利兼并乐从糖厂。同年12月又与外商合资建成顺德东成织造有限公司，1993年，在中国最大500家纺企中名列第158位。1993年开始，国资退出企业，1994年转制完成，更名为前进实业有限公司（德润纺织实业公司），1996年主要经济指标列中国1000家大中型企业销售收入第993位。发展到1999年，工业总产值达26511万元，出口创汇6578万美元；2000年，因生产发展和配合城市整体规划的需要，从5月份开始，企业实施第二次大改造，由乐从镇搬迁到容桂兴华工业区。当年搬迁，当年投产。前进实业公司则成为总公司，属下有顺德市德润纺织厂有限公司、顺德市前进牛仔布厂有限公司、顺德市德利织造厂有限公司、顺德市东成织造有限公司、德润纺织厂（香港）有限公司等5个企业。全公司占地面积4.7万平方米，职工2988人，年生产弹力氨纶布500万米，牛仔布600万米，棉拉架布630吨，针织双面布300吨，年销售额2.6亿元。进入21世纪，企业没有停止技术进步、升级改造的步伐，每年均有较大量的资金用于产品创新和技术改造。同时，努力与国际接轨，并创造条件，通过Oeko－Tex Standard 100环保认证及ISO9001国际质量体系认证。全公司以“精细管理、优质取胜、诚信服务”的方针努力打造企业品牌和产品品牌，致使企业每年的产品种类、销售业绩、品牌宣传、商标打造都有新突破。2010年“前进”评为广东省著名商标，2014年年销售收入突破10亿元，创汇6500万美元，纳税达8000万元以上。

莨纱绸是佛山丝绸最有特色的传统产品之一，也是目前极少数采用纯天然染料染色的真丝绸。顺德伦教新民晒莨厂是佛山市原来众多晒莨厂之一，历年来，一直是广东丝织品出口的当家产品。改革开放初期，即1979年，莨纱绸由于受到大量化纤产品的冲击，生产企业仅剩伦教新民晒莨厂一家。到1985年，晒莨的产品随着真丝绸产品的发展而发展，电力纺、双绉、提花绸均可以晒莨。后又发展了印花晒莨绸，但是产量均不大，生产场地受到多次挤压，年产量长期在30万米左右徘徊。1995年，伦教新民晒莨厂转制更名成艺晒莨厂，与深圳梁子公司合作，推出香云纱时装，从而形成了一波生产香云纱产品的高潮。1998年，香云纱生产量曾达近500万米。2007年，香云纱染整技艺列入省非物质文化遗产目录，2008年1月，香云纱染整技艺列入国家级非物质文化遗产目录，梁珠成为非物质文化遗产国家级继承人。2010年，佛山市的香云纱企业蜂拥而上，最多时达几十家，市场失控，产量曾猛增达1500万米，不久后即一落千丈，产品积压、甩卖。

2014年，大量晒莨厂倒闭，顺德仅剩4家，南海还有3家。2013年，顺德成艺晒莨厂与伦教的民营资本合作，组建天成公司，在顺德区政府支持下，在顺德伦教镇开发组建香云纱生态旅游基地，目前正在建设中。到2014年底，佛山丝绸工业，缫丝仅剩南海丝厂有限公司一家，年产生丝120吨，丝棉被5千条，丝织仅剩少量香云纱织造机台，年产量真丝绸不足3万米。丝绸印染已经消亡。丝绸服装、丝绸礼品尚有一定数量的生产，而丝绸文化产业正处在开发中。

三　关于经验与教训的思考

佛山地处于珠江三角洲腹地，丝绸工业长期以来一直是佛山工业的支柱产业。随着国民经济的发展，特别是广东实施改革开放，以桑基鱼塘为基地、桑蚕茧为原料的传统而古老的丝绸产业受到强烈冲击（缫丝首当其冲）。改革开放之初，即面临转型升级的压力，因而到20世纪90年代缫丝企业已转型或转产，仅剩两家国有企业。到2014年仅剩一家南海丝厂还在苦苦支撑。而丝织、印染业虽然在20世纪80年代迎来了一波发展的大好机遇，但随着蚕茧大战，改革开放的先发优势也逐步丧失，到2014年，丝织企业寥寥无几，丝绸印染完全消亡。

回顾这段历史，佛山丝绸从兴旺走向衰落，其主要原因一是改革开放，冲破了计划经济的框框，一批国有企业，背上沉重的社会负担，企业的退休职工全由企业负担，1996 年，全行业退休职工已占固定职工的 58.5%，约两名职工要负担一名退休人员，还有一大批内退职工未计在内，企业的压力可想而知。其二是实施市场经济的初期，企业的技术改造完全靠贷款、自筹解决。当时曾有一句流行语，叫“不改等死，改了是找死”。多数企业靠贷款搞改造，靠高利息集资维持生产，企业的债务包袱十分沉重，1996 年时，全行业的资产负债率高达 140%，实际已经严重资不抵债。再加上蚕茧大战，原材料大幅升价，部分产品严重积压，企业经营十分困难。其三，企业经营者思想解放跟不上经济改革开放的速度，计划经济形成的一些框框、习惯束缚了企业调整、改造的步伐，再加上一些用人的失误，及个别领导错误的决策，扼杀了一些本来有发展前途的企业。

诚然，改革开放是经济发展的必然，转型升级也无先例可循，从佛山丝绸转型升级最成功的顺德前进丝织厂来看，最根本的一条就是企业必须根据市场需要，不断地实施创新开发、技术改造，不断提升经营者和全体职工的素质，不断以“质量、诚信”打造企业和产品的品牌，来赢得国际、国内市场的认可，实施企业的持续发展。

四 可持续发展方向探讨

历史不会倒退，在城市中重建丝绸企业是行不通的，而丝绸产品素有“纤维皇后”之称，一直是国内外人们喜爱的服装面料，其高档品种一直是中、上层人士身份的象征。丝绸产品既是一种商品，亦是一种文化，在滚滚的历史长河中，一直具有顽强的生命力。佛山丝绸其生产企业在改革开放、转型升级中逐步消失，是生产力发展适应不了市场经济的结果。产业的转移是城市化升级给工业企业带来的冲击。佛山丝绸企业不多了，但佛山丝绸的文化底蕴还在，作为一种文化，其价值还在。因而像香云纱这样的优质传统产品，还依然存在，仍保留着较高的商品价值。南国丝都，颇具丝绸文化特色的私人博物馆，是近几年珠三角的一个旅游胜地，颇受国内外游客的青睐。顺德伦教镇正在着力打造香云纱文化旅游基地，南海西樵山脚下，正在恢复桑基鱼塘的生态产业示范基地和组建南海丝绸博物馆，则是作为广东省丝绸之路发源地的十大特征之一。而香云纱染整技术也正在申报联合国世界级非物质文化遗产项目。由此可见，挖掘佛山丝绸资源，开发丝绸文化产业是目前传承和发展佛山丝绸的可持续发展之路。

其次，开发特色产品，传承丝绸技艺，是传承和发展佛山丝绸的重要途径。香云纱产品是世界独有的特色产品，弘扬香云纱的品种，扩展其面料用途，这几年已经作了不少尝试，但由于其开发人才的不足，始终未能取得明显的成效。而作为香云纱特色面料，以扭眼通花技艺的传承与发展，尚未受到应有的重视，这些具有佛山特色的丝绸资源通过研究、开发，将为佛山丝绸的传承和发展提供一条重要的途径。

第三，整合佛山丝绸的历史资源，作为发展第三产业的载体，将为佛山丝绸的发展提供一条新的出路。以西樵为例，有陈启沅博物馆，有桑基鱼塘的示范基地，有传统缫丝技艺传习所，有以扭眼通花织造技艺的香云纱面料。整合这些资源，组建广东丝绸博览园，举办蚕桑、丝绸技艺国际培训基地，组建新的旅游胜地，将为广东省、佛山市第三产业提供一条新的出路。

科技支撑复兴桑基鱼塘

廖森泰
（国家蚕桑产业技术体系加工研究室主任、中国蚕学会蚕桑资源综合利用专业委员会主任、广东省农业科学院研究员）

一　桑基鱼塘的历史变迁

桑基鱼塘是我国珠江三角洲和长江三角洲地区创造的一种高效利用土地的农业人工生态系统。它的利用形式是深挖鱼塘、垫高塘基、塘基种桑、塘内养鱼、桑叶养蚕、蚕粪喂鱼、塘泥栽桑的农业物质循环高效利用模式。

在珠江三角洲，基塘农业模式自唐代已有，但大规模发展是在宋朝。而桑基鱼塘是明末清初由于市场对蚕丝的大量需求，种桑养蚕效益好，而改果基鱼塘为桑基鱼塘。

桑基鱼塘生态系统的优势和特点，一是物质循环零废料利用。桑叶养蚕所产蚕粪用在鱼塘养鱼，鱼的粪便经微生物发酵成塘泥，而塘泥又成为栽桑的优质有机肥，成功地解决了农业废弃物的污染、变废为宝。二是土地利用率高。基塘一般按“基五水五”或“基四水六”“基六水四”为主，能合理利用土地，既养蚕又养鱼，效益很高，在当时，经济收入是种植水稻的十倍之多。三是兼具水利与农业的功能。珠三角地势低洼，水患严重，而挖塘可以蓄水，又可以养鱼，塘基种桑养蚕，是一种兼具水利和高效农业的独特土地利用模式，后来还大规模修筑堤围（桑园围），利用堤外河滩种桑，效益更好。

20 世纪 80 年代，珠三角桑基鱼塘被列入联合国粮农组织“最佳生态系统”。

桑基鱼塘自明末清初起，盛行了 400 多年，支撑了珠三角经济的发展和社会的繁荣。20 世纪 80 年代末 90 年代初，由于工业和城镇化迅猛发展，蚕桑业劳动用工紧缺和比较效益低，土地资源渐少和大气污染影响养蚕等原因逐渐消失，基塘改种水果、花卉、蔬菜和鱼草等。

二 桑基鱼塘复兴之机——科技对蚕桑新功能的挖掘利用

纵观历史，桑基鱼塘兴衰的主要原因是经济效益和社会功能的变化，随着科技的进步和人的健康需求，蚕桑的新功能被充分地挖掘出来。

首先是桑树的食药用功能。自古以来桑树的叶、果、根（白皮）就有食用和药用的习惯。《本草纲目》《神农本草》等都把桑树各部分载入。原卫生部也把桑叶、桑果列为食药兼用材料，桑白皮一直就是中药材。现代科技发现，桑树不仅营养丰富，它还含有独特的多羟基生物碱，具有明显的降糖作用。黄酮类物质有抑菌抗病毒功能，是中药凉茶的主要原料，蚕桑深加工系列产品非常适合人们对健康养生的需求。

其次桑叶具有卓越的饲料功能。桑树蛋白质含量高，土地适应性强，耐采伐，生物产量大，非常适合作动物养殖饲料开发。研究表明，以桑叶粉养猪和鸡等动物，可有效改善肉质，减少脂肪，提高免疫力，其排出的粪便臭味小。桑叶这种饲料性能，适应目前社会对优质肉和改善养殖环境的需求。

桑树的枝条可以做生物质材料。利用桑枝栽培食用菌，因为成本低，食用菌品质好，已广泛推广应用。初步发现利用桑枝条经加工发酵可作为花卉栽培基质。桑枝条还可以加工成木材，桑枝皮纤维可造纸和作为织物的原材料。

桑树也有生态功能。由于桑树适应性强，长势旺盛，适合用来进行生态开发。全国不同区域采取不同的生态桑模式，如新疆提出种桑养地、种桑养畜、种桑养人和种桑养蚕相结合模式；华东和西南蚕区实施桑园立体种养提高土地效益，总结出桑园种菜、桑园养鸡等多种立体利用模式。在保护生态方面，有西北的沙漠种桑、长江三峡石坝和水库消落带种桑、东北森林生态经济桑等多种形式。

桑树还具有良好的旅游休闲功能，专门种植果桑可用于采摘。桑果营养丰富，口感极好，可筛选不同收获期的果桑品种，配套栽培管理技术，建设桑果采摘园，目前桑果采摘活动在珠三角逐渐兴起。

珠三角是广东省的重要农业产区，但珠三角的耕地已存在严重的生态和质量问题。调查显示，目前珠三角地区的土壤存在重金属超标的现象，而农药化肥用量均超发达国家警戒值。曾几何时，珠三角是一片肥沃的土地。其肥沃的地力得益于从清朝开始逐渐形成的“桑基鱼塘”的立体农业耕作模式，通过“桑树养蚕—蚕沙喂鱼—塘泥肥桑”的良性生态循环，珠三角耕地长期施用以蚕沙为主的有机肥。珠三角蚕桑生产逐渐萎缩消失殆尽，农田（耕地）土壤资源也大幅锐减，农业资源与环境问题日渐突出。

为什么珠三角过去长期使用蚕沙肥，土壤肥力就高，而一旦停用蚕沙肥，土壤质量就呈现严重的衰退？这个问题值得深思。我们通过研究发现，蚕沙中不仅营养成分齐全且富含多种功能微生物，除了可以为作物提供生长所需的营养物质，提高作物产量、质量，还具有可以降低土壤重金属污染和有机物污染，提高作物抗病等综合能力。充分挖掘蚕沙生物有机肥对土壤改良的功效并在珠三角地区进行大面积应用，可实现降低化肥和农药使用量、减少环境污染等，达到珠三角土壤改良的目的。

总之，科学研究挖掘出蚕桑的多种功能，而这些功能的发挥可以形成产业，既有高效的经济功能，又有良好的社会生态功能。

三　蚕桑的多功能在珠三角桑基鱼塘复兴中的应用

现在的珠江三角洲，虽然“桑”已不在，但基塘仍存。根据已有的技术和目前社会的需求，可以充分利用桑树的多功能，复兴桑基鱼塘。

一是食药用开发。塘基种桑，桑树的嫩芽叶可以用作鲜叶蔬菜应用，也可制成桑叶茶、脱水桑叶菜，老桑叶、桑枝和桑根皮可作煲汤材料。桑果既可鲜食又可加工成果汁和果酒。

二是动物养殖利用。利用老桑叶及嫩枝条烘干打粉或发酵处理，可作猪、鸡、鹅、羊的饲料。桑叶还可以养田螺，田螺又可作为甲鱼的饲料。与此相关，蚕蛹、蚕沙可作为高档水产鱼类（笋壳、乌龟等）的高档蛋白饲料。

三是蚕沙生物肥改良珠三角土壤。开展珠三角土壤养分勘查，提出改良技术方案，优化作物施肥量、施肥比例、施肥时期和施肥方法，构建了施肥模式，为测土配方研究提供参考。在珠三角不同区域，重点是各类科技园区、家庭农场等建立示范基地，开展示范试验，定点追踪评价蚕沙肥产品功效，验证并改良施肥模式。在此示范基础上，辐射带动整个珠三角区域全面使用蚕沙生物有机肥产品。

再以旅游和美食进行综合开发利用。塘基种植果桑，可供四季采摘；利用鱼塘开展垂钓、游泳（人鱼共游）、划船、捉鱼表演等活动；还可开展养殖蚕宝宝体验；在塘基建设蚕桑养生农庄，品尝蚕桑美食，建设桑基鱼塘博物馆，开展科普旅游活动，既能文化传承又增长见识；开设蚕桑科技产品展销，让游客在游乐和美食之余，购买特色蚕桑产品回家“养生”。目前适合蚕桑健康养生的产品有几大系列。桑果系列：桑果汁、桑果酒、桑果醋、桑果酱、桑果干；桑叶系列：桑叶茶、桑叶菜、桑叶凉茶、桑叶食品基料及深加工产品；桑枝灵芝系列产品；蚕蛹蛾系列：蚕蛹虫草以及蛹虫草酒、雄蚕蛾维力康胶囊、雄蚕蛾补酒；蚕桑药材系列：桑树（叶、果、枝、白皮）系列饮片、白僵蚕；蚕丝棉系列产品，还有鲜活桑叶猪、鸡、蚕蛹蛋白鱼。可见，有现代科技支撑，蚕桑产业可以提高效益，复兴桑基鱼塘之梦定会实现。

广东香云纱工艺染色机理研究

李维贤
（华南农业大学艺术学院）
周小迤
（华南农业大学人文与法学学院）

摘要：本文采用高效液相色谱、红外光谱等测试手段，考察香云纱工艺中晒莨工序前后薯莨单宁组分与结构的变化、纤维材料结构的变化情况，结合植物多酚化学理论，探讨晒莨工序的染色作用机理。认为：一、在晒莨工序中，曝晒使薯莨单宁氧化形成醌式结构而显棕色，因此随着浸染、曝晒次数的增多，晒坯表面的颜色不断加深，最终变为棕色或棕红色。二、疏水键－氢键多点结合可能是薯莨单宁与丝、棉、麻等纤维结合的共同方式；化学结构的不同使得各种纤维与薯莨单宁结合的数量、强度差异很大，因而影响染色牢度。蚕丝结构中含有疏水性氨基酸以及众多的氢键结合点，可形成大量的疏水键－氢键结合，因此可获得良好的加工效果。三、丝绸加工效果好的另外两个可能的原因是薯莨单宁与蚕丝蛋白形成共价键结合，以及蚕丝丰富的原纤结构，使得薯莨单宁与蚕丝的结合点显著多于其他纤维。

关键词：香云纱；莨纱；莨绸；香云纱染整技艺；晒莨；过泥；薯莨；植物多酚；缩合单宁

香云纱工艺是广东省所特有的一种传统手工染整工艺，其主要工序是晒莨和过泥。晒莨是以薯莨块茎的水溶液浸染坯布后晒干，再浸染，浸染与曝晒反复数十次，直至晒坯的正面（曝晒面）变成棕红色，并形成明显涂层时方结束晒莨。晒莨之后，进入过泥工序，即在晒坯正面涂覆特定的泥糊，静置若干时间后，洗去泥糊、晒干，完成过泥工序，织物最终获得面黑背棕的染色效果及涂层效果。

香云纱工艺的具体操作并不复杂，但其生产涉及薯莨块茎、日光、河水、河泥、草地等众多因素，这些因素中起关键作用的物质是什么，关键物质之间又是如何相互作用完成染色、涂层作用的，为什么要曝晒，为什么涂覆河泥后正面变为黑色而背面不变色……这些问题，涉及植物学、土壤学、物理学、化学等学科领域，蕴含着丰富的技术内涵。本文是对晒莨工序染色机理的研究结果。

一 实验部分

1. 试验材料与制样方法

以丝、棉、尼龙纤维的练白品为试验材料，按香云纱传统工艺进行晒莨、过泥加工，然后卷装存放 6 个月后为成品。试验中留取练白品、完成晒莨工序的半成品（称为晒莨品或晒莨半成品）、成品作为试样。

2. 高效液相色谱分析

将薯莨块茎鲜样的提取液，用于 HPLC 分析。HPLC 型号：Agilent1100。色谱条件：略。

3. 红外光谱分析

对练白品，晒莨半成品，成品的正、反面进行衰减全反射红外光谱（ATR）分析。

红外光谱仪型号：Bruker 光谱仪器公司生产的 Vector33 型红外光谱仪。

二 测试结果与讨论

在晒莨工序中，薯莨单宁的组成、结构所发生的变化，与晒莨的染色反应密切相关。因此，可通过考察晒莨工序前后薯莨单宁组分与结构的变化、纤维材料结构的变化情况，结合植物多酚化学理论，阐释晒莨工序的染色机理。

1. 晒莨对薯莨单宁组分的影响

为明确晒莨工序之后薯莨单宁的组成变化情况，对薯莨单宁进行模拟晒莨试验，留取累积曝晒12hrs、24hrs的样品，进行高效液相色谱分析，结果如图1～图3所示。

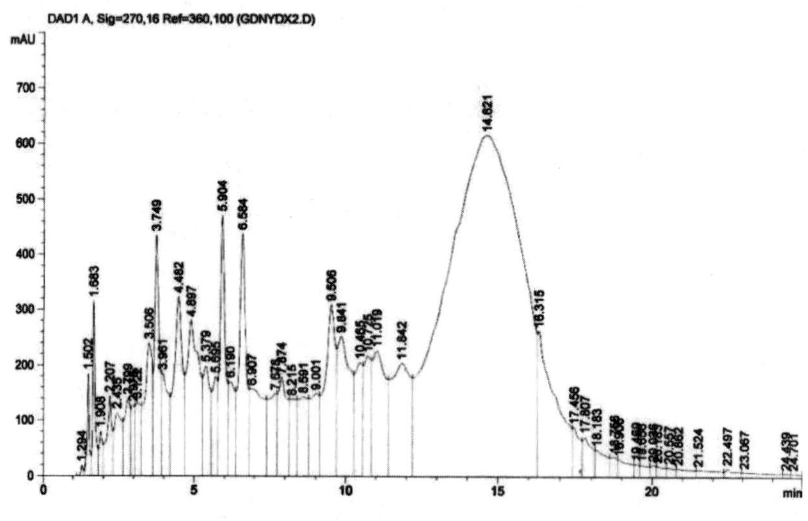

图1　薯莨单宁水提液的HPLC谱

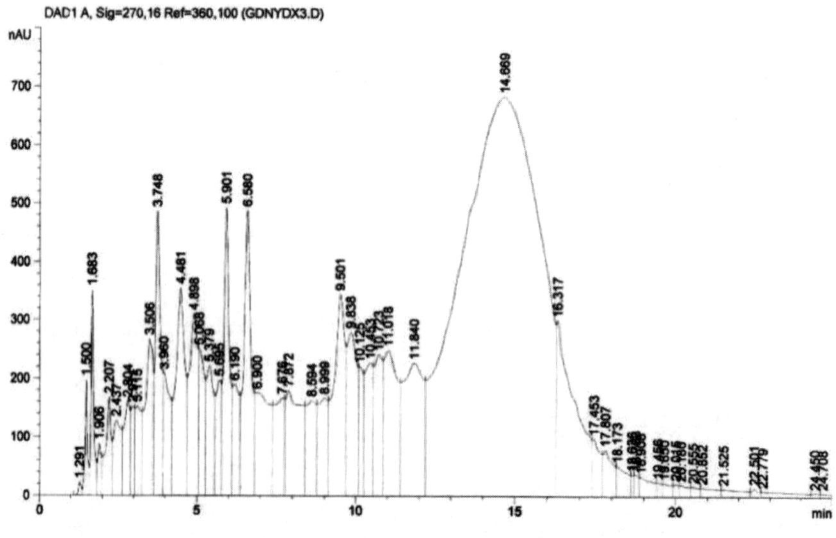

图2　薯莨单宁曝晒12小时后HPLC谱

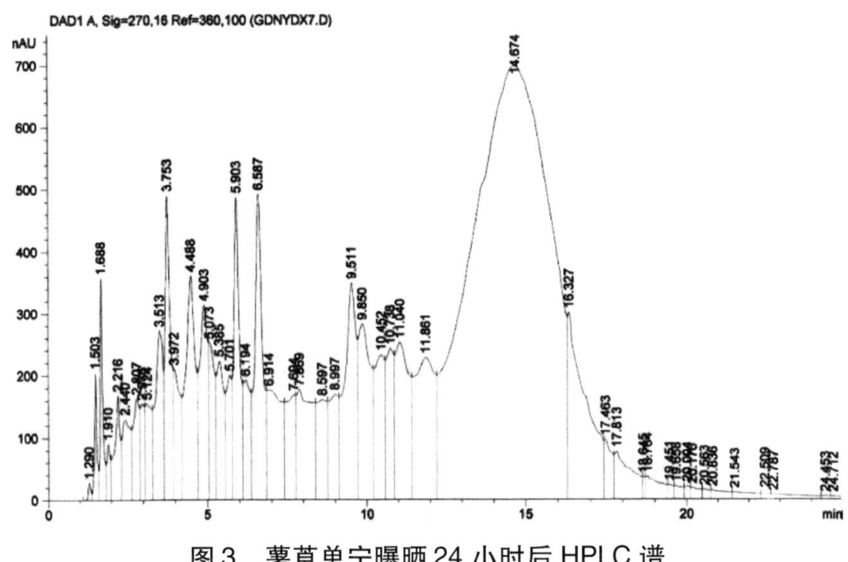

图 3　薯莨单宁曝晒 24 小时后 HPLC 谱

薯莨单宁属于多聚原花青定型缩合单宁，是由单体儿茶素和儿茶素多聚体组成的混合物，包括二聚体、三聚体、四聚体等等多种组分。图 1 ～图 3 右边宽峰为儿茶素的多聚体混合物，宽峰前的众多单峰是儿茶素二聚体以下的混合物。比较上述 3 张谱图，可知未曝晒、曝晒 12hrs、曝晒 24hrs 等 3 种薯莨单宁的出峰时间、峰形很相似，说明薯莨单宁的组成成分在曝晒前后基本无变化，即：晒莨工序的反复浸染、曝晒并未改变薯莨单宁的成分，其主体结构变化不大。

2. 晒莨前后织物与薯莨单宁的红外光谱变化

高效液相色谱分析表明晒莨工序未改变薯莨单宁的组成成分，那么是什么原因导致晒莨后织物被染成棕红色呢？再用红外光谱考察晒莨前后薯莨单宁、纤维结构的变化情况。

（1）练白品及薯莨单宁的红外光谱特征

对丝、棉、尼龙织物的练白品进行 ATR 分析，所得谱图分别如图 5、图 6、图 7 所示；图 4、图 9 分别为丝织物练白品和薯莨结晶的 FTIR 谱图；图 8 为儿茶素的 FTIR 标准谱图。（图 4 ～图 9 略）

（2）晒莨后织物上的薯莨单宁的结构变化 – 醌结构的形成

对丝织物、棉织物晒莨半成品的正反面分别进行 ATR 扫描，得谱图如图

10～图 13 所示；尼龙织物晒莨品的正反面差异不大，图 14 为尼龙晒莨品正面的 ATR 谱图；图 15 为苯醌的 FTIR 谱图。（图 12～图 14 略）

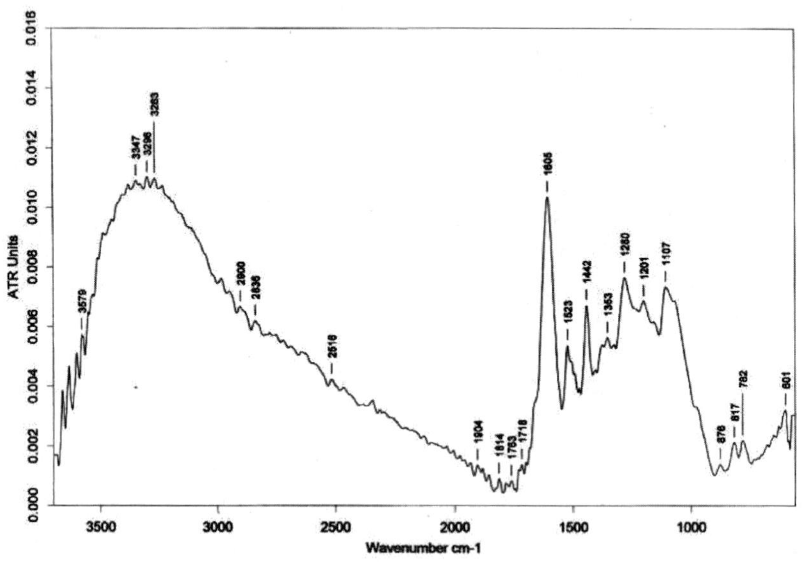

图 10　丝晒莨品正面的 ATR 谱

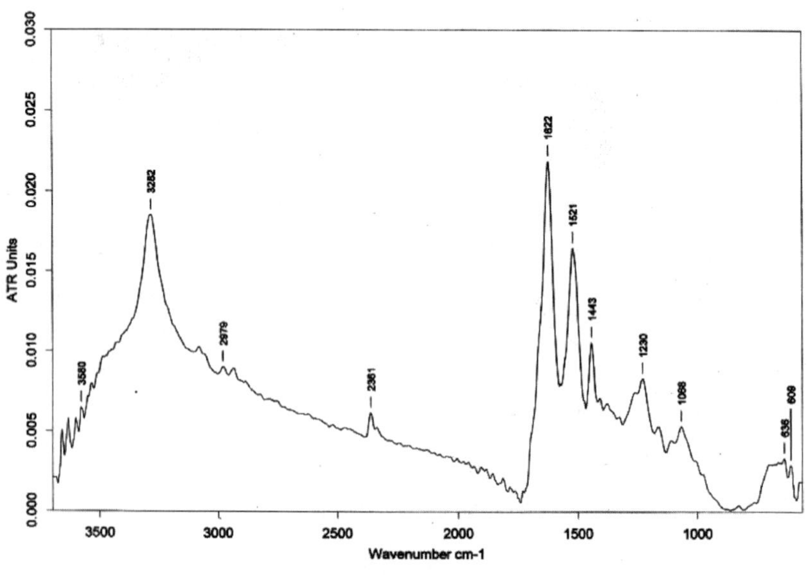

图 11　丝晒莨品反面的 ATR 谱

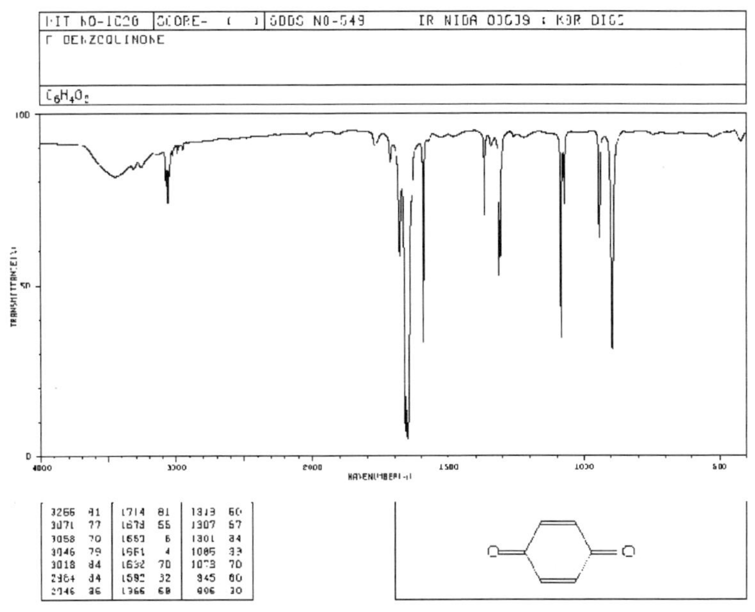

图 15　苯醌的 FTIR 谱

以苯醌为醌结构的模型分子，根据它的红外谱图，比对晒坯在晒莨前后的谱图，发现丝、棉晒莨品正反面的 ATR 谱图（图 10～图 13），以及尼龙晒莨品的正面 ATR 谱图（图 14）中均出现苯醌的特征峰，而练白品的 ATR 谱图（图 5～图 7）中并未出现，具体的分析如表 1 所示。

表 1　晒莨品 ATR 谱的特征峰分析

试样	与苯醌相同或相近的特征峰(cm^{-1})
丝晒莨品正面(图 10)	3263(3266)、1718(1714)
丝晒莨品反面(图 11)	1068(1073)
棉晒莨品正面(图 12)	1667(1661)
棉晒莨品反面(图 13)	1315(1313)
尼龙晒莨品正面(图 14)	3015(3018)、1710(1714)、1631(1632)、1369(1366)

注：括号内为苯醌出现特征峰的波数。

由表 1 可知，晒莨品正、反面 ATR 谱都普遍出现了醌的特征峰，由此推测晒莨工序引入到织物的薯莨单宁的结构部分发生了醌式变化。

薯莨单宁为多聚原花青定型缩合单宁，基本结构单元为儿茶儿素，底端单元由儿茶素、表儿茶素以2∶8的比例组成，2，3－位顺式单元约占80%。儿茶素分子中的两个芳香环（A环、B环）通过三碳链相连，三碳链中的一个碳原子与A环上的氧原子相连，构成吡喃环（C环），整个分子形成$C_6 \cdot C_3 \cdot C_6$型酚类结构（如图16所示）。

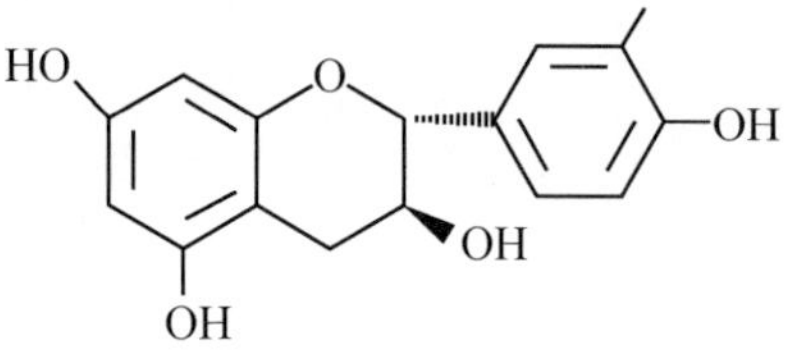

图16　（+）－儿茶素结构图

在日光作用下，原花青定型缩合单宁结构中的A环容易被氧化成亚甲基醌，形成共轭的亚甲基醌发色基团，且A环上的5－OH基团具有增色效应，也使颜色变红。故在日光作用下颜色容易氧化变红，D. G. Roux等对这一变化进行了式1所示的反应推测：

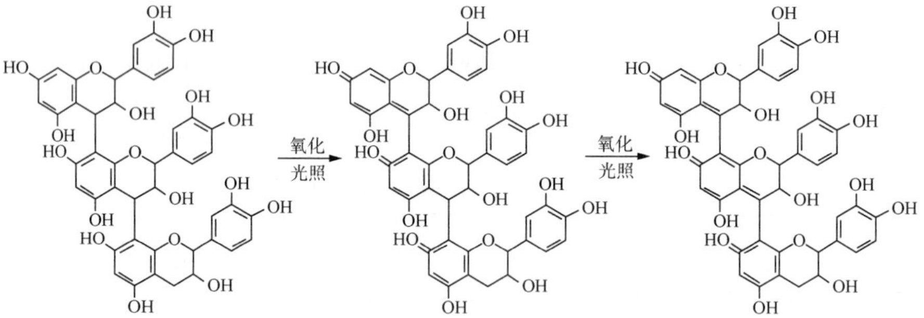

式1　原花青定型缩合单宁结构中A环的醌式反应

晒莨后织物颜色变为棕红色并逐渐加深的原因也可用上述反应理论解释：在晒莨工序中，织物吸附的薯莨单宁在日光作用下不断发生醌式反应，使织物颜色变红；随着染、晒次数的增加，醌式结构不断增多，织物颜色也不断变深，至晒莨工序完成时，变为棕红色或棕色。

三 薯莨单宁与纤维结合机理的探讨

在研究中还发现：不同材质的晒坯，经过晒莨、过泥完成流程后，其加工效果存在较大差异，其中丝绸的加工效果最好，成品颜色最深、光泽明亮，耐洗性与色牢度都好于其他纤维原料。这些试验结果提示：晒坯材料不同，则薯莨单宁与纤维的结合机理、结合牢度也可能不同。本节根据单宁与蛋白质、多糖结合的相关理论对薯莨单宁与纤维的结合机理进行探讨。

1. 疏水键 - 氢键多点结合

单宁是多基配位体，它的多酚羟基能与蛋白质的官能团形成多点结合，可能的结合方式有氢键结合、疏水键结合、离子结合、共价结合，其中以疏水键 - 氢键多点结合的制革理论最为成熟：单宁通过疏水键 - 氢键与胶原蛋白纤维间形成多点交联，使胶原蛋白的湿热稳定性、酶解耐受性和化学试剂耐受性提高，同时使纤维强度增加，使生皮转变为革。疏水键、氢键结合属于弱化学作用，但由于结合点众多，故整体的结合力是相当可观的，这就是生皮鞣制成革后，其强力、耐受性显著增强的原因，即"弱作用引起强变化"理论。

皮革是由胶原蛋白纤维构成的网络；蚕丝是蛋白质纤维，具有丰富的原纤结构层次；两者在化学结构、形态结构上都有相似之处。因此用疏水键 - 氢键理论解释蚕丝与薯莨单宁的结合是有结构基础的。蚕丝含有丙氨酸、缬氨酸和脯氨酸等疏水性氨基酸，具有形成疏水区的结构基础。蚕丝主链上重复出现的肽基 - NH - CO - 是参与薯莨单宁氢键结合的主体，这为多点结合提供了充分的结构保障。此外，羟基脯氨酸、苏氨酸、酪氨酸残基上的羟基，精氨酸、组氨酸、天门冬氨酸、谷氨酸残基上的氨基等等都是可能的氢键结合点。因此，从结构分析的角度，蚕丝与薯莨单宁之间是可以形成多点疏水键 - 氢键结合的。那么，多点"弱作用"形成合力，宏观上就表现出经过反复晒莨加工后薯莨单宁与蚕丝蛋白的"强"结合，即较好的染色牢度。

单宁与多糖反应机理目前尚未完全清楚，但已确定疏水键和氢键是两者重要的结合方式。棉、麻等纤维素纤维，结构中含有大量的可形成氢键的羟基，可与薯莨单宁通过氢键结合。尼龙是由己内酰胺开环聚合而成的长链分子 H - [HN $(CH_2)_5$CO] n - OH，其脂肪主链上含有酰胺基，分子末端为氨基和羟基，都可能形成氢键。

疏水键－氢键多点结合的有效性取决于单宁、底物两者之间形成疏水键和氢键的数量与强度。由于疏水键－氢键结合属于分子识别的结合机制，要求单宁和各种底物（蛋白质、多糖等）在结构上互相吻合，通过氢键－疏水键形成复合产物。因此除了单宁的分子量与结构，底物的分子结构、极性基团、疏水性、水溶性等因素都对结合的有效性产生影响。从以上对纤维结构的分析可知，蚕丝、棉、麻等纤维在结构上，都有与薯莨单宁形成疏水键－氢键，或氢键多点结合的可能。

同时，纤维结构不同，与薯莨单宁之间实际形成的键合数量、强度必然会有差异，加上各种纤维聚集态结构、形态结构差异悬殊，所以不同纤维原料的晒坯与薯莨单宁的结合牢度必然不同，在宏观上就表现为染色牢度和耐洗性的差异。

2. 共价键结合

除了疏水键－氢键，或氢键多点结合理论，蚕丝与薯莨单宁之间还有可能形成共价键结合。薯莨单宁的单体儿茶素具有间苯三酚 A 环结构，单元之间以 4→8 或 4→6 位的 C－C 键连接构成直键型原花青定，由 A 环－C 环连接组成核心部分，B 环沿核心的侧面排列，重复的单元缩合形成规则的螺旋构象。单元间连接键稳定，不易断裂，结构中的 A 环化学性质活泼，A 环上 6，8 位的 C－6，C－8 为强亲核中心。因此在晒莨工序的曝晒的过程中，受太阳光中的紫外线引发，薯莨单宁 A 环的 6 位或 8 位可能与蚕丝蛋白的氨基之间形成 NH－CO 共价键结合，如式所示。这可能是以蚕丝织物经香云纱工艺处理后获得更好的加工效果的原因。

C6A•C3B•C6C+Silk-NH2→Silk-NH-CO-C6A•C3B•C6C

式 2　薯莨单宁与蚕丝蛋白反应式

3. 纤维形态结构的影响

纤维的形态结构是影响织物染色性的重要因素。晒莨是一个多次浸染、曝晒的冷染过程，纤维形态可能对染色效果产生更大的影响。不同纤维原料的布料制成的香云纱的色牢度不同，蚕丝香云纱最好，棉次之，化学纤维差。从形态结构分析，蚕丝纤细，具有丰富的原纤结构层次，原纤、微原纤之间都存在大量空隙。因此浸染、曝晒过程中，蚕丝有巨大的比表面积与薯莨单宁接触，因而有比其他纤维更多的反应可及点。棉纤维中间的空腔、结构中的大量孔隙，以及扁带状的外形结构也在与薯莨单宁的结合中起到了相同的效果。而涤纶、尼龙、腈纶等人造的合成纤维，结构均匀，内部孔隙很少，外表光滑，不利于与薯莨单宁的多点接触。

四 结论

本文对晒莨工序前后薯莨单宁的组分与结构的变化、纤维材料结构的变化情况进行比较研究，根据植物多酚的有关化学理论，探讨晒莨工序的染色作用机理，获得以下结论：

1. 在晒莨工序中，反复曝晒使薯莨单宁氧化形成醌式结构而显棕色，因此随着浸染、曝晒次数的增多，晒坯表面的颜色不断加深，最终变为棕色或棕红色。但晒莨并未改变薯莨单宁的组成成分，其主体结构变化不大。

2. 疏水键-氢键多点结合可能是薯莨单宁与丝、棉、麻等纤维结合的共同方式；化学结构的不同，导致各种纤维与薯莨单宁之间的键合数量、结合强度差异很大；纤维聚集态结构、形态结构的差异也是影响纤维与薯莨单宁结合牢度的因素；这些影响因素共同作用，在宏观上表现为香云纱工艺对不同纤维原料织物的染色效果差异明显。

3. 香云纱工艺对蚕丝织物具有良好的加工效果，主要原因可能是蚕丝分子结构中含有疏水性氨基酸以及大量的氢键结合点，可形成大量的疏水键-氢键结合；其次，蚕丝蛋白与薯莨单宁形成共价键结合也是可能的原因。此外，蚕丝丰富的原纤结构，使得薯莨单宁与纤维的结合点显著多于其他纤维原料的坯布。

佛山："21世纪海上丝绸之路"的中国符号

程冠军

（中央党校理论网采编中心主任、中国作家协会会员）

回想中华民族的第一个辉煌盛世的汉代，西汉汉武帝时期的张骞从长安带队出使西域，首次开拓了丝绸之路；180年之后，东汉的班超再次出使西域，打通了一度中断的丝绸之路。从此，丝绸之路成为中国走向世界和世界了解中国的最亮丽的文化符号。丝绸之路不仅是古代亚欧互通有无的陆路商贸大道，还是促进亚欧各国和中国的友好往来、沟通东西方文化的友谊之路，佛教传入中国靠的就是丝绸之路。除了丝绸之路之外，中国还有另一条丝绸之路，这就是发端于广东沿海和福建沿海的以航海通商和文化交流的海上丝绸之路，这个海上丝绸之路一经形成就成为中国与外国贸易往来和文化交流的海上大通道。

发端于广东的海上丝绸之路始于秦代（广州发现了多处秦代造船遗址），唐宋时期，广州就成为中国第一大港。清代，由于清政府闭关自守，实行海禁，反而使广州成为中国海上丝绸之路唯一对外开放的贸易大港，广州也因此长时间处于"一口通商"局面，成为世界海上交通史上唯一2000多年长盛不衰的大港。明清以来，广州的海上丝绸之路贸易比唐、宋两代获得了更大的发展，形成了空前的全球性大循环贸易，并且一直延续到鸦片战争前夕而不衰。

十八大之后，习近平总书记提出共建“丝绸之路经济带”和“21世纪海上丝绸之路”的重大倡议和战略部署。“一带一路”横跨欧亚非，涉及沿线60多个国家、44亿人口（约占世界人口的63%），是我国对外开放的大格局、大战略，是为实现“两个一百年”奋斗目标和中华民族伟大复兴的中国梦的百年世纪工程。因为实现“两个一百年”奋斗目标，保持经济较长时间中高速增长是关键，“一带一路”战略的实施将有效盘活国内生产要素、优化经济空间格局、拓展国际市场，从而为我国经济中高速增长提供持续动力。“一带一路”的另一个重要意义就是：中国的发展离不开世界，世界的发展离不开中国。“一带一路”战略需要世界参与。中国古代丝绸之路就是秉持和平、开放、包容、互信、互利的精神，开创了中国与国际交流的大通道，抒写了中华民族历史上的辉煌篇章。在21世纪的今天，在实现中华民族伟大复兴的关键时期，实施“一带一路”战略，将使古代丝绸之路在21世纪重新焕发出更加夺目的光彩。中国梦不是孤立的，而是开放的、包容的、共赢的。因此，“一带一路”战略也是连接“中国梦”和“亚洲梦”“欧洲梦”“非洲梦”的纽带，是实现沿线国家人民对美好生活共同追求的圆梦战略。我们看到，居于中国改革开放前沿的佛山也投身到了“一带一路”战略建设，一批佛山品牌正通过“21世纪海上丝绸之路”走向世界。

“丝绸之路”因中国的丝绸而得名，其内涵是博大精深的中华文化。过去，如果有人问，丝绸之路的中国符号有哪些？回答当然是：丝绸，陶瓷，武术，中药等等。现在看来，这四大符号都与佛山有关，比较出名的是前三个符号。佛山是中国古代四大名镇之一，是岭南文化的一颗璀璨明珠，她“肇迹于晋，得名于唐”，素有“广纱中心”“南国陶都”“武术之乡”之美誉，同时也是著名的“岭南成药之乡”。

一 先说丝绸，佛山有丝绸珍品香云纱

佛山丝绸始于北宋，盛于明清。明、清以来，佛山的光缎、五丝、八丝、香云纱就誉满天下。佛山是香云纱的发源地，据《广东省志·丝绸志》所记载，莨纱早期的产地是南海，因此南海、顺德也是香云纱主要产地。香云纱本名“莨纱”，特点是以桑蚕土丝为原料，再用广东特有植物薯莨的汁水。薯莨

本身就是一种中药材，具有活血，止血，补血，理气，止痛，解毒，消肿之功效。丝绸加中药，可以说是中华瑰宝的最佳匹配。佛山盛迪纺织公司董事长石志清先生带我参观过佛山的香云纱基地，并向我引荐了国家级“香云纱”非物质文化遗产传承人梁珠先生。从目前传统文化的发掘与弘扬方面看，佛山的“香云纱”这块金字招牌还没有真正发扬光大。最起码，如果离开佛山和广东，如果问一个人是否知道香云纱的产地，我想一般人是答不上来的。香云纱的状况，我认为一是要扩大宣传。这里所说的宣传是高端的文化创意传播，不是一般的人云亦云的宣传报道。二是要扩大产量。香云纱是好东西，但是由于价格和产量的原因，香云纱的消费者却是小众，因此要扩大其产量，并且使其既有高端产品，也有大众产品。三要扶持一批香云纱的品牌。这里说的品牌主要指市场终端产品，也就是服装。我穿过一件香云纱的短袖衫，但是这个产品却起了一个洋名字，我非常喜爱这件衣服，但是到目前为止也记不住这个服装的牌子。本来是一个中华文化的品牌，却起了一个不伦不类的洋名字，根本不利于品牌的塑造和推广。

说到品牌，回头我们看看中国的一些百年老字号。“头顶马聚源，脚踩内联升，身穿瑞蚨祥，腰缠四大恒”。——这首老北京民谣形象地反映了老字号在北京市民心目中的地位。马聚源是老北京帽子的第一品牌。马聚源本来是创始人的名字，但是这个名字有意义，意为财源广聚。帽子还有一个牌子叫盛锡福，创办人刘锡三，乳名来福，山东掖县人，这块牌子是他的老乡直系军阀首领吴佩孚所题。内联升是鞋子，清朝是朝靴，“内”指大内宫廷，“联升”示意顾客穿上此店制作的朝靴，可以在宫廷官运亨通，连升三级，多有意义！瑞蚨祥是老北京的服装第一品牌，“瑞蚨祥”三个字，内涵丰富，朗朗上口，“祥”和“瑞”居于两端，中间一个“蚨”字是招财，“蚨”是中国古书上记载的“青蚨”，可以招财。“蚨”同时也是“福”的谐音，十分精到。世界零售业的“精神大师”山姆·沃尔顿创立沃尔玛的灵感来自中国老字号瑞蚨祥。山姆·沃尔顿生前曾说：“我创立沃尔玛的最初灵感，来自中国的一家古老的商号。它的名字来源于传说中一种可以带来金钱的昆虫。我想，它大约是世界上最早的连锁经营企业。它做得很好，好极了！”最后一个品牌，腰缠“四大恒”说的不是腰带，而是说口袋里装着“四大恒”钱庄的银票。这些百年老字号都发端于清代，今天来看，我们的文化创意还要向这些百年老字号学习。

我们现在经常讲的一个词叫转型升级，我认为转型升级首先是文化的升级。文化不升级，所谓的升级就是一句空话。

二　关于陶瓷

佛山的制陶工艺有700多年历史，建于明代正德年间的南风古灶，是世界现存最古老的柴烧龙窑，薪火相传至今500多年，被誉为“陶瓷活化石”。今天的佛山陶瓷，有全国最大的产业链、最完备的陶瓷产业集群，年产值近千亿元。说到陶瓷，我想谈谈一个我比较了解的佛山的一家创意陶瓷品牌——大丰堂。我特别喜爱大丰堂创意的生肖产品，还有其他的一些工艺陶瓷。我和大丰堂的范安琪女士以及公司高管都有过接触，我觉得他们很成功。一个小小的创意陶瓷作坊，竟然能成为广东对外交流的一种文化符号，这里面主要是他们对中华优秀传统文化的传承和弘扬。我认为，佛山陶瓷要转型升级，走向世界，还要扶持一批像大丰堂这样的有创意的企业。

三　关于武术

佛山是闻名的“武术之乡”，是中国南派武术的主要发源地。明初，佛山武术已相当普及。清末民初，佛山武术流派纷呈，涌现出一批有国际影响的武术名家和武术社会组织，并通过各种途径走向世界，世界上广泛流行的蔡李佛拳、洪拳、咏春拳等不少拳种和流派其根都在佛山，著名武术大师黄飞鸿，咏春拳大师叶问、叶准，武打明星李小龙等祖籍和师承都在佛山。关于佛山的武术，我与佛山市武术协会的名誉主席、佛山市政协委员梁永流先生有过交流。我认为中华武术、中国功夫源远流长，它不仅仅是一种强身健体防身的运动，还包含了博大精深的中华文化，包含了儒释道文化的精髓，集中了中华民族的优秀品质，中华武术是中华文化中的一支瑰宝，但是真正使中华武术、中国功夫走向世界的就是佛山。我认为，佛山的武术要与丝绸、陶瓷、中药结合起来，实现武术文化的产业化。

说到文化符号的结合，最好结合的是武术和中医药。佛山是“岭南成药之乡”，佛山古方正药的历史有400余年，涌现出了“黄祥华”如意油、“冯了性”药酒、“源吉林”“甘和茶”等一批老字号名药。现在，佛山有个“一方制药”，提出要做“中药配方颗粒领导者”，这是对中成药的一种创新和引领。将来，佛山的中药文化还有待于进一步挖掘，争取做出一些知名品牌。其实，王老吉这个凉茶品牌就体现了广东中药材保健的突出特点，王老吉的成功值得借鉴。

一个长期在国外的朋友告诉我，现在，在国外，个别国家抵制中国的孔子学院，但是却很乐意接受中国的中医按摩、针灸、中国功夫等。其实，这就体现了一种文化输出和交流的手段问题。当年基督教进入中国的时候，开始也是遭受抵制的，但是，他们的传教士就以给人治病的方式渐渐地让中国人接受了。《易经》说：“关乎天文以察时变，关乎人文以化成天下。”文化的功用是以文化人，要实现以文化人就是要注意方式方法，就要注意传播手段，就要学会潜移默化，春风化雨，润物细无声。

除了以上著名的文化符号之外，佛山还是岭南文化中为数不多的佛道文化融为一体的圣地。南海观音，佛山之来历都与佛教相关。另外，佛山祖庙，乃中国北帝之祖。广东人依海生存，靠海谋生。北帝属于水神，位于水源之上，广东人自古就奉祀北帝，祈求他控制好水源，使得民间风调雨顺，农业、渔业、贸易便可顺风顺水。北帝即北方真武玄天上帝，又称黑帝，统理北方、统领所有水族（兼水神）。佛山祖庙之所以称为祖庙，意思为北帝庙之始祖。佛山祖庙也是广东最早的北帝庙，因此称为祖庙。祖庙北帝与西樵山的南海观音遥相呼应，形成了佛道相融的独特的城市文化。

前不久，习近平总书记在全国党校工作会议上指出，我们不但要有道路自信、理论自信、制度自信，还要有文化和文明自信。佛山是一座历史文化名城，唐代所题写的“佛山”二字，彰显汉唐风韵，开放大气，充满着文化和文明自信。据了解，佛山还是世界上唯一一座没有城墙的城市，佛山有康有为、南洋兄弟公司的旧迹，有科龙、美的、格兰仕、万家乐、健力宝等这样一批享誉海内外的品牌，兼容并包、开放创新是佛山最显著的文化特征。今天，如果有人再问“21 世纪海上丝绸之路”的中国符号有哪些？我们的回答应该是：丝绸、陶瓷、武术、中药、+佛山智造。

下 ◆ 篇

佛山

海上丝绸之路陶瓷冶铁大港

以新定位、新理念、新举措，将佛山建设为世界“一带一路”陶瓷冶铁丝绸“大港”“名城”“自贸区”

——关于佛山陶瓷冶铁文化的调研报告

黄伟宗

（广东省政府特聘参事、中山大学教授、广东省珠江文化研究会创会会长、广东省海上丝绸之路研究开发项目组组长、《海上丝绸之路研究书系》总主编、《珠江文化丛书》总主编）

摘要：本文为佛山市纳入国家“一带一路”建设提出三点建议：

一、新定位：既是“中国陶都”“南国丝都”，又是千年海上丝绸之路陶瓷冶铁丝绸大港。

二、新理念：1. 将佛山现有历史的“千年海上丝绸之路陶瓷冶铁丝绸大港”的优势，转型升级为现代的“21世纪海上丝绸之路”陶瓷冶铁丝绸大港；2. 将佛山正在进行的与广州市“同城化”建设优势，转型升级为“21世纪的海上丝绸之路”的陶瓷冶铁丝绸世界名城；3. 将佛山现在进行的“21世纪海上丝绸之路大港”建设，转型升级为与广州南沙同体的陶瓷冶铁丝绸产销“自贸区”。

三、新举措：1. 以建设9个立体博览园而建设“21世纪海上丝绸之路陶瓷冶铁丝绸大港”；2. 以实现四个“化”而建设“21世纪的海上丝绸之路的陶瓷冶铁丝绸世界名城”；3. 以建设两个“合作园区”而逐步实现与广州南沙同体的陶瓷冶铁丝绸产销“自贸区”。

前些年，佛山被誉为“中国陶都”。这个文化定位是有道理的，但现在看来还不够确切。因为海上丝绸之路主要是陶瓷冶铁之路。佛山的陶瓷冶铁产业及文化，久有“甲天下”之盛名，是佛山的经济文化主要标志之一。遗憾的是从古至今，人们只是从其专业经济文化的层面上认识这种标志性文化在佛山文化特质中的地位，也只是从这层面的高度上去进行这种标志性文化的建设，很少从海上丝绸之路经济文化的高度去认识这种标志性文化的特质，更未能从这高度为佛山做出确切文化定位，也未能以此为中心的指导理念把握全市的这种文化资源建设，以至多年来一直停留在其专业经济文化的层面上，不能适应当今时代的需要，因而很有必要为佛山做出新的文化定位，即既是“中国陶都”，又是世界性的海上丝绸之路陶瓷冶铁大港。

另一方面，由于前些年深化改革、转型升级、“腾笼换鸟”的需要，不少陶瓷企业迁出佛山，冶铁业的铁器优势已转型为不锈钢制造业优势，陶瓷冶铁生产的转型升级，也造成了“中国陶都”的地位与内涵有所发展；而近年在全国城镇化的高潮中，广州—佛山“同城化”的举措和步伐，正在如火如荼地蓬勃发展，从而也提出了佛山的发展前景是否还可以在经济和文化上持续发扬千年陶瓷冶铁之都，或中国“名镇”和世界“大港”地位作为发展目标的问题，同时也关系到我们在3月间举办的“佛山：千年海上丝绸之路丝绸产销文化大港”学术研讨会提出的奋斗目标是否可行的问题。问题的核心和实质是：在“同城化”进行中和以后，还要不要保持发扬佛山本有的千年海上丝绸之路丝绸产销和陶瓷冶铁大港的地位和传统，并以建设“21世纪海上丝路”的世界大港和文化名城为目标？如果这样做，又应当确立什么样的新理念？采取什么样的新举措？

为此，笔者提交下列新定位、新理念、新举措，将佛山建设为世界“一带一路”陶瓷冶铁（并丝绸）文化“大港”“名城”“自贸区”的调研报告。

一 新定位：佛山既是“中国陶都”，又是千年海上丝绸之路陶瓷冶铁大港

1. 千年以陶业领衔，民营主导，江海为脉

“景德瓷，石湾陶”，是自古以来人们概括中国陶瓷精髓的古语。前句是指江西景德镇瓷窑在中国瓷业的领军地位；后句是对佛山石湾陶窑的最高赞誉，“中国陶都”的号称由此而来。这古语既道出了中国陶瓷业的两大顶峰，同时也界分了陶瓷业中各有侧重的两大类别，即在企业中分别各有陶业或瓷业的生产，也有两者都兼备生产的企业。在佛山石湾来说，也有瓷器生产，但占领衔地位的是陶器生产。

其实，这古语还以景德镇和佛山石湾为代表，区分了中国古代陶瓷业在企业性质的两大类别，即：官窑与民窑。官窑是官办，民窑是民办。佛山石湾窑主要是民窑，是民间创办、民间所有的民间经济，从不受到官府的扶持，性质与官窑有根本区别。

佛山石湾陶瓷业具有以陶器生产为主和民窑性质两大基本特色，是其与景德镇等成为全国著名瓷器企业的主要标志，又是其能够一直持续发展、千年不衰的活力所在。因为陶器生产，相对而言比较普及简易；民窑性质不受官方控制，产销自由，都可按民间需要生产，按市场需要推销，从而始终保持灵活多变、与时俱进的生命力。也正因为如此，使佛山陶瓷业比其他同业更早、更多、更强地具有江海一体的珠江文化和海上丝绸之路的特质和因素。这可以说是佛山石湾陶瓷业又一优势和特点。

这个特点，还在于佛山石湾陶瓷业有其得天独厚的历史地理根基和优势。佛山石湾位于珠江三角洲水网交织地带，处于南中国海的边缘，毗邻海上丝绸之路发祥地——广州，水陆交通十分发达，正是以江海一体为特质的珠江经济文化的典型环境：其土壤有丰富的陶泥资源和合适的建窑岗地，更是陶瓷发祥的优质基础。所以，石湾制陶业历史悠久，早在新石器时期的贝丘遗址中已揭开其烧陶的历史序幕，1977 年冬至 1978 年夏，广东省博物馆会同佛山市博物馆在石湾大帽岗东面的河宕，发掘了一处规模很大的新石器晚期贝丘遗址，出土了大量石器和大批夹砂陶、软陶和硬陶印纹陶片，见证了石湾制陶已有

5000多年的历史。值得特别注意的是，一些印纹陶片，呈波浪线条图案，表明有一定的水文化或海文化意念。这种意念，显然与其江海一体的人文地理条件相关，也即是说，从其原始生产即具有朴素的水文化和江海文化意识，萌生珠江文化和海丝文化（简称江海文化）的精神血脉。

这种现象，特别明显地体现在佛山地名由来的故事中。据百度搜索资料介绍：佛山古称季华乡。东晋隆安二年（公元398年），罽宾国（现克什米尔）的三藏法师达毗耶舍带了三尊铜像来到季华乡，在塔坡岗上（即今塔坡街）建佛寺，传佛教。他回国后，随着时间推移，寺宇倒塌。唐贞观二年（公元628年）某日，塔坡岗上异彩四射，乡人奔走相告。于是人们便齐聚起来，在塔坡岗上发掘，竟掘出三尊铜佛，搬开佛像，便有一股清泉涌出。乡人于是建井取水，并在岗上重建塔坡庙寺，供奉三尊铜佛。人们认为这里是佛家之山，于是将季华乡改名为“佛山”。迄今在佛山祖庙的红墙上仍存唐贞观二年立的“佛山”二字石碑，即寓有这个故事的建城标志。

这故事的文化内涵有三点值得特别注意的：一是佛像，二是水源，三是海上丝绸之路。具体而言，就是佛山之名缘起于佛，佛给佛山带来水源（与祖庙奉水神北帝相应），也即是生命和文化之源；带佛源、带水源来的是东晋时的三藏法师，而法师是沿海上丝绸之路到佛山的。这就意味着：佛山从东晋时即开始有江海一体的珠江文化和海上丝绸之路文化的元素，在唐代正式定名为佛山时则标志着这种文化元素的成熟，并正式确立佛山地域文化的精神血脉了。这是佛山姓“佛”的根由和真正含义，也由此而造成并标志着佛山的陶瓷业，从开始到兴旺时期，以至上下千年，都与佛、水、珠江文化和海上丝绸之路结下不解之缘，造成佛山石湾陶瓷具有特强特浓的江海文化和海上丝绸之路的特质和色彩，并由此而使其成为佛山陶瓷业的精神血脉，永葆活力，持久不衰。

2. 千年以民间生活与精神需要的生产为主流

佛山石湾陶业的珠江文化和海丝文化的血脉和色彩，还鲜明体现在其生产主流，自古以来一直是生产民间生活与精神需要的产品。总体看来，佛山陶瓷产品林林总总，名目繁多，使用范围广泛，几乎遍及人们生活中的各个领域，无论是家居陈设用具、建筑构件，以及日常生活、起居饮食等等，无不有石湾生产的陶瓷器皿。产品大致可分为日用陶、手工业陶、建筑陶、丧葬陶和美术陶瓷。日用陶包括碗、碟、壶、罐、盆、水缸、砂煲、油埕、灯盏等；手工业陶瓷包括制糖业、染料业、酿酒业、硫酸业生产所需的大盆、大缸、酒埕等；建筑陶包括瓦当、滴水、栏杆、花窗、排水管和庙宇用的华表以及屋顶装饰瓦脊等；丧葬用品主要有陶罐、陶牛、陶盒等；美术陶瓷有各类人物仙佛造像、鸟兽虫鱼、瓜果器皿、山公盘景、文房四宝以及仿各大名窑产品等。其实这些种类，主要可归纳为两大类，即民间日常生活所用和精神需求所用。前者为民间衣、食、住、行等日常生活所用器皿；后者是民间神佛崇拜、吉庆祭祀、文化情趣、艺术鉴赏等的精神需求载体。佛山陶这两类产品无论在制陶技术、施釉方法或是艺术造型上，都具有鲜明珠江文化和海洋文化的平民性、大众性、实用性、多样性特点，实用大方，质朴无华，浑厚传神，雅俗共赏，智拙有趣，为群众喜闻乐见。

3. 千年以市场需要和发展为走向

从经济上说，佛山陶瓷产品，包括日用品、工艺品、建筑材料，都是商品，都是为市场的需要而生产，随市场需要的发展而发展的。佛山陶瓷业之所以能窑火千年不断，始终保持着旺盛的生命力，究其原因，与石湾窑始终保持民窑传统的制陶业，在长期的发展过程中不断适应市场发展需要，形成独特而鲜明的地方特色不无关系；而这种地方特色，正是珠江文化和海丝文化的重商性、灵活性、机遇性的突出体现。

广东陶瓷“起于碗碟，发于瓦脊”，从古到今，不同时期有不同产品。广东制陶业兴起于唐宋时期。早在唐代，佛山石湾生产的陶瓷便声名鹊起，开始了“起于碗碟”（日用品）时代。明代初期尤其旺盛，出产了大量日用陶器，以及香炉、烛台、观音像、佛像、土地公像等等，产品受佛道意识的影响较重，显然是佛山之名称由来于三个佛祖像在佛山出现的传说所致，而这传说，又正是佛教从海上丝绸之路传入，其观念生活化（神像、寺庙、日用、建筑）并在陶瓷生产上普及，是海丝文化传播的体现。

明代中期开始，进入了“瓦脊”（建筑材料）时代。这是由于社会经济的发展，人们对建筑（包括宗庙祠堂、佛道庙宇等）的装饰要求不断提高，石湾窑的瓦脊等建筑装饰构件高度发展，大量出现了以捺塑方法制作的花盆、鱼缸、花凳以及影壁等陶塑产品，同时还出现了琉璃瓦、琉璃脊和琉璃臂脊等产品，出现了题材多样化和工艺复杂化的局面，并在清中期出现了专门生产瓦脊的堂号（工场），如“文如璧”“吴奇玉”“全玉成”“美玉”“英玉”“均玉”

等。此时整个石湾陶业也进入了大发展时期，从业人员增多，产品种类和产量增加，方圆几公里的小镇有陶窑 107 座，陶瓷行业从业人数达 6 万多人，以至“石湾六七千户，业陶者十居五六”，一举揽得了“石湾瓦，甲天下”的名号。显然这是一直以市场需要和发展为走向的成果，也是珠江文化和海丝文化为其发展血脉的体现。

4. 千年的生产发展与对外贸易发展同步

海上丝绸之路实际上主要是陶瓷之路。从历代外贸史和历代考古成果上看，我国古代的海外贸易占主要地位是陶瓷商品，历代海上考古发现的文物也多是陶瓷器皿，这与外国对中国陶瓷需求量大、而海上船运载量大密切相关，故有海上丝路即“陶瓷之路”之称。佛山陶瓷早有外销历史，而且它的历史发展与其对外贸易需要和发展同步。

佛山市博物馆文博副研究馆员黄卫红在《广东石湾窑的生产与外销》一文中称：在中国对外贸易史上，起自汉代，盛于北宋、明清两代的“海上丝绸之路”，起点是广州和泉州，终点是东南亚、南亚或西北非洲。石湾窑能大量外销海外，离不开它的优越地理环境和繁荣的商业背景。石湾处于广州海湾边缘，毗邻佛山、广州，水陆交通十分方便。广州是一个很早对外通商的口岸，石湾陶器借广州这一转运站，可以十分方便销售到东南亚各地。所以其生产自然要适应对外贸易的需要。“缸瓦由石湾运省”，石湾窑“每年出口值银 100 余万元，行销西北江、钦廉一带及外销各埠”。在对外贸易中，石湾依附佛山这个贡船贸易的重要港口，经东平水道及内河栅下码头等地，出珠江，经香港，绕海南，抵越南、泰国、马来半岛以及印度、阿拉伯和非洲。据《全唐文》《宋史》等古籍记载，唐代在广州设立“市舶使”，宋代在广州设有“市舶司”，同时在佛山也设有“市舶务”，专门管理对外贸易事务。元代，广州同样是对外贸易的重要港口，输出的商品仍以陶器占多数。这些陶瓷器包括青花瓷及一般日用陶器，如瓦瓮、粗碗、水埕、瓦瓶等生活器皿。元大德元年（1297 年）周达观在《真腊风土记》记述当地人民“盛饭用中国瓦盘或铜盘”“饮酒用瓦钵”，可见陶器的输出与瓷器相互比美，这些陶器当有不少是来自石湾。明清时期，佛山对外贸易在宋元的基础上，在管理上更完善和开放，有效地刺激了农业、手工业和对外贸易的发展，并以临海的优势大举进军海外市场。清代屈大均《广东新语》中有“石湾之陶遍两广，旁及海外之国。谚曰：

石湾缸瓦，甲于天下”的记载。可见佛山石湾陶瓷在中国海上丝绸之路史上的重要地位，亦可见其历史发展与其对外贸易需要和发展同步的特点。

5. 千年以善仿创新民族传统和民间艺术为优势

黄卫红在《广东石湾窑的生产与外销》一文中指出：佛山石湾窑以善仿而著称，陶艺工匠不囿于传统观念，大胆探求艺术风格多样化。不但善仿善创，且有自己独特的风格，明清以来尤其突出，在青釉和酱釉的基础上，他们模仿出多种釉色，使石湾釉陶进入花繁果实的境界；仿鱼箩藤釉色、仿树根雕釉色、仿青铜器的效果、仿三彩釉、仿青花……尤其是仿我国宋代五大名窑作品更是惟妙惟肖，如仿定窑的“粉定”，仿龙泉窑的“梅子青”，仿哥窑的“百圾碎”，其精品被称“在江西窑之上”，其中的仿钧最有成就也最具特色，素以“广钧”“泥钧”而名闻天下。八大瓷系的造型与釉色之美以及装饰手段也全被石湾窑消化吸收。除大量仿造外，石湾窑更注意创新，他们从实际条件出发，发挥本地原材料功能，就地取材，扬长避短，着力挖掘当地陶土做胎的特殊美感，吸取各大名窑釉色精华相结合的办法，在取得新的特性来形成自己古朴、粗犷、庄重的独特风格基础上，不断创新，使石湾窑立于不败之地，在善仿善创的发展进程中成为中国乃至世界陶艺史上的奇葩，也是石湾窑生生不已，千年窑火不熄的原因。

另一方面，是在于以现实生活与民间艺术为源泉，并不断地吸取民族传统，开拓创新。由于佛山石湾窑是南中国的一个民窑，不受官府的制约，陶艺工匠可以充分地发挥自己才华。他们了解广大人民的喜闻乐见，明白广大人民的祈求和愿望。他们既从传统表现手法得到传承，更从社会现实生活中寻觅新的创作题材，激发创作灵感。所以石湾陶艺完全没有概念化的造型和固定的程式，题材丰富而多彩，各种历史思潮和社会风尚与现实生活都能在陶塑作品中反映出来，樵、渔、耕、读、牧、奕、饮、琴、游、戏乃至拍蚊、搔痒、挖耳等等百姓日常劳动、生活情景；各类花鸟虫鱼、野兽家禽与菜蔬瓜果等百姓熟悉的事物，以及达摩、观音、寿星、八仙、钟馗、关公等百姓熟悉与喜爱的神仙人物与历史人物，都在石湾陶塑艺术中得到真实生动的表现。褒忠贬奸、扶正嫉邪、祈福求安、尊老爱幼等等百姓的道德观念与社会态度在石湾陶塑艺术中得到传神的体现。例如清代末年就出现过以欧洲侵略者的形象作为外部造型的枕头、尿壶，以表达中国人民反抗侵略的社会思潮。其造型更是灵活多变，大约30米长的庙宇瓦脊装饰，小的仅有1厘米高的微雕“山公”；粗简有民间吃饭用的瓦钵，精致有雕刻细腻的文房用品、案头摆设的艺术人物、动物……民居的厅堂、房间、厨房、庭院，甚至是商业店铺用具、手工业作坊的工具都离不开石湾陶。石湾窑工为适应市场需要，在产品的造型技法上，继承和发展了传统的刀塑、捺塑、捏塑、贴塑技法，使各种造型具有气韵生动的艺术效果。施釉技法也是搽、挂、挡、泼、滇、刮、雕等多法并用，适合不同群体的审美需求，雅俗共赏，表现了广府人在长期的创作实践中，不拘传统，不断追求社会需求上的灵活性和主动性，因而，使石湾窑产品拥有广阔的海内外市场。

尤其是著名的“石湾公仔”，是石湾窑艺术陶塑的代表或代号。这种艺术陶塑，是在石湾日用陶高度发展和商业流通活跃繁荣的基础上产生的。它诞生于民间，不受皇宫贵族关注和清规戒律的约束，完全按照民间喜好和工匠创作灵感创作，造型自然，不务矫饰。以人物造型为代表的“石湾公仔”，吸收各种文化艺术精华，高度写实和适度夸张相结合，既有国画写意人物的夸张手法，重神似而轻形似，线条简练含蓄，恰到好处；亦不乏国画工笔人物的精雕细刻和细腻轻柔。并且还通过调动人物的神情、动态、服饰等多种手段，强化人物的性格特征与思想感情，着力以形写神。最大的特点是继承传统风格，塑造人物脸部或其他肌肤一般露胎不上釉，以保持胎色和线条的刻画。工匠巧妙地运用陶泥和瓷泥、素胎和色釉、高温和低温、粗犷和纤巧、工笔和意笔、形态和神态、张扬和含蓄等多种手法相结合，使作品表现得自然而亲切。石湾公仔胎壁厚、釉层厚，富有古雅厚重的特色，充满浑厚、质朴、率真、传神的审美情趣，令人回味无穷。美国旧金山市亚洲艺术博物馆的喜马拉雅和中国装饰艺术馆馆长特里·萨采·巴塞洛缪（Terese Tse Bartholomew）对石湾陶瓷艺术作过这样的评价：“在中国陶瓷雕塑中，就造型、丰富的人物表情和绚丽的釉色而言，没有什么可与石湾的人物雕像相匹敌。”其实，“石湾公仔”这种独特艺术风格和艺术成就，除吸取中国传统和民间艺术精华外，尚有明显的西洋油画影响色彩，可见佛山陶塑不仅在文化内涵，而且在艺术上都具有珠江文化和海丝文化特质和风韵。

6. 以手工业和商业兴旺位列全国四大“聚”“镇”

明清时期，佛山与北京、汉口、苏州并称为“四大聚”，又与湖北汉口镇、江西景德镇、河南朱仙镇齐名为我国“四大名镇”，这种称誉，既是此“聚”“镇”作为我国最早以商业城市著名的体现，又是其代表性手工业生产在全国享有声誉的肯定。佛山能跻身全国“四聚”“四镇”之列，显然是其有代表性的陶瓷、铁铸、丝绸等手工业生产享誉海内外的缘故，也由此使之成为影响巨大的岭南经济都会之一，是较早实现商业化和市民化的城镇。而这，也正是海上丝绸之路促使西方海洋经济文化进入中国，促使资本主义萌芽的体现。

据黄卫红在《广东石湾窑的生产与外销》一文提供的资料：明代以来，佛山逐渐发展成为岭南手工业商品生产基地和国内南北商品的贸易集散地，社会经济高度发展并出现了资本主义萌芽，以至成为拥有四五十万人口的“岭南一大都会”。在这一过程中，东南沿海地区日益兴旺的海外贸易起到了相当重要的促进作用，佛山三大手工业产品，正是海外市场最适销对路的商品。因而，在某种意义上说，作为历史上“四大名镇”之一的佛山，正是在这得天独厚的海内外贸易繁荣的背景下崛起的。明清时期，广州和佛山两大中心市场之间的贸易关系相当紧密，佛山有许多手工业产品供应广州出口，雍正十年（1732 年）广东巡抚杨永斌给雍正皇帝的奏疏言：“广东省城洋商贾舶云集，而一应货物俱在南海县属之佛山镇贸易。”石湾陶器在佛山商业贸易中也举足轻重，“缸瓦窑，石湾为盛，年中贸易过百万，为工业一大宗”。据文献记载“石湾全盛时期共有陶窑 107 座，容纳男女工人六万有奇”；“石湾六七千户，业陶者十居五六”。石湾制陶行业从明代的 8 行猛增至清末民初时的 28 行。全盛时期，石湾陶窑达 107 座，各行商号共计近千家，大小寮场作坊千余所，直接或间接从事制陶业的工匠不下 6 万人。这些数字，是佛山之所以成为“大镇”“大聚”的重要注脚，也是佛山陶瓷业因有江海血脉的发展而促使佛山成为中国最早具有资本主义萌芽的著名城镇的有力实证。

7. 最早萌芽资本主义市场经济和市民文化

由于佛山成为全国名列前茅的“聚”“镇”之列，也即意味着最早萌发资本主义市场经济市民文化。因为在封建社会中主要是农业自然经济，城镇的出现标志着在经济和思想意识上萌发资本主义的经济文化，即工业化和城市化的经济文化，也即是民主思想和市民文化。这种现象的产生和发展，也是与海外经济文化的传入和影响分不开的，也是由于海上丝绸之路发展所致，是江海血脉的体现。

佛山的陶瓷、冶铁、丝绸三大手工业的兴旺和商品经济的飞跃发展，促使其成为中国资本主义萌芽最早的城镇之一，也由此使其成为最早萌发民主思想和市民意识的城市之一。

据冯海波在《广东海上“陶瓷之路”通世界》一文提供的资料：由于佛山陶窑主要是民间企业，即所谓“民窑”，使其更具自由发展、自由竞争的性质和意识，也由此使其资本主义经济文化强势，突出体现在陶瓷产业类型化与行会兴起的现象中。明代中叶，佛山陶瓷市场向海外扩大，产业随之发展，投资者增多，市场竞争激烈，为减少和避免冲突，便自发地出现了产业分工类型化现象，由此出现了以产品类型分类的“行会”的兴起，这是民间的、自发的管理机构，这就是有名的陶业的“二十四行”。这是陶瓷业的海上丝路性质的重要标志。所谓的“二十四行”，是始于明嘉靖年间的石湾陶业行会，实行自我保护的一种组织形式，各自定有行规。“内而厘定行例，以杜内部之哄争；外以树立团体，以杜外界之滥入”。行会之间不准互相模仿和侵越。最初只分有八行，至清末民初增至三十多行。除了其他辅助工种如制釉、砌窑、搬运、杂工之外，以产品类别划分的主要有二十四行，各行会都冠以堂名，严格规定不许跨行业生产。主要行会有“茶煲行”“大盆行”“缸行”“古玩行”“花盆行”等。据统计，至清末，各种行会多达二十六个。这种现象，既是在经济上资本主义竞争市场的体现，也是自由民主思想文化萌芽的温床所在。正因为如此，佛山是最早萌发民主思想和市民意识的城市之一。可见佛山陶瓷业在经济文化上，也具有为佛山定位为海上丝绸之路大港的领潮地位和作用。

8. 冶铁业是佛山定位千年海上丝绸之路大港的重要支柱

据黎赵雄、杨龙胜在《“南海1号”铁锅佛山造——揭开沉船“千年谜团”》一文中提供的资料，佛山的冶铁业始于西汉，在宋代已经十分发达，到明代佛山的铸造技术达到相当高的水平，成为南中国冶铁中心，铸造的铁线、铁锅、铁镬、铁钉、铁链、铁砧、铁针、农具、军器和钟鼎等产品以其质量上乘享誉全国，产品遍及海内外，以至有“佛山之冶遍天下”之称。清光绪张心泰在《粤中小识》中称：“盖天下产铁之区，莫良于粤；而冶铁之工，莫良于佛山”。

据佛山市博物馆历史研究部文博馆员申小红在《佛山老城区现存冶铸遗址调查报告》中称：佛山的冶炼祖地是泥模岗，位于佛山祖庙西南面100多米处，面积约10000多平方米。岗高约5米，其上有厚达1.6米的冶铁废弃泥模堆积。泥模岗附近的泥模从宋代就有，是目前发现的佛山冶铸业最早的遗迹之一，昭示着佛山冶铁业的辉煌历史。

冶铁业在佛山历史最悠久，并且是佛山手工业繁荣兴旺的重要支柱。佛山不少街道名称与冶铁业有关，如针巷、铁廊街、铁矢街等。古时，佛山的铁制品远销长江中下游和东南亚国家和地区，成为享誉海内外的岭南冶铁生产基地。而这一切都源于佛山工匠独创的“泥模铸造法”：就是先用当地特有的红山泥制模，再对泥模进行烧制，一品一模。正是这种铸造工艺，保证了佛山铁锅产品质量的优秀，为其远销全国和海外打下基础；也正是这个技术，使得佛山铁锅赢得“官准专利”的保障，为铁锅产品的规模化生产带来契机；也正是这个技术，产生了大面积的破废泥模堆积，这些泥模或被层层叠加砌房成为“泥模墙”，或被遗弃堆积成山，从而成了“泥模岗”。

申小红还认为，佛山冶铁业以其光辉的历史和精良的制品奠定了自己在南部中国的冶铁中心地位。明清时期，佛山冶铁业无论从时间长短、规模大小、产品种类以及市场范围来说，在江南地区都堪推首位。长江以南诸省商贾辐辏佛镇，帆樯云集，“汾江船满客匆匆，若个西来若个东”，就是当时佛山商务繁忙的真实写照。尤其是宋代佛山设有负责外贸的“市舶司”，其中重要原因就是佛山生产质量一流的铁锅远销海内外。“佛山商务以铁锅业为最”“铁器业出洋获利数倍”。可见佛山自古是中国铁锅冶炼业生产和外销的重要基地，是古代海陆丝绸之路的铁锅冶炼大港。

以上八点是为佛山做出千年海上丝绸之路陶瓷冶铁大港的依据，也是海洋经济文化特色所在；为其做出明确定位，既是对其历史贡献的肯定，更在于对其光辉传统及其精神的承传与弘扬，尤其是在珠江文化、海洋文化和海上丝绸之路的意识和实践上，应当有更大的超前理念和举措。

二 新理念：以三个新目标转型升级现有优势

1. 将佛山现有历史的“千年海上丝绸之路陶瓷冶铁丝绸大港”的优势，转型升级为现代“21世纪海上丝绸之路”陶瓷冶铁丝绸大港

从以上论证报告可见，佛山事实上早已具有“千年海上丝绸之路陶瓷冶

铁丝绸名镇”优势，在丝绸产销上也同样如此（3 月 22 日“佛山：海上丝绸之路丝绸产销大港”研讨会已做出论证，现从略）。现在应该进一步地发挥其传统优势，解开历史的“千年名镇”的包袱和观念束缚，将“镇”的狭隘视野和观念，扩大为现代的世界“大港”的观念和视野，将陶瓷、冶铁、丝绸三大传统优势结合起来，将全市的优势统筹使用发挥，以建设“21 世纪海上丝绸之路陶瓷冶铁丝绸大港”为目标，进行转型升级，创新驱动。

2. 将佛山正在进行的与广州市“同城化”建设优势，转型升级为“21 世纪的海上丝绸之路”的陶瓷冶铁丝绸世界名城

广州市与佛山市的“同城化”建设，前些年已开始启动，最近公布已升格为国家发展项目，前景广阔，振奋人心，无疑是佛山发展的巨大优势。但是，如果因此认为：佛山将要变成广州市的一个“区”，不是单独存在的“市”，没有独立发展的必要或前景了，这种认识，是对“同城化”的误解。显然，“同城化”主要是指在经济和交通上相互成为无障碍的有机整体，并非取消佛山的独立存在和自身发展，尤其是原有的经济文化传统和优势，不仅要很好地保持，还要大力发挥加强，正如现在广州市所属的各区那样，越秀、荔湾、海珠、番禺、南沙、花都、从化等都是如此，特别是传统产业和文化优势更要着力打造为世界性的品牌。所以，在佛山与广州“同城化”建设进行过程中，应该持续并更大发挥佛山传统产业和文化的优势，不失时机地将佛山转型升级为“一带一路”的陶瓷、冶铁、丝绸的世界名城。

3. 将佛山现在进行的“21 世纪海上丝绸之路”大港建设，转型升级为与广州南沙同体的陶瓷冶铁丝绸产销“自贸区”

仅管是佛山市政府今年才先后主持召开为佛山做出“千年海上丝绸之路”和建设“21 世纪海上丝绸之路陶瓷冶铁丝绸大港”学术研讨会，实际上佛山早在前些年已开始进行这个现代大港的建设，近年，佛山在这三大传统产业的经济和外销数字持续上升就是有力突证，尤其可喜的是：去年佛山建筑陶瓷的产量和出口数量占全国数量的三分之一，可见佛山不仅过去是，而且现在也仍然是（甚至是超越历史的）世界性的陶瓷冶铁丝绸产销大港。正因为有这样的基础和优势，佛山应当抓住与广州“同城化”建设的机遇，转型升级为与广州南沙同体的陶瓷冶铁丝绸产销“自贸区”。

三 新举措：以建设九个立体博览园、四个“化”、两个合作园区而逐步实现“大港”“名城”“自贸区”三大目标

1. 以建设九个立体博览园而建设“21 世纪海上丝绸之路”陶瓷冶铁丝绸大港

具体而言，就是以建设九个专业性的立体博览园作为实现这个目标的项目。建设专业性的文立体博览园，是现代经济文化建设的一种新模式。“立体”，即是新型多边、全方位、多功能的交叉组合。每个博览园的专业内涵，都是立足本地本省，穿越世界古今，凝文化于科技，汇传统于现代，将经济、文化、贸易、会展、交流、联络、表演、游览、科技、培训、工艺、种植、体验、旅游、度假、养生、娱乐等学科和功能交叉于一体；既各呈其能在内有机组合而又各以其道向外辐射，以其有机的组合力发挥其独特的凝聚力、吸引力，以其多边的辐射力而发挥其伸张力、影响力；从而使每个博览园，既是各自独立的整体，又是相互共同组合为中心的有机个体。

笔者在此前提交的调研报告中，曾就佛山打造现代“一带一路”丝绸产销大港建设方案，提出建设这六个博览园，即：海上丝绸之路科技博览园、丝绸与人类文明博览园、桑基鱼塘博览培训园、香云纱博览培训园、南丝世界通览体验园、丝绸工艺博览培训园。现在根据增加建设陶瓷冶铁大港的需要，增加三个博览园，即：

一是“中国陶都”博览园。建议将佛山石湾现有的“南风灶”、石湾陶瓷博物馆等文化资源进行结构性整合并扩大为博览园，具体可分为四馆：一是包括“南风灶”的历史传统馆；二是海内外交流陈列馆；三是日用和建筑作品典藏馆；四是最近创新产品展销馆。

二是“石湾公仔”（或艺术陶瓷）博览园。建议在石湾美术陶瓷厂的基础上扩建，或易地扩建。可将产品和展品分为四馆：一是系列馆，包括种类系列和大师作品系列；二是经典馆，包括源于经典著作（包括文学戏剧）题材的作品，以及荣获国内外奖励或收藏拍卖的作品；三是动漫馆，即用科技手段使“公仔”能说会动活起来；四是体验馆，开拓以顾客以自身形象或图像加工制

陶，或者亲手体验制作代铸成品的业务，并将这类作品陈列出来，特别优惠外国友人、尤其是文化名人。

三是“千年冶铁”博览园。建议在禅城最早的铁器冶炼厂旧址兴建。在博览园中，主要将佛山铁器冶炼历史和文物展现，大力从民间和海外收藏铁器文物，尤其是在各地出土（或出水）的佛山铁器交物，如阳江“南海 1 号”宋代沉船中的铁锅、铁钉等，应将此作为抢救文物的重大举措，因为铁器文物生锈，难以持久保管收藏，还应设法对此技术攻关。

这九大博览园所构成的立体群，即是佛山作为世界“一带一路”陶瓷冶铁丝绸大港的坐标和动脉，总体完成并发挥功能之后，即标志着佛山建设“21世纪海上丝绸之路陶瓷冶铁丝绸大港”目标的实现和建成。这项工程，规模宏大，需要的人力、物力、财力和土地资源都很大，必须在省和国家立项，列入发展规划才能进行。由于这是在佛山全市范围内兴建、改建、扩建九大博览园，工量大，时间长，必须要有专门机构统筹，统一指挥，统一规划策划，逐步建造；在逐步完成后，也必须要有专门机构，负责协调管理。所以，应设立博览园建设管理中心，作为承担这些职能的专门机构进行实施，以确保逐步实现这个目标。

2. 以实现四个“化”而建设“21 世纪的海上丝绸之路”的陶瓷冶铁丝绸世界名城

当今我国一些城市，本来只是由于具有某种自然或特产的优势，在全国稍有名气，但近年来因得力于人工打造，而一蹴而就地成为“世界名城”。例如，广西桂林早以“山水甲天下”闻名遐迩，由于前些年增添了许多人文景点建设，特别是请张艺谋策划、以高科技建造的《印象刘三姐》，吸引了四海游客，如虎添翼，一举闻名世界。浙江杭州自古以“浓妆淡妆总相宜”（苏东坡诗）的西湖和丝绸“苏绣”，而有“上有天堂，下有苏杭”之誉，近年经大力整治加工，增建不少人文景观，已是举世公认的世界名城；风闻杭州正在建造当今中国最大的丝绸博物馆，估计建成之后，其世界知名度更将扶摇直上。佛山自古名列全国“四大聚”“四大镇”，近年誉称“中国陶都”，还只能说是中国名城，尚未能入世界名城之列，应当以桂林、杭州等城市为榜样，抓住与广州“同城化”机遇，下大决心，用大力气，立大项目，力争加入世界名城之列。

要这样做，必须以世界眼光、世界需求、世界水平、世界标准而整合发挥全市文化资源，尤其将已稍有世界知名度的陶瓷、冶铁、丝绸三大文化资源，作为自身的文化代码和品牌，集中主要兵力，千方百计地打造成世界著名的文化城市。

如果说，上述九大博览园是“大港”建设的硬件方案的话，那么，世界文化“名城”的建设方案，则是在这项硬件方案基础上对应的软件建设方案。这方案主要是以文化软实力的“五力”（对应力、激活力、伸张力、浸润力、持续力），对佛山“三大”（陶瓷、冶铁、丝绸）传统特色优势，侧重从文化科技上进行四个“化”建设：

一是“三大”特色坐标化。将九大博览园作为佛山市文化坐标进行建设，在历代主要码头——正埠码头竖立“千年海上丝绸之路陶瓷冶铁丝绸大港”的碑刻，在各主要码头街口竖立石湾陶瓷制作的标志“三大”特色的艺术雕塑或历史人物塑像，使“三大”特色文化涵盖全城，成为佛山主要文化坐标。

二是“三大”特色节日化。九个博览园每个都可以自身专业举办节日，如陶瓷节、丝绸节、冶铁节等，还可统筹创办全国性或世界性的博览园节等。这些节日的举办，都可将展销与地方或专业性民俗风情活动结合起来，传统与现代结合起来，如祖庙节、元宵节走通济、粤剧红船节、黄飞鸿武术节等，都可与“三大”特色文化节结合或交叉进行。

三是“三大”特色科技化。可建立陶瓷、冶炼、丝绸的科学研究机构和科研队伍，对这些专业生产及文化进行系统科学研究，将其上升为一种学科，使生产与发展科学化，并定期举办海内外科学研讨会、交流会；在九个博览园建设中，加大现代科技元素，尽力使传统和专业文化长上现代科技翅膀活起来、飞起来。

四是“三大”特色旅游化。将九个博览园开拓为畅通海内外的旅游项目和线路，尤其是要寻找和恢复曾与佛山有过经贸或文化往来的国家地区的历史关系，扩大现有海外交往与合作关系，都应将其列入旅游化项目和线路中，并且与其他旅游资源及项目和线路结合起来。

此外，还应在市一级设立陶瓷冶铁丝绸科枝文化交流中心，负责规划统筹指挥软件建设的各项职能，承担为建设世界文化名城立项的任务。

3. 以建设两个“合作园区”而逐步实现与广州南沙同体的陶瓷冶铁丝绸产销“自贸区”

中央关于“一带一路”的战略部署和发展规划，有多条国家级的线路都与佛山交接：在2016年3月全国“两会”期间，国务院正式印发了《关于深化泛珠三角区域合作的指导意见》，其中明确指出：要“支持内地九省区发展各自优势与港澳共建各种合作园区”。这项指示，当然包括佛山发挥陶瓷冶铁丝绸优势而共建的合作园区；再就是2015年和2016年，国务院先后批准了“珠江—西江经济带”和“粤桂黔高铁经济”升格为国家规划。这两个规划，都有佛山的位置和不可或缺的作用，也可以开辟“合作园区”与海内外合作；更为可喜的是，2016年初中央批准建设广东的南沙、前海、横琴三个“自贸区”不久，即正式将广州与佛山“同城化”列入国家发展规划，也正是佛山建立发挥自身优势的“自贸区”的最佳机遇和条件；还值得特别关注的是，在全国“两会”结束之后公布的国家“十三五”规划中，进一步明确了建设珠三角世界级城市群的目标，以及将广州市建设为国际航运枢纽、国际航空枢纽、国际科技创新枢纽三大战略枢纽的重大部署等机遇，都应当而自然地有“同城化”的佛山的份儿，这也当是佛山可申办为与南沙同体“自贸区”的条件和机遇。

其实，上述的九个博览园，每个都可以作为与港澳或其他外资共办的“合作园区”，整套博览园也都可以作为一个项目的“合作园区”；在珠江—西江经济带和粤桂黔经济带中，佛山都具有枢纽的地位和作用，既可与兄弟市区、也可与海外诸国共建“合作园区”；而作为具有“三大”特色优势的佛山，有千年传统和遍布世界的外销市场及网络，加之近年倍加兴旺的势头，具有申办“自贸区”的条件，但考虑到既然与广州“同城化”已列入国家规划，南沙“自贸区”属于广州，如申请佛山在“同城化”中，以“三大”特色优势而与南沙自贸区同体，岂不更合时势、切实可行。所以，佛山市应当抓住这多重机遇交接的机遇，尽快设立陶瓷冶铁丝绸经济外贸交流中心，作为申请以自身优势实现这个目标的办事机构，制定立项规划，马不停蹄地开展工作。

本文刊于《省政府参事建议》（增刊）［2016］第8期（2016.4.19.）

佛山冶铁和陶瓷的历史发展与海上丝路关系

司徒尚纪
（广东省人民政府特聘参事　中山大学地理科学与规划学院教授）
许桂灵
（广东省委党校研究员）

摘要：在分析佛山拥有优越地理区位和方便水运等自然和人文条件基础上，阐述佛山冶铁、陶瓷业发展历史过程，特别在明清珠三角商品经济日益发达背景下，佛山成为我国最大一个冶铁和陶瓷基地的地缘、经济和技术根源，指出它们在海内外市场上的地位和声誉，对发展海上丝绸之路的重要贡献。根据佛山与广州、澳门的地缘关系，指出佛山冶铁、陶瓷业兴盛，特别是商品能走向国内外市场，广州—佛山—澳门作为一个交通市场网络起了巨大的保障作用，而佛山在这一空间格局中充当了海上丝路转运港功能，既是生产基地，也是转口贸易港。这种重要地位和角色，使佛山在明清时占有很高的经济地位，是海上丝路一个重要节点和亮点，并留下宝贵的历史文化遗产。在当今建设“新丝路”背景下，应大力继承弘扬，以使之做出更大的贡献。

关键词：佛山冶铁业和陶瓷业；历史发展；对海上丝路贡献

佛山位于珠三角腹地，除邻近西樵山，周围尽是坦荡冲积平原，北江支流芦苞涌、西南涌、佛山涌等先后绕城而过，方便水上运输是城市和产业兴起的先决条件。而佛山矿产资源十分匮乏，也是水运优势使其获得外地矿产资源和燃料，在明清时建立起我国最强大的一个冶铁和陶瓷基地，产品借助于江河和海路，大量输往海外，成为我国海上丝路一个重要转运港口，繁荣了500多年，为我国海上丝路发展做出重大贡献。这其中所反映出的佛山产业发展、布局和产品销售成功经验，不仅有非常宝贵的科研、应用价值，而且对当今“一带一路”建设，也提供了一个成功典范，非常值得珍重、继承和发扬，为建设“21世纪海上丝路”服务。

一　佛山冶铁、陶瓷业兴起的地理基础

冶铁和陶瓷都是原料、产品粗重产业，其生产和布局，要尽可能接近原（燃）料产地和销售市场，以及方便水上运输条件，舍此则很难发展。明清时期佛山能有效地克服自己劣势，发挥优势，崛起为蜚声海内外手工业基地，即立足于优越地理条件。

1. 河网密集和方便水运

佛山位处珠三角中北部，西、北江在附近流过，从秦汉时代起，它们就是南北交通和东西往来要道。秦晋时，北江通广州出海支流很多，或由石角通白泥水，或由芦苞涌经官窑，也可以汇西江后由三水河口经西南涌至官窑，以及从官窑经南海瓦窑直趋广州。这些水道距离佛山都不远。据诸史记载，其时西、北江至广州中心点在官窑，后有“未有佛山，先有官窑”之说。但这些河道不断变迁，北宋以后，芦苞涌淤浅，明中叶以后，西南涌淤浅，佛山涌兴起，佛山跃居“入（广州）府孔之”，“扼省之吭”的咽喉地位。[①] 城市和经济大踏步前进，奠定了佛山为全国和广东四大镇地理基础，与广州关系更为密切，成为广州一个外港，有水道可通澳门，走上国际市场。佛山也由于“群流来会，结为巨镇”。[②] 各项产业相继崛起，冶铁业和陶瓷业首当其冲，成为最负盛名的两大手工业产业。

① 道光《广东通志》卷一百二十六。

② 乾隆《佛山忠义乡志》卷六。

广东盛产铁矿，主要是褐铁矿和沼铁矿，“广中产铁之山，凡有黄水渗流，则知有铁”。[①] 李时珍赞“广铁为良”。明代全国产铁州县有232个，广东主要有23个，占10%，[②] 包括连州、连山、阳山、乳源、仁化、清远、香山（中山）、惠州、河源、高要、罗定、阳春、阳江、从化等。崇祯《南海县志》指出，南海县西樵、石岗、松子岗、王借岗，新会铁齿屏山产铁，同书又说龙川、海丰、河源等地矿徒结聚“几及万人”。《广东新语·货语》载从南雄、清远、惠州、连州、罗定等运来矿石，还有粗铁，“诸冶惟罗定大濂基炉铁最良……诸炉之铁既成，皆输佛山之埠”，使佛山有充足原料保障。另外，当时广东很少产煤，冶铁所需木炭、辅助材料石灰石等，由番禺、从化、新会、香山、新宁（台山）等运来。这些地方“烧炭利市，烟焰熏天，在在有之。每炭一出，沿溪接艇”，[③] 大部分输往佛山。西、北、东江和珠三角河网，成为佛山冶铁原料强大供应通道，有力地保障佛山在当地几乎不产铁条件下建立起强大冶铁手工业。

陶瓷业也需要大量高岭土（陶土）和燃料，同是运输量很大的手工业。佛山在陶土原料上有优势，佛山城区以东5公里石湾，面积约2平方公里低丘台地，盛产瓷土。附近有大小山岗近百座，都蕴藏大量制陶原料，如大小帽岗、莲子岗、七星岗、中秋岗、狗头岗、马头岗，甚至水田中也有不少陶土，且含铝量高，适于制造各类陶瓷器物。此外，以石湾为起点，沿潭洲水道和北江东岸，包括南海南庄、榕洲、西樵等地也是陶土产地。这些原料，皆依托水运集中石湾，建立起陶瓷手工业。

另外，明代已改变宋时冶铁官营政策，容许民间冶炼。这一转变，极大地刺激了民间采矿积极性，佛山冶业乘机脱颖而出，势所必然。

二 广州—佛山—澳门交通市场网络的形成

佛山冶铁、陶瓷业属商品生产，必须依赖市场，故其发展离不开人文地理

---

① 屈大均：《广东新语》卷十五，货语。
② 黄启臣：《明代钢铁生产的发展》，载《学术论坛》1979年第2期。
③ 顾炎武：《天下郡国利病书》卷一百，广东条。

条件支持。明中叶以后，澳门崛起为一个国际性港口，中外商贸云集，有多条航线通往世界各地，是明清海上丝路之路一个重要转运港。它的一个腹地是珠三角，包括丝绸、陶瓷、铁器、蔗糖等商品主要通过澳门输往海外。

广州是珠江流域最大经济中心及广东首位城市，商业贸易是城市主要功能和基本活动，也是广东四大镇广（州）、佛（山）、陈（村）、（石）龙之首。广州与佛山距离甚近，广州作为港市必须借助佛山为内港，作为向西、北流域集散商品的转换口岸。而澳门与佛山之间，有西江沟通，也是广州外港，于是在广州—佛山—澳门之间，形成以佛山为中心市场体系，有效地促进了三地商品生产和流通。不少文献记载佛山商业繁荣超过广州，清雍正十年（1732 年）广东巡抚杨永斌给雍正皇帝的奏折言："广东省城洋商贾舶云集，而一应货物俱在南海县属之佛山镇贸易。该镇锦延数十里，烟户十余万。"[①] 嘉庆年间，洋商在佛山转运白铅出口曾年达 330 万余斤。史称"查白铅向于佛山镇地方凭洋商收买，陆续运省报险，然后卖与夷人出洋。"[②] 而澳门"外环大海，接于牂牁"，与广州、佛山往来十分方便，"在昔（广）州全盛时，番船衔尾而至，其大笼江，望之如蜃楼屃屃，殊蛮岛之珍异。"[③] 广州外港虽不止一个，但"广州诸泊口，最是澳门雄"。[④] 澳门保持与内地与海外往来，"以故内洋舟达澳门尤便捷，遵澳而放洋十里"。[⑤] 由此形成广州—佛山—澳门交通市场网络及其功能发挥，卓有成效保障佛山冶铁、陶瓷业的生产和流通。

三　佛山冶铁、陶瓷业发展盛况

在明清商品经济活动推动下，佛山冶铁、陶瓷业发展达到历史顶峰，成为全国性同行业生产基地，为他们商品走向海外市场，奠定强大的物质基础。

① 《朱批谕旨》，第 52 册，第 13－14 页。

② 梁廷枏：《粤海关志》卷十七，禁令一。

③ 屈大均：《广东新语》卷十五，货语。

④ 印光任、张汝霖：《澳门纪略》上卷，《形势篇·释今种澳门诗》。

⑤ 印光任、张汝霖：《澳门纪略》上卷，《形势篇·释今种澳门诗》。

1. 冶铁业生产盛况

据有关史料记载，早在唐代，佛山的脱蜡铸件就很出色。[1] 佛山最早冶铁点，据说在新涌边旧佛山八景之一“孤村铸炼”。[2] 到明代铁业全盛时，转到今祖庙一带，至今地层里还有很厚炉渣。据崇祯《南海县志》记载，明中叶，佛山冶工匠不下 1500 人，明末已达 3000 ～ 5000 人。据《广东新语 · 货语》列举材料，计算出佛山高炉炉缸内径 2.1 米，炉喉内径 1.2 米，高 5.6 米，容积约为 48 立方米，每昼夜炼铁 2150 公斤，比河北遵化冶高炉要大。[3] 其规模仅次于遵化，是全国第二大铁厂。《广东新语 · 货语》描述：“凡一炉场环而居者三百余家，司炉者二百余人，掘铁矿者三百余，汲者、烧炭者二百余，驮者牛二百头，载者舟五十艘，计一铁场之费，不止万金。日得铁三十余版（6000 ～ 7000 余斤），则利赢，八九版则缩。”[4] 该铁场高炉，如崇祯《南海县志》记“状如瓶，其口上出，口广丈许，底厚三丈五尺，崇半立，身厚二尺有奇”。“凡十二时，一时须出一版，重可十钧”。这种冶炉，一直沿用到近代。炼铁之后，继为铸造、炒熟铁和炼钢，并连续操作。其分工明确，“冶生铁者，大炉之事也；冶熟铁者，小炉之事也”。佛山“计炒铁之肆有数十，人有数千”。并用“灌钢”方法炼钢，“钢已炒锤，方出火，即入于水”。这样淬火后乃成纯钢。嘉靖以后，还带动了拉丝、铁钉、铁锁、刀剪、香炉等行业的发展。产品规格、品种、型号复杂精致，为各地所不及。《广东新语 · 货语》称它们“鬻于江楚间，人能辨之，以其薄而光滑，冶炼既精，工法又熟，诸铸器，卒以佛山为良”。佛山铸造的钟、大炮等，至今仍保存在许多博物馆中。佛山冶生产过分集中，甚至引起城市小气候变化，危及生态环境。“其焰烛天，黑浊之气，数十里不散”。[5]“气候于邑中为独热，以冶肆多也。炒铁之

---

① 佛山图书馆编《佛山》，转见司徒尚纪《明代广东经济地理初探》，中山大学硕士学位论文，1981 年，第 53 页。

② 道光《佛山忠义乡志》卷十一，艺文，下。

③ 据刘云彩：《中国古代高炉的起源和演示》，见《文物》1978 年 2 期 18 页。

④ 屈大均：《广东新语》卷十五，货语。

⑤ 屈大均：《广东新语》卷十五，货语。

炉数十，铸炼之炉百余，昼夜烹炼，火光烛天，虽寒又燠”。[①] 这俨然是一座近代化钢城。直到鸦片战争以后，由于洋铁大量输入，佛山冶铁业才逐渐萎缩以致湮灭。后来佛山连制鞋用的“一针一线几乎无不来自外国。”[②] 结束了它的辉煌历史。

2. 陶瓷业生产盛况

佛山石湾窑制陶业在唐代已经形成，经历宋元发展，兴盛于明清，逐渐形成为繁花竞放的陶瓷业基地，被称为“广窑”，饮誉于海内外。

1964 年广东省博物馆与佛山市博物馆在佛山澜石发掘 10 多座汉墓，出土大批随葬物，以陶制品居多，包括瓮、鼎、壶、瓿、奁、罐、勺、钵、屋、仓、井、灶、猪、牛、羊、鸡、鸭、马车、陶船、舞乐俑、陶城堡、奴隶俑等，达到较高艺术水平。此前 1957 年和 1962 年，省博等还在石湾大帽岗等唐宋遗址进行考古挖掘，出土大批唐宋时期陶瓷器及碎件，以日用陶瓷制品为主，也有艺术陶器，亦达较高水平。宋代石湾窑陶瓷产品种类比唐代多，主要有碗、碟、壶、杯、罐盆、香炉、陶坛等，艺术水平比唐代大有进步。但直到明代石湾窑才进入繁盛时期，不但产量大增，而且独具风格，风靡海内外，成为综合性陶瓷业基地。产品分为日用、美术、园林、建筑、葬丧等用陶瓷，与佛山冶铸业一样享有很高声誉。它制造的茶壶和酒瓶很优美，每每在其上刻有赞美酒茶诗句，其所产茶壶，并不亚于宜兴壶。嘉靖年间已有行会之设，并建立陶师庙，热闹非凡。明天启年间分为八行，每行制造不同的陶瓷器。石湾陶在明正德年间对元代“文灶”窑炉进行改革，创造出著名“南风灶”新式龙窑，提高炉温和容量，产量大增，质量上乘，在陶瓷业上异军突起，为本省其他窑业所宗。特别是石湾陶瓷不受官窑限制，艺术上创作有更多自由，故艺术陶瓷成就很大。到清代，经清初社会动乱以后，到清中叶，石湾艺术陶瓷经数百年经验积累，创造了以善仿钧窑特色、被称为“广钧”的石湾釉色，使石湾艺术陶器更著称于世。《行园陶说》指出：“广窑即石湾窑，在广州佛山镇之石湾村……陶器上釉者，明时曾出良工，仿制宋钧红蓝窑变各色，而以蓝釉中映露紫彩者为最浓丽，粤人呼为翠毛蓝，以其色甚似翠羽也。窑变及玫瑰

① 乾隆《佛山忠义乡志》卷六。

② 民国《佛山忠义乡志》卷十。

紫，色亦好；石榴红，色次之，今世上流传广窑之艳异者，即此类之物也。”[①]所以清代仍是石湾窑生产黄金时期。据近人李景康在《石湾陶业考》中指出：“石湾陶业全盛时代，其有陶窑一百零七座，容纳男女工人六万有奇。”[②] 简直是一座瓷都，加上它“业陶者亦必侯其工而求之”，对质量要求非常严格，“故石湾之陶遍二广，旁及海外之国”，[③] 赢得“石湾瓦，甲天下”之誉。[④]

四 佛山冶铁、陶瓷的海外贸易

佛山冶铁，产量巨大，品种繁多，畅销国内外，享有很高声誉。制品主要有铁锅、铁线、铁钉和土针，以及铁炮等，占有广大国内外市场。

佛山铁锅，质量上乘，时人称赞备至。清初范端昂说：“佛山俗善彭铸……锅以薄而光滑为上，消炼既精，乃堪久用”，“故凡佛山之锅贵，坚也。”[⑤] 故清政府户部长驻佛山采办“广锅”。[⑥]“广锅”由此名扬天下，畅销全国。如山东临清，乾隆年间，“广东铁锅”“辗转运销而来”，成为当地市场最重要商品之一，临清锅市街办变为“最为繁盛”之区。[⑦] 明中叶，霍与瑕说：“两广铁货所都，七省需焉。每岁浙、直、湖湘客人腰缠过梅岭南数十万，皆置铁锅而北。”在大庾岭道上“南货过北者，悉皆盐铁粗重之类，……日有数千（驮）”。[⑧]

铁线、铁钉和土针亦以佛山冶为大宗产品，道光、咸丰年间生产最盛工匠多至千余人，在国内生产铁线地方不多，故佛山铁线四方争购。志称佛山

---

① 桑行之等编：《说陶》，上海教育出版社，1993 年，第 46 页。

② 见《广东文物》十，下册，民国卅年印。

③ 屈大均：《广东新语》卷十六，《器语》。

④ 《明诗综》卷一百。

⑤ 范端昂：《粤中见闻》卷十七，《物部·铁》。

⑥ 《明崇祯八年广州府南海县饬禁横敛以便公务事碑》，黄思彤《道光粤东省例新纂》卷三，《户例下》。

⑦ 许檀：《明清时期的临清商业》，载《中国经济史研究》1986 年第 2 期。

⑧ 顾炎武：《天下郡国利病书》，江西条。

"锅贩于是越荆类而已，铁线则无处不需。四方贾客各辇运而转鬻之，乡民仰食于二业者甚众"。[①] 铁针即缝衣针，时只有广东工匠才能打造衣针之孔，销行天津等埠，天津亦因此有地名针市街。至佛山铸铁炮多为 2000 ~ 5000 斤，最重 8000 斤，送至省城。道光年间又造 1. 3 万斤铜炮一尊，安放广州大黄滘、二沙尾二尊，为海防使用，表明佛山冶铁已达很高工艺水平。

国内市场如此，国外市场也不例外，无论朝贡贸易还是走私贸易都有佛山参与。康熙二十一年（1682 年）广东巡抚李士桢指出："今访有不法奸徒乘驾大船，潜往十字门海洋与夷人私相贸易。有由虎门东莞而偷运入省者；有由上网者、秋风口、朗头以抵新会等处而偷运回栅下、佛山者。"[②] 佛山的铁器也与广东各种土特产一起，"南走澳门，至于红毛、日本、琉球、暹罗斛、吕宋，帆踔二洋，悠忽数千里，以中国珍丽之物相贸易，获大赢利"。[③] 又据梁廷枏《粤海关志》称："铁锅每百斤估银一两五钱，铁丝每百斤估银三十两，铁器每百斤估银一两六钱。"而据研究，佛山铁器产量每年约 4956 万斤，计值 115 万两。[④] 这是很重要一笔财源。雍正年间广东布政使杨永斌奏曰："（夷船）所买铁锅，少自一百至二三百连不等，多者买至五百连并有一千连者。其不买铁锅之船，十不过一二。查铁锅一连，大者二个，小者四五六个不等。每连约重三十斤。若带千连，则重二万斤。"[⑤] 这样铁锅大量出口，占领海外市场，包括从广州、佛山经澳门出口到菲律宾转口运往拉丁（美）洲，其中明代冶铁业还不发达的日本，则大量需佛山铁锅，"铁锅彼国虽自有而大大，大者至为难得，每一锅价银一两"，[⑥] 这样，佛山铁锅成为海上丝路一个重要商品类别。

陶瓷粗重，更须依赖水运。明清石湾窑之陶瓷产品，亦依赖三角洲河道走向国内外市场。"古代广东的陶瓷业，主要以佛山石湾为基地，无论从生产规

---

① 乾隆《佛山忠义乡志》卷六，《乡俗志·物产》。

② 李士桢：《抚粤政略》卷六，文告《禁奸漏税》。

③ 屈大均：《广东新语》卷十六，《器语》。

④ 罗一星：《明清佛山经济发展与社会变迁》，广东人民出版社，1994 年，第 202 页。

⑤ 《雍正东华录》卷十九。

⑥ 胡宗宪：《筹海图编》卷二，《倭国事略》。

模、生产技术到市场等方面，都占优势，基本上代表了广窑……石湾的陶瓷远销海外，是广东主要的出口商品之一”。[①] 在其发展明清鼎盛时期，石湾陶瓷“以美观、实用著称，经销两广及‘吕宋诸国’”。[②] “在明清时期广州口岸的陶瓷贸易中，石湾陶瓷出口仅次于江西景德镇而居全国的第二位”。[③] 其出口市场，通过广州经澳门输往印度、非洲和欧洲各国。如万历二十八年（1600年），广州经澳门输往以上国家和地区的货物中，瓷器属“大量”品类，利润率达 100%～200%。[④] 同年输往拉丁美洲商品，同样包括大量瓷器、陶缸等。入清以后，欧美成为中英贸易主要伙伴。乾隆五十八年（1793 年）英国使臣马戛尔尼访华，要求扩大中英通商口岸至天津、江浙等地，乾隆皇帝不予批准。其中一个理由是：“向来西洋各国及尔国夷商，赴天朝贸易，悉于澳门互市，历久相沿，已非一日。天朝物产丰盈，原不借外夷货物一通有无。特因天朝所产茶叶、瓷器、丝斤为西洋各国及尔国必需之物，是以加恩体恤，在澳门开设洋行，俾得日用有资并沾余润……所有尔使臣恳请向浙江宁波珠山及直隶天津等地方泊船贸易之处，皆不可行。”[⑤] 这个御批，至少说明陶瓷器为西方国家不可或缺，是中外贸易一个主要商品，内中少不了佛山陶瓷。如康熙三十七年（1698 年）法国在广州建立东印度公司，3 月 6 日，法国商船“安菲托里脱”号（Amphteite）从法国起航，两年后抵达广州，返航时装载大量瓷器，估计有数万件之多，康熙四十二年（1703 年）再远航广州，返航又运回瓷器 140 箱。康熙五十四年（1715 年）奥地利三艘商船抵达广州，回国时运回大量瓷器，获利甚丰。乾隆十年（1745 年）瑞典“哥德堡”号从广州购买 300 多吨茶叶和 60 万件瓷器回国，可惜抵港前沉没。1986 年此船被打捞出水，清理出的茶叶还有香味，广彩瓷碎片 9 吨多。乾隆四十年（1775 年）美国“中国皇后”号也在广州购买瓷器 920 担。至从广州贩运到东南亚、日本等国瓷器

---

① 邓端本：《广东港史》（古代部分），海洋出版社，1988：8。

② 蒋祖缘、方志钦：《简明广东史》，广东人民出版社，1987：332。

③ 蒋祖缘、方志钦：《简明广东史》，广东人民出版社，1987：332。

④ 黄启臣等：《广东海上丝绸之路史》，广东经济出版社，2003 年，第 415 页。

⑤ 中国第一历史档案馆：《英使马戛尔尼访华档案史料汇编》，《内阁档案》部分，国际文化出版公司，1996 年，第 57 页，转见［35］，第 490 页。

难以计算。17 世纪以后，广东商人从江西景德镇输入白瓷坯，由广州画家绘上西洋画，加工后成为有名“广彩”，运往欧洲销售，大受欢迎，尤为各国君主和上层社会青睐，赢得很高声誉，内中也应有石湾瓷之功劳。只是产业革命后，欧洲人自己生产瓷器与中国瓷竞争，石湾瓷出口由此逐渐减少。

五 小结

佛山冶铁、陶瓷生产历史悠久，文化内涵丰富，历史影响深远，享有盛誉。但主要在明清时期，利用优越地理区位、便捷水路交通和广州一直对外开放等自然和人文社会条件的优势，获得外地原（燃）料，在佛山建立起我国强大的冶铁和陶瓷生产基地。其不但产量大，品种多，且技术先进，产品蜚声海内外，在我国同类手工业史上占有崇高地位。特别是其产品，除销售国内市场以外，也大量出口东南亚、欧美、日本等地，是我国海上丝绸之路的主要商品之一。海上丝绸之路又称“陶瓷之路”或“陶铁之路”，佛山是一个典型代表。只是鸦片战争以后，随着西方殖民者入侵，洋货大量倾销，佛山这两大产业才日渐式微，以致消失。这是国内外政策、经济形势变迁的结果。值得注意的是，佛山冶铁、陶瓷的崛起，还在于它们紧靠省城广州和国际贸易港口澳门，三地形成纵横珠三角的“T”字形经济轴线，产生进出口贸易的互补、互动的空间效应，支持了三地海上丝路的发展和繁荣。在这个过程和空间格局中，佛山不仅是一个巨大的产业中心，海上丝路商品输出之源，而且还充当了广州、澳门之间转口港角色，发挥丝路商品集散功能，从而为我国海上丝路发展做出巨大贡献而载入人类文明史册。在当今“一带一路”建设背景下，应充分认识和高度评价佛山这方面历史地位和作用，珍视这笔历史文化遗产，为新海上丝路建设做出积极贡献。

让佛山陶瓷文化走向世界

——佛山陶瓷业历史文化遗产与海上丝绸之路的思考

闫晓青
（广州市文博研究院研究员）

佛山，古之名镇，今之名城。位于珠江三角洲腹地，历史悠久，历史文化内涵丰富。自然地理条件优越，经济发达，地处“广佛都市圈”“广佛肇经济圈”“珠三角经济圈”，在广东省经济发展中处于领先地位。佛山已然是一颗熠熠生辉的明珠，闪耀在南粤大地。

佛山历史悠久。佛山早在秦汉年间就已形成颇具规模的农渔乡村，属南海郡番禺县管辖，原名“季华乡”。唐贞观二年（628 年），因在城内塔坡岗上挖掘出三尊佛像，遂立石榜称“佛山”而得名，意为“佛家之山”，后来这里逐渐发展成为珠三角佛教中心，故又称“禅城”。明清时，更发展成为商贾云集、工商业发达的岭南重镇，与湖北的汉口镇、江西的景德镇、河南的朱仙镇并称全国“四大名镇”，与北京、汉口、苏州并称天下“四大聚”，陶瓷、铸造等行业鼎盛南国，享有陶艺之乡、南方铸造中心等美誉。佛山是历史悠久的历史文化名城。

一 佛山陶瓷业历史悠久

佛山陶瓷业发达，其陶瓷文化历史悠久，是有名的“南国陶都”，自古有“石湾瓦，甲天下”美誉。

石湾制陶的历史可上溯到新石器时期，据考证距今已五六千年，河宕贝丘遗址就是最好的历史见证。在石湾附近的河宕村，1972 年发现了面积约一万平方米的新石器时代晚期贝丘遗址，出土夹砂陶和泥质陶片一万六千多片，陶片上的几何印纹有曲折纹、方格纹、云雷纹、编织纹和叶脉纹等 30 多种，专家们认为是“岭南地区几何印纹发达时期的典型遗址”。河宕贝丘遗址出土陶器上的几何印纹特别发达，不仅表现在数量上，而且还表现在技术上，印纹规整、清晰、印痕深。大量陶器碎片的出土，反映了河宕遗址制陶业较为发达。

在石湾小帽岗、澜石镇、南海以及广州等地发现的上千座战国和汉代墓葬，出土的随葬品中以陶器最为丰富，陶器有屋、仓、井、灶、猪、牛、鸡、鸭、马车、舞乐俑等，其中最著名的“水田附船模型”出土于佛山澜石一座东汉墓中，这些陶器反映了佛山制陶的发展和制陶技术的进步，可以认为是石湾艺术陶塑的雏形，为研究石湾陶塑艺术的历史提供了实物证据。汉代到唐代之前佛山出土的陶器，很多属于传统的石湾风格。甚至广州地区出土的许多汉代陶器，也具有石湾风格。

石湾目前发现最早的窑址是唐代。1957 年在石湾大帽岗发现了唐宋窑址，唐代文化层出土的均是半陶瓷器，胚胎较厚，火候较低，胎质酥松，硬度不高。南海奇石发现的窑址也是属于石湾窑系的唐宋窑址。唐代石湾窑采用平面近似半椭圆形的馒头窑，产品以生活日用品为多，常见的有碗、碟、罐、壶、盆和香炉、高身陶坛。开始出现堆塑、捏塑等艺术陶器，烧成温度达到 1150 摄氏度。

宋代，从石湾地区西北角海口沿东平河延伸到南海县小塘区奇石村一带的山岗都分布有古窑址。出土了大量唐代和宋代的陶瓷碎片，有的陶片上印有“嘉祐”（1056 - 1063 年）、“政和六年”（1116 年）等年号。到了宋代，石湾窑生产的陶瓷品种比唐代要多，釉色比唐代更为丰富，施釉方法和工艺也有了进步。而且，宋代广泛采用长条形的龙窑，烧制技术比唐代大有进步，产品质量也提高了。目前仍保持完好的石湾海口龟山宋元窑址，表明该处一带是南宋后发展壮大起来的宋元日用陶瓷生产基地。

石湾大帽岗和南海奇石唐宋窑址的发现，丰富的唐代文化堆积层和宋代文化堆积层，见证了唐宋时期石湾陶器生产的连续性。出土的宋代兽头，直径约14 厘米，眼嘴镂空，眉目施以酱黄釉，是石湾窑迄今出土年代最早的陶塑。大帽岗出土的唐宋窑址，证实唐宋两代石湾陶瓷已经非常发达，已成为岭南陶器生产基地，并实行了革命性的改窑，将圆形的馒头窑改变成长形的龙窑。

南宋以后，中原人民纷纷南迁，带来了北方先进的生产技术，落户于石湾地区的家族有的加入了陶瓷业，比如山西的霍氏，一路南迁，至南宋咸淳九年（1273 年）迁到石湾，“霍氏三世祖原山公烧缸瓦窑一座”。这样，石湾的陶瓷业得到很大发展。元承宋制，石湾窑仍以生活日用品为主，釉色比较单纯。“窑变釉数量极少，可能是仿钧釉的萌芽阶段”。

明代，石湾成为广东的一个综合性陶瓷生产基地，产品种类齐全。明代窑变釉有了很大发展，出现多姿多彩的陶瓷釉色。明代艺术陶从宋代大量生产日用陶器的基础上发展为独立的行业，脱颖而出。明中叶以后，陶瓷行业出现专业化分工，“初分八行”，其中花盆行是较大的行业。并且有了行会组织。陶瓷生产规模的扩大，吸引了周围地区的劳动力加入此行，各县还在石湾设立会馆。明嘉靖七年（1528 年）在丰宁寺旁建立一座陶师庙，奉祀虞帝为“陶师”，奉为陶瓷业的祖师。始建于明代正德年间（1506 - 1521 年）生产从未间断的南风古灶，更说明石湾制陶技术在明代有了长足的进步。

清代石湾的陶瓷业最为鼎盛。随着市场需求量地不断增大，石湾陶瓷迅速发展，生产规模不断扩大，由于陶窑多，所以“石湾六七千户，业陶者十居五六”。方圆几公里的小镇“陶业全盛时代，共有陶窑一百零七座，容纳男女工人六万有奇”。屈大均在《广东新语》中记载：“石湾多陶业，陶者亦必候其工而求之，其尊奉之一如治。故石湾之陶遍二广，旁及海外之国。”有谚曰：“石湾缸瓦，胜于天下。”从嘉庆到光绪（1796 - 1908 年）的 100 多年间，石湾的陶窑增加了约 70 座，从事窑业的产业工作者增长了百分之五十。生产的陶瓷分为日用、艺术、园林、工业、丧葬五大类，以美观、实用著称，行销远至“吕宋诸国”。

庞大的陶瓷产业，需要大量的陶泥，原料除了取自本地外，也从东莞等地大量运取陶泥，于是出现私自乱挖现象，这反映了石湾陶瓷业繁荣后出现的问题。清代康雍乾嘉时期，“在昔海禁未开，陶器在本省销路，年中数量颇巨，故工人生活颇优，全乡异常安定，可称为升平时期”。鸦片战争后，石湾陶瓷业逐渐走向衰落。

二 佛山陶瓷业历史文化遗产丰富

佛山地区有历史悠久的河宕贝丘遗址、石湾大帽岗和南海奇石唐宋窑址、石湾海口龟山宋元窑址、五百年薪火不断的南风古灶、高灶、陶师庙、丰宁寺、美术陶瓷厂等众多的陶瓷文化资源。尤其是南风古灶以其悠久的历史、传承不断的陶瓷工艺、独特的窑炉技艺在中国乃至世界陶瓷史上具有重要的地位。

南风古灶窑址位于石湾镇，坐落在佛山市禅城区石湾东平河畔，以五千年的制陶历史而闻名于世。南风古灶建于明朝正德年间（1506－1521 年），是我国现存罕见的最古老的龙窑，沿用五百余年至今仍在使用。近五百年来，窑火不绝，一直保留着传统的柴烧方式烧制陶器，至今保存完好并仍在使用。南风古灶不但得到较好保护，也被开发利用为陶文化特色旅游景区，又成为我国南方青少年学习陶瓷史、了解陶文化的教育基地。

南风古灶的出现，是石湾制陶业繁荣时期生产技术进步的产物，是陶瓷生产历史上的一次重大革新，也是中国南方陶瓷生产技术承前启后的里程碑。2007 年 7 月南风古灶和高灶被国务院公布为全国重点文物保护单位，2002 年以“连续使用至今的最古老柴烧龙窑”载入大世界吉尼斯大全。我国绝大部分的古龙窑已为现代化煅烧手段所取代的今天，南风古灶巍然屹立在现代化的新陶都之中，被誉为“活的文物，移不动的国宝”。

就整个中国而言，除了佛山的南风古灶和高灶这两条古灶外，也只有江西景德镇的龙窑和台湾省的龙窑还能保存下来。明清时期的高灶在南风古灶西侧，依山坡筑台而建，也具有四百多年历史了，现仍在使用，以烧造大盆类产品为主。在高灶灶尾，原有石湾人拜祭北帝的高庙，后因一场大火被烧毁，只留下偏厅。

陶师庙，始建于明代嘉靖七年（1528 年），原位于石湾东南面莲子岗上莲峰书院侧，供奉陶业祖师虞帝，每年农历三月廿六和八月廿二为陶师诞，石湾都举行盛大的祭祀活动，祈求窑火兴旺，烧出精品。抗日战争时期被毁，2007年重建。陶师庙是当时古陶都繁荣昌盛的见证。

三 佛山陶瓷业与海上丝绸之路

海上丝绸之路又称为“海上陶瓷之路”。依托广州这个海外交通贸易港口，石湾窑、奇石和西村窑等窑场的陶瓷器远销国外。考古材料证明，佛山地区的陶瓷在唐代已通过海上丝绸之路销往海外。目前广东发现的窑址多达30多处，其中高明的龙窑是经过科学考古发掘。在佛山的其他地区也发现唐代遗物，如佛山的石湾、三水的洞口等，只是这些地方没有经过考古发掘。高明窑于1957年被发现，1986－1987年进行考古发掘。发掘的两座窑是依山而建的长条形龙窑，该窑的产量很大，可以达到上万件。出土遗物共1047件，有碗、碟、盘、盒、盆、罐、釜、壶、炉、砚、灯、瓷环、器盖等。瓷器胎均呈青灰色，以施青绿釉为主，也有少量酱釉，釉均不到底，碗、碟、盘类内底多留有方形垫泥或垫烧痕迹。烧出来的瓷器以丰满、厚重著称。高明发现的两座唐窑的年代，史书上并无记载，从出土器物观察，碗、碟、罐等器物以及用泥块垫烧瓷器的制作方法，不少瓷器饼足略凹成假圈足，具有唐代晚期的特征，其年代应为唐代中晚期。

在20世纪90年代末，在印尼发现的一艘古代沉船中，打捞出65000多件瓷器，除了长沙窑和北方窑产品外，其中不少是产于广东。由于广东窑系生产的瓷器是采用垫烧的方法，当时盛产这种瓷器的有高明与新会，所以判断沉船里的广东陶瓷极可能产于高明和新会两地。并且在打捞到的瓷器中，有一只碗上明确刻有“宝历二年”（826年，唐敬宗时期），说明了沉船的年代。由此推断，唐代中晚期高明窑和新会窑已开始生产出口瓷器，并通过海上丝路销往海外。另外，在菲律宾等地也发现了唐代高明生产的瓷器。由此可见，高明陶瓷出口海外的时间要早于石湾陶瓷。不过，由于高明生产的瓷器火候不够高，瓷器硬度不够，逐渐失去辉煌。直到明清后，石湾陶瓷以其花式多、窑火盛取代了唐代高明窑的繁盛地位，并享有了“陶都”的盛誉。总之，高明古窑址的发现，对于研究佛山陶器通过海上丝路销往海外提供了可靠的实物资料。

北宋时期，广东生产瓷器的有潮州、惠州、广州、石湾等窑厂，石湾窑多烧制陶器，据专家考证，过去在菲律宾、印度尼西亚、马来西亚、新加坡以及阿拉伯半岛东南部地区出土不少唐宋时期的中国陶瓷和石湾陶瓷，可见，唐宋时期，石湾陶瓷已远销海外。石湾窑的出口量在广州出口商品中仅次于丝织品。

清乾隆二十二年（1757 年），清政府撤销了江、浙、闽三海关，仅留粤海关，于是粤海关成为当时中国与西方国家贸易的唯一通道，历时 174 年之久。广东的对外贸易进入高度发展的黄金时代。明中叶以后，广东传统的手工业生产已经有了较好的基础。适应清前期对外贸易的需要，广东兴起了不少为出口需要的新型的加工手工业。

而明末清初崛起的佛山，离广州不过 20 多公里水路，而且水网发达，原来只是南海县的一个乡、堡，并非县城，却发展成为与广州比肩，甚至繁荣程度超过广州的大都会，这正是由于佛山以优越的地理条件和各种有利的人文因素，打破了“郡县城市”的发展模式，走工商业兴城之路，一跃而成“天下四大镇”和“天下四大聚”之一。

清代康熙、乾隆时期，佛山城区人口已多达三四十万。店铺林立，楼房栉比，商旅络绎不绝；汾江河上船只来往状若穿梭，终日不断。城内有六墟市、六十渡口、二十桥梁，到处是人来人往，熙熙攘攘。“闽、赣、陕等省商人皆在佛山设会馆”，从而使佛山“天下商贾聚焉，烟火万家，百货骈集，会城（广州）百不及一也。”比邻广州，纵横交错的河流，便利的水陆交通，科甲鼎盛，为清代佛山的繁荣昌盛奠定了坚实的自然、人文环境基础，创立了一个有利于佛山经济发展的重要背景。在这一时期，佛山的手工业得到了迅猛的发展。石湾陶瓷进入鼎盛期，产品畅销海内外，通过海上丝绸之路远销东南亚、欧美各国。

悠久的制陶历史培育了大批的陶瓷研发、生产、销售人才，使石湾建筑、卫浴和工艺陶瓷始终站在国内同行业的前列。而现在，石湾也是中国陶瓷的三大产区之一，陶瓷年生产总值占全国的一半以上，占世界总产值的四分之一。石湾陶瓷远销世界 74 个国家和地区，成为“21 世纪海上丝绸之路”的重要商品。

2013 年，中共中央总书记、国家主席习近平提出新的“一带一路”战略构想，2015 年，我国在博鳌亚洲论坛年会期间正式提出“丝绸之路”行动方案，一个新的跨越时空的宏伟构想赋予了古老丝绸之路崭新的时代内涵。广东素有“海上名粤”之称，在佛山地区，先民“善舟楫，擅传承”，佛山与海上丝绸之路相关的历史文化遗产资源丰富，因此，进一步挖掘、保护并利用好佛山与海上丝绸之路相关的历史文化遗产，尤其是陶瓷方面的文化遗产，唤醒市民文化意识，培养市民的保护意识，形成历史文化遗产保护的良性机制，切实响应国家“一带一路”战略，对海上丝绸之路的建设具有重大意义并发挥重要作用。

四　思考与建议

1. 做好海上丝绸之路相关文化遗产的保护规划，全面做好文化遗产保护、管理和利用工作

搞好海上丝绸之路相关文化遗产的保护规划，尤其是佛山有关陶瓷的历史文化遗产保护规划，做好相关史迹的保护和利用工作。在城市建设中避免过度商业化对文化遗产的损害。在文物本体修缮、文物法制建设、文物保护“五纳入”、文物合理利用等方面进一步加大力度，全面做好文化遗产保护、管理和利用工作。

提高整个社会的文物保护意识，更好地保护历史文化遗产，传承历史文脉，做到重点保护，比如，南风古灶、高灶等，确保重要历史文化遗产的原真性和完整性。进一步加大对海上丝绸之路相关陶瓷文化遗产周边环境的整治工作，使遗产和周边环境更加和谐统一。同时在全市范围内开展全方位、多角度的文化遗产保护宣传工作，营造全社会保护文化遗产的良好氛围。

2. 加快南风古灶申报世界文化遗产工作

陶瓷是最能代表佛山历史文化的，南风古灶见证了中国陶瓷业风雨历程，五百年来窑火不断，薪火相传。尽管佛山还有其他的历史文化遗产，但在全国乃至全世界，影响力最大的还是佛山陶瓷。首先，陶瓷业历史悠久，留下了不少历代窑址以及与陶瓷相关的历史文化遗产，南风古灶是其中的杰出代表。佛山陶瓷的影响力为海内外认可。当今佛山的建陶业那么发达，市场份额占了世界的四分之一，中国的百分之六十，佛山陶瓷的经济影响力，举世闻名。

“南风古灶”是我国最具南方特色、年代最久远、保存最完好、并延续使用至今的唯一柴烧古龙窑。它始建于明代正德年间（1506－1521年），位于现石湾镇日用陶瓷三厂西南角镇岗上。窑体依山势向南伸展，灶的炉口正向南方，总长为34.4米，窑面有火眼29排（每排5个），有4个用于产品出入的灶口，最高时窑内温度达1300摄氏度。近500年来窑火不绝，至今仍是三日一窑，而且坚持着亘古不变的手工艺操作。石湾陶瓷基地形成于唐宋，至明清最为发达。在当地制陶业最鼎盛的清代，共有窑灶107条，当时石湾的陶器遍及两广并流传海外，享有“石湾瓦，甲天下”的盛誉。如今，石湾保存的龙窑中，南风古灶是其中最古老的一条龙窑，成为石湾窑形成发展的历史见证，具有重要的历史价值。该窑对研究明清时期制陶业的专业化生产、龙窑形制结构以及烧造技术的演变等一系列问题，具有十分重要的科学研究价值。

迄今为止，广东省仅有一处世界文化遗产——开平碉楼与古村落。广州和佛山还没有一处世界文化遗产。目前，广州联合泉州、宁波、南京正在加紧海上丝绸之路史迹申报世界文化遗产的工作，国家已将海上丝绸之路史迹列入2018年中国唯一的申报项目，现在已进入倒计时阶段，各项工作全方位展开。佛山也应加快南风古灶申报世界文化遗产的步伐，提早做好基础工作，保护好南风古灶的文物本体，周边环境也要与文物相协调，恢复历史环境与格局。进一步研究其蕴含的价值，并做好文物四有档案及开展申遗工作而形成的档案资料整理工作。南风古灶如能尽快尽早申遗成功，必将进一步提高佛山市的地位和形象，进一步扩大佛山的影响力，扩大佛山与世界在经济、文化等方面的进一步沟通和交流。

3. 进一步挖掘南风古灶及其陶瓷文化内涵，不断扩大南风古灶在国内外的影响力

近年来，以南风古灶为中心，以陶瓷文化为主题，经不断的开发建设，南风古灶旅游区的面积已近400亩。集旅游、观光、生产、习艺、研讨、参与、购物于一体，下辖南风古灶、陶塑公园、绿舟孔雀园三个景区。

南风古灶主景点，不仅有全国重点文物保护单位南风古灶，还有广东省文物保护单位林家厅、高庙偏厅、生态奇观古灶榕风、石湾古老制陶场景的古寮场等。在古寮场，配备游人互动的活动，游客可以亲自动手制作陶器。

在古村落中，还有一批古民居，改造为国际艺术村。国际大师工作室、岭

南民居创意村、艺术家工作和生活的场所都吸引着游客，引起游客的兴趣。

依托南风古灶，进一步挖掘深化陶瓷文化内涵。应加强在考古、历史、艺术、烧造工艺等学科的深入研究，充分认识南风古灶的历史价值、科学价值和艺术价值。近年来，打造了一批大型陶瓷艺术作品，建设了一批艺术长廊、博物馆、陶塑公园，将陶瓷艺术文化发扬光大。广东石湾陶瓷博物馆、艺术长廊公仔街，石湾陶塑公园这些文化设施建设，都将陶瓷文化的内涵进一步深化。

近十几年来，南风古灶吸引了不少国内外要人前来参观。例如，2006 年 5 月，香港特别行政区特首曾荫权及夫人到南风古灶参观；2006 年 11 月，泰国公主玛·诗琳通参观南风古灶；2006 年 12 月，联合国科教文组织世界陶瓷协会委员会副主席韦恩·海格比参观南风古灶；2009 年 6 月，德国环境部国务秘书米勒一行参观南风古灶。近年来也举办了一系列重大活动：春节黄金周期间，南风古灶举办了五百年华诞展，吸引了很多珠三角一带和本地游客；举办了中国（佛山）陶瓷节；2009 年 11 月，广东省政府主办的“广东省与东盟非物质文化遗产保护传承交流会”“广东省与东盟非物质文化遗产展览”也于佛山南风古灶的展厅举行。今后，仍需进一步加大对南风古灶的宣传力度，不断扩大南风古灶在国内外的影响力。

4. 让文化遗产融入现代生活，开拓具有时代性的佛山海上丝绸之路文化旅游新思路

国家将 2016 年文化遗产日主题定为“让文化遗产融入现代生活”，因为文化遗产是中国传统文化最实在、最具体、最直接、最真实的体现，因而让文化遗产融入现代生活，就是要在确保文化遗产安全和保护的前提下，使得文化遗产的作用和价值得到充分发挥。重整佛山海上丝绸之路相关文化遗产的空间格局，将零散化的资源筛选分类，进行整合性利用，通过系统化设计丰富佛山相关海上丝绸之路文化资源的整体功能。联合旅游部门做好珠三角一带海上丝绸之路文化遗产旅游线路的规划；构建连接佛山和海上丝绸之路沿线城市的服务体系，完善网上预订体系、标识体系、观光体系、代理体系等。

构建多维度的宣传体系，立足广佛珠三角、面向中国、放眼世界。塑造佛山海上丝绸之路文化遗产的文化符号，打造文化旅游经济带和海上丝绸之路文化旅游区，提升佛山文化旅游的整体竞争力。构建周边市场，打造以周末旅游和休闲旅游为特色的佛山文化旅游短线。巧妙运用电视、电影、广播、网络等

传媒拓展宣传。

总之，在“一带一路”建设的新形势下，佛山要制定相关总体规划。积极地保护并利用好佛山与海上丝绸之路相关的历史文化遗产，尤其是陶瓷文化遗产。提高佛山城市的文化软实力，带动整个城市的可持续发展。

参考文献

[1] 广东省博物馆，高明县文物普查办公室．广东高明唐代窑址发掘简报．考古，1993，9.

[2] 彭适凡．中国南方古代印纹陶．文物出版社，1987.

[3]《石湾艺术陶器》编委会．石湾艺术陶器．岭南美术出版社，1987.

[4] 蒋祖缘，方志钦．简明广东史．广东人民出版社，1987.

[5] 李景康．石湾陶业考．广东人民出版社，1957.

[6] 张维持．广东石湾陶器．广东人民出版社，1957.

[7] 佛山市陶瓷工业志．广东科技出版社，1991.

从“龙鸡缸”看石湾窑与海上丝绸之路

刘孟涵
（佛山陶瓷美术协会）

广东石湾窑始于唐宋，以物美价廉的日用陶器满足了广大民众的生活需求，明清时期又以朴拙典雅的艺术陶异军突起，独树一帜，在中国陶瓷史上具有独特的不可替代的地位。由于它是民窑，长期不受重视，尽管上千年窑火不绝，贡献良多，但历史记载却寥若晨星，以至今天我们仍难以用大量准确翔实的资料阐述石湾窑与海上丝绸之路的关系，只能从不多的实物遗存和文献中，探讨一点历史的脉络。

一　石湾“龙鸡缸”与东南亚的“瓮崇拜”

广东石湾陶瓷博物馆收藏有一件清代石湾生产俗称“龙鸡缸”的大花塔（图 1），其高 73 厘米，口径 44 厘米，腹径约 64 厘米，缸的肩部有外文（图 2），缸身以捺塑技法塑有飞鸟、公鸡、蜻蜓、花草等浅浮雕，施酱黄釉，是古代石湾窑对外贸易的例证。这类有浅浮雕图案的陶缸石湾俗称“龙鸡缸”，大概是由于主体图案多以龙凤戏珠为题材的缘故。

图 1　广东石湾陶瓷博物馆收藏的清代“龙鸡缸”

图 2　龙鸡缸上的外文

佛山市博物馆 1987 年编辑的《佛山文物志》下卷（油印本）在第十三章《制陶业文物遗存》的第三节《制陶业文物》中专门介绍了“大花塔”：“大花塔属大型缸、塔类产品。通高 73 厘米，口径 43 厘米，腹径 64 厘米。内外施酱釉万字图案纹，肩部有‘泰记’店号楷书阴文印款，形制硕大，可容液体数百斤，清代外商订货，专为出口生产之大型盛具。此类产品尚有比之略小的‘龙鸡缸’等，均属‘花盆行’所生产，此时生产之店号还有‘广祯祥’‘裕祯祥’等。”① 这明确说明了“大花塔”是供外贸的出口产品。

油印本在文字说明后还标注“附照片”，可惜现在已找不到了。大花塔的图案除龙凤戏珠外，还有更丰富的内容，如图1就是一例。

《佛山文物志》还通过古窑址的调查，证实了这类产品的生产年代，“埋边苏灶”是石湾下窑清中期古窑址：“属清代伍地街十大灶（窑）之一”。“查该灶于解放前夕废弃，清末时原为花盆行‘裕祯祥’店专用窑”。“据调查，在窑址推平时，此填土层中，还发现有酱黄釉双龙半浮雕大花瓶和酱黄釉龙鸡缸”。②

陈玲玲老师1992年在《石湾龙缸：受东南亚尊崇的中国陶器》中对这类石湾陶器有较详细的介绍：“石湾窑过去生产的龙缸，目前见到的有两种规格，大者口径40厘米、高73厘米、腹围200厘米，小者口径30厘米、高56厘米、腹围150厘米，胎质呈红褐色，以弦纹分隔出纹饰区，大者五，小者三，主纹区宽约为辅纹区三倍，主纹饰大小者均相同，以大龙缸为例，自上而下，遴瓣纹，卷草纹（或长寿连线纹，盘长纹），双龙戏珠（或锦地开光暗八仙纹），水波纹（或连弧纹）和江牙纹。”

“我见到好几件大龙缸肩部和口沿都钤印有‘石湾上利亚造’‘李万王造、李福康绘’（图3）‘裕祯祥造’，还有一些奇怪的印文不知是什么内容，可能会是中国文字的东南亚语转译（图4），不论如何，它们都是中外文化友好交流中，弥足珍贵的一份明证。”③

---

① 佛山市博物馆：《佛山文物志（下卷）》（油印本）1987年版第57页。

② 佛山市博物馆：《佛山文物志（下卷）》（油印本）1987年版第25页。

③ 陈玲玲：《石湾龙缸、受东南亚尊崇的中国陶器》，载《典藏艺术》1992年第12期第103页。

图3 龙缸上的印记

图4 龙缸上的外文

广东石湾和中国其他地区生产的大陶缸，远销到东南亚地区后被视为宝物。中国古陶瓷研究会会长、厦门大学教授叶文程在《中国古外销瓷研究论文集》中，对东南亚一些地区的“瓮崇拜”多有论述。

叶文程教授认为：“中国陶瓷输入婆罗洲，《诸番志》和《东西洋考》早经提及。《中国殖民史》中具体记述：‘婆罗洲之努仔人（Dayaks）、嘉颜人（Kayan）’所藏民之瓦瓮，或来自中国，上雕龙形，视为传家之宝。土人谓瓦瓮有神呵护，对之极恭敬。瓮之种类甚多，高 2 尺至 5 尺，以古铜色为多，亦有蓝白红各色。”①

“加里曼丹和菲律宾的一些土著居民还存在一种‘瓮崇拜’的习俗，这是值得特别注意的。据苏继先生考证，他加禄语称瓮为 Kaong，殆汉语‘缸’的对音，称瓷缸为 gusi，殆汉语‘古瓷’之对音，加里曼丹 Dayak 族称绘有龙形的罐为 Rankang，殆汉语‘龙缸’之对音，从当地陶瓷名称的语源或出土实物看，他们所崇拜的无疑是中国古瓮。”②

“在土著居民日常生活中，瓮是一种高贵的贮具，可用以收藏珍贵衣物——包括金银财宝。例如近代菲律宾有一种‘钱瓮’，瓷口装上安有铁链的铁盖，瓮颈附有一门锁。”“用中国瓮作为酿酒，贮酒或宴饮的容器，据他们看来，意义也不同寻常。如菲律宾尼巴镇居民相信用它酿造出来的托巴酒，味道会特别香醇。”“由于瓮被视为神物，所以在这里拥有瓮的数量，往往被当作衡量财产和声望的重要标准。瓮可以作为借贷的低押品，可以作主缴纳法庭罚金的‘货币’，还可以作为娶妻的‘聘金’。因此，当地居民不吝重金，有钱则购瓮置之，价值连城的龙瓮和近代仿制品，都在他们搜求之列。”③

“加里曼丹 Dusuns 人盛行一种‘圣瓮节’。每年农作物收获后，都要举行拜瓮的祭典。以在全村驱逐邪祟。节期一共七天。崇拜活动由女巫们主持，全

---

① 叶文程：《中国古外销瓷研究论文集》，紫禁城出版社，1988 年版第 70 页。

② 叶文程：《中国古外销瓷研究论文集》，紫禁城出版社，1988：277 - 278。

③ 叶文程：《中国古外销瓷研究论文集》，紫禁城出版社，1988：278 - 279。

村参加。‘圣瓮’和其他各类瓮都集中在一起，由一个小孩担任护卫。前六天每晚宴饮舞蹈，第六天晚上杀牛祭瓮。”“第七天晚上，再狂饮一夜，节日至此告终。”①

包括石湾“龙鸡缸”在内的中国陶瓮在东南亚成为宝物，促进了当地文明的进步。重温历史的这一页，让我们倍感自豪。

二 石湾窑外销陶以埕瓮为主

从唐宋到明清，石湾窑的产品结构发生了很大变化。

1963年广东省博物馆对大帽岗遗址进行考古发掘，唐代窑址采集到的标本，“仅见碗、碟、盆、坛、炉足五种”，“釉色可分青釉和酱黄釉两种”，“出土遗物主要是半陶瓷器”，“坯胎一般显得比较厚重，火候不高，胎质较松，吸水性较大，硬度不高”。② 这说明陶器生产还处于初级阶段。

大帽岗宋代遗址“半陶瓷器器形有碗、碟、盏、壶、杯、罐、盒、炉、沙盆和兽头陶塑。窑具有匣钵、擂盆、擂、渣饼、垫杯、泥垫和试片”。“釉色归纳起来有酱黑釉、酱黄釉、酱褐釉、青釉和白釉五种”。“半陶瓷器采用陶土或瓷土制坯，胎土细密，经过提炼”。③ 这表明了宋代石湾窑制陶技术的进步。

2009年佛山市禅城区博物馆进行文物普查时，在正开发的美陶花园两地发现大量散落的陶瓷器。石湾陶瓷博物馆采集了100多件出土器物，“初步选定其大部分主宋代的陶瓷器，也有明清时期的遗物”。器形也是“碗、碟、瓶、罐、杯、壶、擂钵等”。④

一个耐人寻味的现象是：到了明代，民众生活最常用的碗碟在石湾陶业却

---

① 叶文程：《中国古外销瓷研究论文集》，紫禁城出版社，1988：278。

② 广东省博物馆：《佛山石湾、阳江石湾古窑关系初探》。载《石湾陶展》香港大学冯平山博物馆，1979：121。

③ 广东省博物馆：《佛山石湾、阳江石湾古窑关系初探》。载《石湾陶展》香港大学冯平山博物馆，1979：122。

④ 李燕娟、梁君：《美陶花园工地出土陶瓷器物简报》载《石湾陶》2010：2（51.52）。

走向式微。天启年向，石湾陶业“初分八行”，属于盛具的有埕行、大盆行和黑釉行三行，炊具有边钵（饭煲）、横耳（粥煲）、猪煲三行，食具只有钵行，还有杂项的白釉行。

清末民国，石湾制陶行业发展到二十八行，其中埕缸盆类的有埕行，缸行，塔行、花盆行、海口大盆行，水巷大分盆、水铫行、大行，面盆行和博金行共十行。炊具有边钵行、横耳行、茶煲行、猪煲行、商博行、瓦行共六行。从业人员埕行上千人，花盆煲行近千人，海口大盆行和水巷大盆行加起来共七百人，与员工上千的横耳行、茶煲行和钵仔是当时最兴旺的行业。[①]

碗碟与埕瓮炊具产量的此消彼长是由本地资源的状况和市场需求决定的。石湾不产瓷土，陶碗粗糙简陋，比不上省内潮洲、大埔、清远的瓷碗轻巧美观，市场萎缩是必然的。而埕瓮类的陶器坚固耐用，物美价廉，性价比有优势，除大量供珠三角一带制糖酿酒等手工业生产外，还满足了东南亚经济不发达地区土著居民的需求，因而漂洋过海，销路畅旺。石湾的岗砂含铝高，大雾南砂含 AL_2O_3（三氧化二铝）达 10.73%，作为炊具的主要原料产品导热快且耐急冷热性能好。但石湾砂煲轻薄的优点却带来了远途运输破损大的局限，因而较少外销。

元代汪大渊《岛夷志略》，详细记录了中国陶瓷远销海外诸国的情况，其中提到东冲古剌（今马来西亚东卡）、苏洛鬲（今马来西亚吉打）、针路（今马来半岛北部）、八节那间（今印度尼西亚泗水附近）、苏门傍（今泰国）、须支那（今印度孟买北部）等地“贸易之货用大小水埕之属”，“货用青碗、大小埕、瓮之属”。“贸易之货用青白花器、水埕、小罐之属”。[②] 叶文程教授认为：《岛夷志略》所列的陶制品，如埕、瓮、坛、罐、垒之类，在元代对外贸易中也是一项重要商品。在外销陶瓷中占有一定的比重。这些制品也是福建和广东的产品，更具体地说是晋江磁灶窑和广东石湾窑所烧造的。[③]

学者邹华 1982 年在中国古陶瓷研究会发表的论文《古代广东石湾窑的外

---

① 佛山市博物馆：《佛山文物志、下卷》（油印本），1987：74－80。

② 叶文程：《中国古外销瓷研究论文集》，紫禁城出版社，1988：37－40。

③ 叶文程：《中国古外销瓷研究论文集》，紫禁城出版社，1988：41。

销陶器》中指出："我们从石湾窑大量生产的瓮、埕、罐等大型陶器，以及东南亚各国的发现得知：石湾窑是我国瓮罐埕之类大型陶器出口的主要窑场之一。"① 说明了石湾窑在中国古代海上丝绸之路中的地位。

还有一个细节值得探讨。宋朱彧在《萍洲可谈》中提到广州船舶外运时，"货多陶器，大小相套无少隙地"。② 敞口类的陶器同一品种不同规格，容易大小相套，不同品种的陶器如何大小相套？我看过一幅明代沉船"南澳一号"出水文物的照片（图5），一个大陶瓮内有几十件小瓷器，该船从福建漳州月港出发，陶瓮应不是石湾窑生产，但这种套装方式大概也适用于广州船舶。陶瓮既是货物又兼作包装容器，一举两得，我想也是石湾瓮罐埕大量外销的原因之一。

图5 "南澳一号"出土文物

清乾隆六年（1741年）石湾花盆行行会制订的《花盆行历例工价列》，开列了各类产品的工价323项，大花塔赫然名列首位，可见埕瓮类产品在当时

① 邹华：《古代广东石湾窑的外销陶器》，载《景德镇陶瓷》1983年"中国古陶瓷研究专辑"第一辑第172页。

② 朱彧：《萍洲可谈》，转引自张维持：《广东石湾陶器》，广东旅游出版社，1991：18。

石湾陶业的地位。

石湾窑明代开始生产琉璃瓦，清代中期琉璃花脊塑造了众多生动传神的戏曲人物，独具岭南建筑特色，深受海外华人欢迎。东南亚国家华侨兴建会馆寺庙上也有采用，至今仍有许多建筑遗存。但这些产品均需特别定制，不是常规外贸商品。

最近香港学者马素梅有一新发现，越南胡志明市穗城会馆天后庙上的陶瓷瓦脊，看上去形制和风格都与石湾窑清代花脊如出一辙，却并非从石湾订购越洋运来，而是在本地生产。会馆的一份简介称："本馆正殿五大座中第一、第三和第五殿的屋脊与第二、第四殿的屋檐设有 6 大座七彩脊饰群体和 4 大座檐饰群体（16m×2m×0.4m），这是西堤当年最优秀的陶瓷窑，如'同和窑'和'宝源窑'与名艺人（如潘金，昵称潘公仔等）所精心设制，它们可能是 1908 年重建本馆时面世，历经热带气候与战乱的考验存在至今，人物画面仍栩栩如生，可见先贤设计的精细，取材之慎重，技艺之先进，思维的严密，用心之良苦深为后人钦佩。"（图 6）有关详情，[①] 目前尚未考证清楚，但这无疑是石湾窑对外交流的一个见证。

图 6　越南胡志明市穗城会馆天后庙的款识

① 《穗城会馆天后庙》（越南）第 31 页。

至于始于明盛于清古朴厚重的石湾艺术陶器，虽然也得到独具慧眼少数西方人士的青睐，但还没有成为欧美的流行时尚，他们钟爱的是高尚典雅的景德镇彩瓷、龙泉青瓷、德化白瓷以及后起的广彩。以盈利为目的的精明商人不会以高昂的运输成本把石湾公仔远涉重洋运到欧美。最近有学者谈到石湾艺术陶曾作为奢侈品通过海上丝绸之路运到欧洲。我想可能只是偶一为之的个案（光复后石湾的“洋装公仔”曾批量销到欧美，但并非奢侈品而是低档品，是一个失败的案例），西方许多博物馆都藏有石湾艺术陶器，收藏的渠道多数不是海上丝绸之路。2015 年 9 月广东民间工艺博物馆举办过石湾窑研讨会，英国维多利亚与艾伯特博物馆亚洲部主任刘明倩以“漂洋过海的石湾陶”为题介绍了该馆的石湾窑藏品，刘女士说，藏品部分来自赠送，多数在本地购买。

三　进一步深入推进石湾窑的学术研究

本次研讨会专家学者们围绕石湾窑与海上丝绸之路的专题发表了高质量的论文，市委市政府非常重视，是多年来少有的盛事，我希望能成为推动石湾窑学术研究的一个新起点。

石湾窑是民窑，以往文献鲜有记载且多不确切，直到 20 世纪中，“石湾窑”仍被涵盖在模糊不清的“广窑”概念中，对其历史众说纷纭。直到 1957 年广东省文物管理管理会对石湾大帽岗窑址做考古调查。1962 年和 1976 年广东省博物馆对石湾大帽岗窑址和南海奇古窑址进行复查。1977 年广东省博物馆和佛山市博物馆联合发掘河宕贝丘遗址，石湾窑的历史第一次有了科学结论，取得了关键性的突破。可惜这种有组织的学术攻关后劲不继。20 世纪 80 年代以来，佛山陶瓷产业突飞猛进，至今成为世界上最大的建筑陶瓷科研生产基地，但学术研究却相对寂寞，理论队伍青黄不接，与其经济实力很不相称。

以我肤浅的了解，石湾窑的历史研究还有不少需要进一步探讨的问题，比如宋代石湾窑与阳江窑的关系（考古发掘已否定了过去明代石湾窑自阳江迁来之说，但两地遗存的器物还有所混淆）；明代石湾“广钧”与宜兴“宜均”的区别（国内顶级博物馆对同一类型的器物有产自石湾或产自宜兴的各自表述）；著名店号“祖唐居”“南石堂”的年代与所在地；石湾窑“仿舒”的由来与辨疑等等。小课题如近代石湾最著名的陶艺家潘玉书的生卒年份尚有争议。大课题如离石湾不远的南海文头岭窑是否五代南汉官窑？该古窑址曾出土彩绘军持和瓷鼓残件一鸣惊人，可惜自1958年探掘煤矿被发现至今未进行过系统的考古发掘，沉睡千年，令人慨叹。

而海峡对岸台北故宫博物院对石湾窑持久而认真地关注，令人钦佩。原北京清宫旧藏的部分文物1949年运台，1961年由吴玉璋、谭旦冏编辑成《故宫瓷器录》，宋明两辑五册，其中收录的“广窑”器物77件。他们的研究一直没有中断。2007年台北故宫博物院器物处在复函回答我们的咨询时称：“1961年出版的《故宫瓷器录》中的窑口与年代，随着研究的进展，部分需要重新考量。”并举例如过去定为“南宋广窑天蓝窑变蟠桃水注”，在2003年在展览时“重新修正为16到17世纪。”他们还挑选了10件不同类型的“广窑”器物，邀请国际石湾陶艺会一行研讨。2009年，台北故宫研究员陈玉秀携几十件原定为“广窑”器物的影像资料，到香港大学美术博物馆、广东省博物馆、广东民间工艺博物馆和佛山市博物馆进行了认真的调查咨询。2013年，陈玉秀女士就白釉广钧与宜钧的鉴别，专题撰写了《白釉陶之谜：论石湾及宜兴白釉陶》的论文，发表在《故宫文物》（月刊）七月号，这种积极严谨的学术精神，对我们是一种鞭策。而我们往往守着几十年一贯的认识少作反思。

加强社会主义文化建设，提高国家文化软实力是实现民族复兴中国梦的重要内涵，我殷切期望以这次研讨会为新起点，在党委和政府的重视支持下，团结整合体制和民间各方面的力量，把石湾窑的学术研究持久深入地推向一个新阶段。

石湾陶瓷艺术在世界文化的地位

黄修林
（华南理工大学陶瓷文化研究所所长）

中国乃陶瓷古国，自新石器时代发明陶器至今，全国各地都相继筑窑烧制陶瓷，形成了各地独特的陶瓷文化。

石湾陶瓷，作为地方民窑，顽强地生存发展了 1000 余年，历久不衰，且在宋元名瓷、名窑及明代青花的辉煌灿烂褪尽之后，与彩瓷一起，崛地而起，照耀岭南，继而通过海上丝绸之路辐射全球，远播东南亚，这是一件令艺术史家震惊不已的事情，自唐宋之后发展至今，技艺高超、品种丰富，更是引世瞩目。

唐代以来，岭南海上的对外贸易不断发展，广州成了当时最大的世界大港。活跃的商贸和文化交流，大大地繁荣了这个地区，也直接推动了包括石湾在内的岭南陶瓷艺术的发展。

宋朝是我国陶瓷发展的极盛时期，当时社会的消费时尚推动了陶瓷业的空前发展。陶瓷作坊处处可见遍布全国，日用陶瓷、建筑园林陶瓷和艺术陈设陶瓷种类繁多，造型与款式日益翻新，因此，后世有“唐八百、宋三千”的赞誉。陶瓷器生产是宋代经济中最重要的商品生产之一，外销商品中绝大多数是陶瓷器。为适应外销扩大对外贸易，陶瓷业逐渐从内地向沿海的浙江、福建、广东、广西发展。

当时石湾陶业发展的两个重要因素是交通便利和陶泥丰富。官窑水道渐趋淤浅，水运交通中心不得不移至佛山和石湾。佛山与石湾相连，汾江和东平河直通广州，产品运往广州出口十分便利。石湾一带又有陶泥岗沙，取材方便，于是本来就有陶瓷业基础的石湾很快发展成为岭南重要陶器生产基地。

石湾地处南国一隅，一向以生产日用陶器为主，制陶技艺虽然达到了一定水准，但与北方诸名窑比较，还是逊色得多，在宋代陶瓷之林中尚无显著地位。南宋至元，佛山是中原汉族移民的聚居地。他们把北方的汉族陶瓷技艺带到石湾，与石湾原有的制陶技艺相融合，大大地提高了石湾当地土著人群的陶瓷制造水平。

因此，有“石湾集宋代各名窑之大成”的说法。定、汝、官、哥、钧诸名窑产品均被石湾模仿得惟妙惟肖，八大瓷系的造型与釉色之美以及装饰手段也全被石湾陶工消化吸收，从而成为南国“善仿”为特色的名窑，特别是以“广钧”“泥钧”而闻名天下。

但宋与唐代比较起来却是从开放走向内敛的一个时代。唐代的疆域阔大，有1200多万平方公里，而北宋只有400多万平方公里，四周被西夏、辽、吐蕃诸部和大理包围。到南宋更是偏安一偶。此时的中国对外具有较强的防范心理，在文化上产生强烈的自我认同，唐代的那种容纳整个世界的博大胸怀开始收缩。从陶瓷器的表面来看，外来的造型和文饰开始减少，取而代之的是从本国的传统中寻找文化。

这一时期，石湾生产的日用陶器，造型及装饰手法都注入了艺术表现形式，器形饱满、均衡，线条流畅，富有变化，种类也比唐代丰富得多，有魂坛、堆贴瓦檐重叠式矮身陶罐、彩绘花瓶、陶琴等，涉及器皿、文玩、动物、人物等各个陶塑类别。石湾陶器五弦琴，现存于台湾故宫博物院，就是案头文玩类陶塑的佳作。

石湾陶瓷中的瓦脊艺术，也是从这个时候开始诞生，直至明、清时期达到鼎盛。古老的传奇故事，演义小说、曲艺、说书、龙舟、粤剧等与岭南石湾陶工和他们的作品都有着十分密切的关系，甚至直接孕育了瓦脊的壮观巨制和大量的“石湾公仔”。陶工们把一组组气势磅礴、极尽奢华的花鸟山水鱼虫优美组合，把浩大恢宏的戏剧和雄武飞扬的演义小说场面、历史人物场面，堂而皇之地摆在最显眼的大堂瓦脊上，还把豪华壮观的影塑镶嵌其间。“石湾公仔”

历来都是由陶工自由生产，创作方式不受拘束，自成一格，而且题材广泛，贴近民众生活，具有浓厚的乡土气息。这种著名的“瓦脊艺术”和“石湾公仔”，通过海上丝绸之路遍布珠江流域和东南亚地区。它显示了官、商、士、民的生存理想，同时也预示了中国资本主义在沿海地区上的历史发展，它是堂而皇之的文化先声，或者说是中国资本主义市民思想启蒙期的文化标志。

从本源上追溯，陶瓷艺术早诞于中国画，然而岭南中国画真正上舞台，形成气候，几乎与石湾陶瓷为孪生兄弟，都盛于明代。从文化体系上讨论，它们是互相影响的，从形态语言上讲，也许岭南中国画还稍多地影响了石湾陶瓷艺术的发展。

明、清时期，顺德、南海许多画家如黎简、谢芝生饮誉岭南，李子长、招子镛的绘画技艺那也是在珠三角地区享有盛名；还有蒋莲、苏仁山等，他们把绘画中的形神兼备，主题思想的表达等绘画技艺都影响到“石湾公仔”的创作中。

这个时候，石湾打破了原来只是单一输出日用陶瓷的僵局。它的艺术陶塑、建筑园林陶瓷、手工业日用陶器等也不断输出国外，尤其是园林建筑陶瓷，很受东南亚人民的欢迎。至今在东南亚各地以及香港、澳门、台湾庙宇寺院屋檐瓦脊上，完整保留有石湾制造的瓦脊就有近百条之多，建筑饰品几乎无法统计。

石湾众多的陶瓷瓶罐和大大小小的陶瓷饰物、挂件等建筑装饰与园林陶瓷都是明、清岭南建筑最辉煌的装饰，它们大大地丰富了岭南建筑的语汇，突破了封建皇权统治时期中国从南到北的建筑一片灰蒙蒙的色调，意义深远。

明代以后，种类和题材则渐趋广泛，渔、樵、耕、读、牧、奕、饮、琴、游、戏乃至拍蚊、搔痒、挖耳等等百姓日常劳动、生活情景，各类花鸟虫鱼、野兽家畜与菜蔬瓜果等百姓熟悉的事物，以及达摩罗汉、观音、寿星、济公、八仙、钟馗、关公等等百姓熟悉与喜爱的神仙人物与历史人物，都在石湾陶塑艺术中得到真实生动的表现，褒忠贬奸、扶正嫉邪、祈福求安、尊老爱幼等等。百姓的道德观念与社会态度在石湾陶塑艺术中得到传神的体现。例如清代末年就出现过以欧洲侵略者的形象作为外部造型的尿壶，以表达中国人民反抗侵略的社会思潮。因此有人称石湾陶塑题材“堪称为一部浓缩的中国民俗文化百科全书”。

经过历代陶艺家不断实践、研究，石湾的陶塑技艺，在泥料、釉色及烧成方法上都不断进步、创新，石湾陶瓷已发展至现代化生产的建筑装饰陶瓷，其中包括日用陶瓷及卫生洁具，佛山的陶瓷更是占全国建筑陶瓷生产总值的60%，产品远销世界80多个国家和地区。一向以来，“石湾公仔”都被视为平民的艺术品，但经过长期的历史演变，这种传统民间艺术渐渐受到重视，而且在艺术舞台上的地位越来越高。

自唐宋至今，石湾陶瓷艺术被誉为“东方艺术明珠”。在古代海上丝绸之路上，西亚商人把它作为珍品带到东南亚、印巴次大陆、斯里兰卡、伊朗、阿拉伯、东非沿海各国，它客观上推动了这些国家的物质文明，增加了古代各国对汉民族的了解和友谊。今天的石湾陶瓷艺术品已经远销日本、欧美各国，日本、东南亚、东欧及西欧和美国等各大博物馆都有石湾陶艺古今珍品的收藏，我们甚至可以在日本和美国的著名建筑中看到它珍贵的芳踪。解放以来，石湾陶艺经常大量送往国内外各处展览，国内国际许多刊物也有对石湾陶瓷艺术的大量评论、评价、出版。近年来，石湾本土的不少陶艺家、工艺美术大师作品在国内国际上获奖，许多陶艺学者、专家作为国家委派的文化使者访问友好国家。石湾艺术陶瓷强烈的地方性、鲜明的民族性作为一个深刻而丰富的中国文化情结，一个富于魅力的被艺术界重视和反复研讨的工艺美术典范，它将会有一个更加美好的未来和前途。

佛陶产业一马当先，重振岭南陶瓷大港的雄风

潘义勇
（广东省社会科学院产业经济所研究员）

陶瓷产业是中国古老的传统产业，曾经在一千年前作为宋朝当时对外出口贸易的主打产品，超越丝绸，确立出口贸易的主导地位。见证过中国一个辉煌的朝代，那时的中国居于当时世界文明的科技前沿和经济最发达的国度，陶瓷产业成为世界人民认识和了解中国的产品之一。世界也因陶瓷认识了中国。China（陶瓷）也成为世界对中原王朝的代称。10 世纪至 12 世纪的宋朝标志着中国陶瓷产业发展进入了第一个高峰，与此相联系的宋朝进入了一个文化经济贸易的最繁荣的朝代。据史料记载，广南（今岭南）年产陶瓷器可达 1.3 亿件，是唐代 22 倍强。21 世纪的佛陶产业也能够一马当先，重振岭南海上陶瓷之路的雄风。

一　国际陶业市场需求与发展趋势

佛山陶瓷是佛山最具优势的传统产业之一，改革开放以来成为佛山的重要经济支柱。从 20 世纪 70 年代末的改革开放到 90 年代获得恢复性的发展。进入 21 世纪之后加速发展，其快速发展使之到今天已成为全国乃至世界的最大陶瓷生产基地，以及全国和世界的最大的陶瓷商品集散地和会展

中心。2010 年佛山陶瓷出口贸易达到一个历史高峰，佛山建筑瓷出口额达 22.92 亿美元，出口 201 个国家和地区，出口企业以民营企业为主，分别占广东全省的 74.69%，占全国的 52.28%。形成了产业集群和成熟的产业链，技术管理领先和部分达到世界先进水平。形成一批龙头企业和品牌成为区域品牌，涌现了像佛陶、膺牌、东鹏、新中源、新明珠、加俟、蒙娜丽莎、搏德精工、欧神诺和能强等一大批龙头企业。2011 年后随着国内外同行崛起和竞争，出口总量虽逐年有所下降，出口总量仍占广东的龙头地位。当然，我们不得不承认，佛山的陶瓷产业结构比较单一，出口产品以中低产品为主，佛陶产业还有很大的改革调整与发展空间。

进入信息化、市场化和全球化发展进程的今天，佛山陶瓷产业在国内国际的竞争中面临的压力日益严峻。佛山陶瓷产业要在全球同类产业的竞争中站住脚跟，立于不败之地，必须知己知彼，对国际陶业发展趋势和中高端市场要深入地了解研判和把握。在欧美和新兴市场经济体国家除在质量上对进口陶瓷商品的铅和镉的溶出量控制在非常小的范围内外，对陶瓷的文化含量和消费心理，也有着其自身的规律性。

1. 欧洲市场：注重陶瓷的艺术含量

英国的市场需要艺术含量较高的陶瓷。因此，英国市场对美术陶瓷需求强劲。除进口艺术陶外，还进口大量的美术陶瓷，而英国本身这方面的陶瓷企业，又非常欠缺。在这方面的产品缺口和需求，还是要依赖进口来解决。法国的陶瓷市场，仿造欧洲风格的人物、动物、花鸟图案的陶瓷器较好销。法国市场喜欢有马图案的陶瓷产品。马在法国象征幸福，法国人不喜欢有孔雀图案的陶瓷，因为孔雀有“祸鸟”之说。法国人也不喜欢黄色和绿色，大象鼻朝下不吉利。法国市场上，含铅和镉偏高的日用陶瓷滞销。在德国陶瓷市场，德国人喜欢淡雅的艺术性高的动物形状，知识阶层热衷于原始艺术，因此仿古瓷比较好销。但对铅和镉的溶出量管制很严，喜欢彩下釉。西班牙人偏爱东方特色的陶瓷，该国商人反映我国的茶具、配套咖啡具较适合西班牙人的使用习惯。意大利人钟情紫砂陶壶。无论陈设日用瓷、白瓷都很受欢迎，意大利人喜欢鸭的图案，不喜欢黑色和菊花图案。此外深受欧洲文化影响的英联邦国家的澳大利亚流行陶瓷和铁石瓷，艺术陶瓷有一定的销量。

2. 美洲市场：喜好淡雅明快的陶瓷

美国市场喜好花纹淡雅明快的陶瓷。美国是世界上最大的陶瓷市场，目前我国的产品在美国市场的占有率不高，但发展潜力很大。只要我们提高质量，加强宣传，销售前景十分可观。美国人要求陶瓷产品清淡素雅，线条简洁明快。加拿大市场要求质优价廉的产品，以人物为主的雕塑和花瓶为主的艺术陶瓷很畅销。淡雅纯朴的底色衬以鲜艳的翠绿玫红、金色孔雀蓝与图案花纹的产品也颇受欢迎。包装精美适合作礼品可馈赠亲友的产品也较适销。墨西哥市场喜欢中国的陈设花瓶，墨西哥视中国陶瓷为珍品。据记载，中国陶瓷在400多年前就有配套出口墨西哥的阿格布尔港，在当时的贵族中视拥有中国陶瓷器为衡量其财产多少的标志。现在中国陶瓷器在墨西哥市场很有发展前途，特别是陈设瓷、花瓶等颇受欢迎。

3. 亚洲市场：既重视消费心理，又有质量要求

日本人喜欢仿旧陶器艺术品，日本市场喜欢仙鹤乌龟图案，有延年益寿之意，茶具配套要避忌“四”字，与死字近音。日本市场需求量大，但国内生产陶瓷成本高，有萎缩之势，进口需求有增大之势。新加坡管制严，质量要求甚严，陶瓷的铅溶出量不得超过7PPM，稍有超标都被拒之进入，销路较窄。

二 佛陶产业的特色与当前的挑战

在信息化时代，佛山陶瓷产业自身的发展，面临着的生态环境压力和市场竞争的双重压力越来越突显。

首先，资源瓶颈不断增大。燃料成本为30%，油价格成本提高40%。

其次，环境门槛不断提高。环保技术改造不够，过程较长，高能耗高污染高排放，成为困扰陶瓷产业继续向前发展的瓶颈。陶瓷行业重点企业污染排放的二氧化碳等，居高不下。

其三，出口阻力越来越大。国外同类产品造成较大的冲击。这些国家以设置技术壁垒，反倾销及关税等其他壁垒来阻止佛陶出口。佛陶自身也有缺陷，如自有品牌少，出口单价太低，产品质量档次不高等。海外销售受制于人，缺少自主销售渠道。自有品牌难以进入欧美超市，贴牌进入是自有品牌的丧失，不利于国内陶瓷品牌发展。国际上很多国家有关于陶瓷产品的认证，如北美的

UPC、澳大利亚的WELS、欧盟的CE、英国的WRAS等，这些认证是进入目前世界上主要中高档卫生陶瓷市场的通行证。我国陶瓷企业普遍对国外的产品认证热情不高，取得的认证较少，从而失去了进入这些市场的通行证。佛山从2010年出口世界各国家和地区的建筑陶瓷和卫生陶瓷产品达到高峰后，稳中有降。特别是出口欧美国家的卫生陶，随波逐年下降。其中一个主要的原因就是佛山很多卫生陶瓷企业没有这些市场的认证。

第四，产品结构单一，出口的产品结构以建筑材料和卫生陶为主，日用陶、陈设陶和艺术品陶较少，从而影响了出口产品的高端化。以中低档的陶瓷产品出口，只能在发展中国家的中低端市场徘徊，产品的科技含量和艺术含量不高。

第五，自主创新能力不强，技术创新的投入不足。佛陶缺乏创新，喷黑技术的运用致使佛山原有的设备与技术优势被拉到同一起跑线上，使得釉面砖的装饰效果大幅度超过抛光砖，是陶瓷产业进入数码时代的标志，是陶瓷产业更多地依靠设计而不是技术的开始。三行业的同质开始，存在品牌产品营销理念，企业运营等方面的严重同质化、缺乏个性化。

第六，缺少高素质的人才研发，销售管理、外贸等人才严重不足。

总之，佛陶虽享誉世界，但缺乏脍炙人口的品牌，主要原因在于：企业核心文化不鲜明，产品特色不明显缺乏新技术的支持，新功能陶瓷的发展声势微弱，没有利用原有优势去创新。佛陶产业要保持壮大领先，就必须改革抛弃旧的思想观念、粗放的管理模式，大力引进高素质人才和先进的核心技术，走可持续发展的道路。

三　开辟佛陶产业的海上陶瓷之路要略

建设佛山的陶瓷大港，开辟佛陶产业的海上陶瓷之路，让佛陶瓷产业在全球竞争中立于不败之地，在产品结构多元化和中高端市场份额占有一席之位，需要运用全新的思维和智慧，把握当前的机遇，应对当前和未来的挑战。

首先，提高企业形象和产品品牌的国际影响力。

要有好的企业形象，就要进行形象设计，其中包括三个因素，即理念识别、行为识别和视觉识别。对佛山陶瓷企业通过差异化竞争塑造具有鲜明个性企业形象。通过自有产品差异化、品牌形象的差异化、服务个性的差异化，和商品会展陈列的差异化等一系列环节，切实达到差异化的境界。如产品的差异化是直接体现在对产品本身差异上。这就靠加大技术投入，使自己的产品品质更好，技术含量更高，更具竞争力。商品的会展和陈列的差异化体现在样品展示清洁无尘、整齐、美观。产品个性化体现在提高消费者的满意度，就是不断开发适合各层次顾客的需求。品牌形象的差异化即品牌形象不是具体商品的形象，而是通过顾客直接满意产品或受到广告媒体影响后，对某个品牌的使用后产生信任，以及对产品服务理念等总体认识、评价和态度。

第二，提升自主创新能力，拥有自己的核心技术。

佛陶产业之所以产品结构单一和在中高端产品的竞争力不强，是由于长期以来缺乏自主创新能力的提升，没有自己核心技术，难免陷入模仿型，步人后尘亦步亦趋。提升自我创新能力，一要拥有自己的核心技术能力，以便从模仿型普通产品转向以自主创新型的技术品牌标准为主的自主创新阶段演进。适应现代科技提高，实现差异化的战略，发展陶瓷装备。二应用高新技术开发具知识产权的陶瓷新产品，作为陶瓷产品出口企业要加大科技投入，依靠科技创新突破贸易壁垒。多做认证，取得进入目前世界上主要中高档卫生陶瓷市场的通行证，跨越技术贸易壁垒的限制。技术壁垒的本质是国际技术差异的具体表现，把希望寄托在发达国家放宽对进口产品的技术要求是不现实的。因为技术贸易壁垒的演进具有单向性的特征，而且长远来看，一味将部分出口受阻的产品转销到其他技术标准较低的国家也是不可能的。只有通过技术进步，使我国的产品达到较高的要求，才能有效地跨越技术性贸易壁垒。佛陶产业要应对和跨越国外日益荷刻的技术壁垒，应主动提升自身的技术水平，逐步实现自主创新，依据国外技术性贸易壁垒的规定甚至更高的规定，进行产品的生产和设计，在科研活动和经费上仅靠企业是不够的，还应当开展与其他同类企业和相关科研院校的工业合作，形成产学研的合作。国家和地方政府要大力扶持，进行适度的政策倾斜。加大基础科学研究，加促企业引进先进设备，改革工艺技术和改造设备。改进产品生产的环境，加强消化吸收和创新的研发费用投入，形成消化吸收——自主创新——品牌营销的良性循环，成为滚动式常态化的创新发展机制。

第三，建立和完善佛陶的技术标准体系，适应国际技术标准，提高产品质量，并努力与发达国家建立标准化互认机制。

在全球化时代持技术标准是国际市场的游戏规则之一，谁掌握了标准的制定权，谁的技术就成标准，谁就掌握了市场的主动权。落后的技术标准导致我国的日用陶瓷产品易受到其他国家，尤其是发达国家的技术性的贸易壁垒的打压。要主动出击，积极参与国际标准的制订。采用国际标准的同时，积极争取与国际地区性的国际标准化组织制订修订活动，力争把我们的标准化意图和标准反映出去，使更多的标准有利于我们的企业。政府要加快建立国外性贸易壁垒的劳动监测体系，制定出口商品技术指南，加强标准体系建设，完善标准管理，加强认证认可体系建设，扩大出口增长，研究符合 WTO 规划的条种规避措施，来合理规避。对面临的技术壁垒性质进行区分，对合理的技术性限制措施或法规给予规范和加强，而对不合理的法规和措施予以消减和消除，对基于歧视性的贸易政策产生的贸易壁垒给予坚决反击。采取双边磋商或诉诸 WTO 争端解决机制予以解决。我国陶瓷企业应更加重视相关国际标准，继续加大科技创新的投入，提升产品质量，应该充分利用各种社会力量和资源，与国内外研究机构、大专院校及设计单位开展合作，有条件的陶瓷企业可以建立博士后工作站，以此为研发的龙头，瞄准国际高端市场进行技术攻关，提高创新水平和科技成果产业化的能力。做好研发商用化推向市场一代的同时，又研制一代后推出新一代，如此循环往复，保持较高研发能力和市场竞争力。因此，人才是根本，要努力培养和引进一批适应国际化经营的团队，加快国际化步伐。

第四，调整产品结构，做大做强品牌经济。佛陶产品较单一，结构不尽合理。

建筑陶瓷和卫生陶瓷占绝对比重，文化艺术陶和陈设陶瓷偏少。中低型产品品种较多，而高端产品偏少。要在巩固生产型陶瓷产品同时，提高生活型陶瓷，尤其增加文化陶瓷的品种生产，适应人们生活提高对生活和文化陶瓷的需求。建立一个品牌，需要文化和市场的繁荣，提高市场的认知度，这是增强在国内外市场竞争力的必要手段。各国贸易保护主义抬头，技术性贸易壁垒使我国陶瓷产品出口面临越来越大的压力。作为陶瓷产品出口企业要加大科技投入，依靠科技创新突破贸易壁垒，还要适当调整产品结构，进行品牌战略营销。而政府职能部门则应当在建立陶瓷产品出口预警机制及反技术壁垒方面主动作为。与进口国的经营公司或熟悉进口国市场特点的国际厂商进行合作维持传统市场，积极拓展新兴市场，以高标准、严质量挤进欧美的高端市场。有自主品牌的出口企业，要想方设法在国外设立自主营销窗口，直接面对国外消费者并掌握市场信息，争取更大的利润空间。利用国外品牌在国际市场销售渠道，就能够有效地打破贸易壁垒、化解贸易设限。

第五，产业升级与转移并举，建设总部经济。

陶瓷产业要不断地减少污染，必须通过产业升级和把某些产品生产的环节转移出去。把陶瓷生产区建设成为陶瓷产业的经济总部，集研究生产和贸易为一体的总部经济区。从从前的生产大、营销和科研小的腰鼓型转变为生产小、营销与科研大的哑铃型产业结构，使产品的价值链尽量向微笑型曲线的两端延伸。选择把价值链上处于低端的生产环节转移出去，主要保留企业部门和研发部门，从而推动产品产业升级转型为清洁型、环境友好型的新型陶瓷产业体系。此外，鼓励现有企业将企业总部研发中心、展示中心、信息中心等留在佛山；引导外地陶瓷企业和研发机构进入佛山设总部、区域总部，打造佛山成为中国乃至世界陶瓷产业基地，使佛山传统的陶瓷产业向都市型、创新型与知识型产业跃进。

参考文献

［1］蒋祖缘，方志钦主编．简明广东史．广东人民出版社，1993.

［2］全毅．跨越技术性贸易壁垒［M］．经济科学出版社，2006，12.

［3］孙敬冰．技术性贸易壁垒的经济分析［M］．中国物资出版社，2005，1.

［4］孙泽生，阮尹．国际技术性贸贸壁垒研究述评［J］．国际贸易问题，2006，6.

［5］孙晓琴，吴勇．技术性贸易壁垒对中国产业竞争力中长期影响的实证分析．国际贸易问题，2006，5.

［6］陆凯．中国陶瓷出口现状与对策分析．http://www.docin.com.

佛山古代陶瓷业、冶铸业与当代陶瓷、金属业的关系

吴建新
（华南农业大学历史系）

佛山与汉口镇、景德镇、朱仙镇被列为明清全国“四大名镇”。在“四大名镇”中，各有其发展轨迹。古佛山以制造业和商贸业结合的特色，在中国古代城市史上具有突出的地位。今天，如何继承古城的经济特色，打造陶瓷业和金属业两大传统支柱产业，是一个有意义的课题。

一　陶瓷业和冶铸业在古城佛山中的经济地位

以往学界有一个观点，认为佛山经济地位上升原因，是由于明代中期西北江通往广州的水路三水芦苞涌淤浅之后不能行船，从西北江进入广州的船只必须绕道佛山，久而久之，佛山就取代了广州内贸的地位，造就了佛山的商业繁荣。这种观点忽视了古代佛山是以实业立镇的历史事实。陶瓷业和冶铸业早在芦苞涌淤浅之前就已经发展起来，从而奠定了佛山城市发展的经济基础。

石湾的陶瓷业有数千年的历史。在新石器时代晚期，佛山河宕遗址出土数万件的陶器碎片，表明这里就已经有发达的古陶冶，其中彩陶杯、蓝纹红陶釜可称之为佛山最早的陶瓷艺术代表作。1957 年以及 1972 年先后在石湾大帽岗和南

海奇石村发现了唐宋窑址。陶瓷的大批量生产，使佛山成为岭南地区重要的陶瓷基地，产品除供应国内所需，还外销到海外。当时佛山艺术陶瓷制作已具相当高超水平。佛山陶瓷业的迅速发展，则始于明代。洪武初年，佛山陈氏“宣意公拨出潘氏安人二妆奁二瓦窑之资，卜买南岸洲一所，直至洲边……缸瓦社之名，乡俗沿称”。[①]“妆奁”是宋元明女家出嫁时母家给的嫁妆，宋元都是田地，称为“奁田”。但是陈家“潘氏安人”的“妆奁”是“二瓦窑”，表明潘家起码在元代就将农业资本投入陶瓷业。

佛山冶铸业出现的时间也早于明代中叶。据族谱记载：明宣德四年“祖庙门前堂狭隘，又多建铸造炉房，堪舆家言，玄武神前不宜火炎，慧（梁文慧）遂与里人霍佛山浼炉户他迁”。[②] 可见在明前期，在祖庙一带已经有很多冶铸炉。一般认为官府的特许是佛山冶铸业发达的基础。其实也是佛山先有冶铸业的基础，才得到官府的特许，冶铸业在此基础上才进一步发展起来。在南宋元时期，由于“广米”行销，产生了一批专门囤积米谷、热衷于追求土地资源和水利资源的“富有阶层”。[③] 佛山在汉代的农业已经很发达，澜石出土的陶水田，表明广东的精耕细作农业在这里最早出现，这里还发现宋元明的墓葬，有的墓葬还以陶罐盛米谷陪葬。宋元佛山建设了存院围，建设了围田，出产米谷多，故富有阶层是很多的。明代这里的“富有阶层”将农业资本投入手工业，故陶冶和铁冶都在前代的基础上发展，绝不是偶然的。

16世纪前半叶，广东的商品性经济开始腾飞，陶冶和铁冶已经成为佛山重要的经济支柱。澜石人霍韬（1487－1540年）嘉靖初在朝廷中任职，在给家族写的“家训”中记载：“凡石湾窑冶，佛山炭铁，登州木植，可以便民图利者，司货者掌之。年一人司窑冶，一人司炭铁，一人司木植，岁入利市，报于司货者。司货者岁终，咨禀家长，以知功最。”“司窑冶者，犹兼治田，非

---

① 佛山纲华陈氏族谱，缸瓦社里，佛山碑刻文献资料，323页。

② 梁礼昭：《梁氏家谱》之《诸祖传录》，第44页，佛山市博物馆藏线装本。

③ 吴建新：《从广米看珠江三角洲的富有阶层的兴起》，《古今农业》，2014年第2期。

谓只司窑冶而已。盖本可以兼末，事末不可以废本故也。司木、司铁亦然”。[①] 从这段记载看，“石湾窑冶”与“佛山炭铁”并列，表明陶冶和铁冶并重，但霍氏家族的资产还未完全投入手工业，而是司窑冶、司炭铁、司木植的人，仍然兼管家族的田产。

16 世纪，海南人丘浚（1421－1495 年）说：“其居民大率以铁冶为业。”[②] 佛山铁冶已经天下闻名。霍韬的儿子霍与瑕的时期，佛山的陶冶和铁冶已经天下闻名。他说：“两广铁货所都，七省需焉。每岁浙、直、湖、湘客人腰缠过梅岭者数十万，皆置铁货而北。”[③] 万历南海县志卷之六《物产》记载“多铁锅，（出佛山）”，这时佛山的铁锅和铁钉等产品已经行销全国。关于铁冶，“佛山之冶遍天下”。[④] 明末清初南海陈子升说：“佛山地接省会，向来二三巨族为愚民率，其货利惟铸铁而已。”[⑤]

陶冶之闻名不下于铁冶。万历南海县志卷之六《物产》记载：“有信石、有白坭（出麻奢，取烧丸）。有垩坭。多瓦器（出石湾）。”将陶冶原料产地和成品产地都列出。一般认为是记载明末清初广东社会的《广东新语》，对佛山陶冶和铁冶有更为清晰的记载：“石湾之陶遍二广，旁及海外之国，谚曰，石湾缶□冈瓦，胜于天下。”[⑥] “南海之石湾善陶，凡广州陶器皆出石湾”。[⑦] 雍正年的记载：“南海之石湾善陶，其瓦器有黑白青黄红绿各色，备极工巧，通行二广。”[⑧]

陶冶和铁冶的发达，加上由于水文地理的变迁，西北江船只须转道佛山往广州，久而久之，佛山在明清成为广州之外的另一个岭南的贸易中心城市。学

---

① （明）霍韬：《霍渭崖家训》，《货殖第三》，续四库全书本。

② （明）丘浚：《丘文庄公集》卷七，《东溪记》。

③ （明）霍与瑕：《霍勉斋集》卷十二《上吴自湖翁大司马巴马书》，明万历十六年（1588 年）霍与瑞校刻本，第 162 页。

④ （清）屈大均：《广东新语》卷十六，《器语》之《锡铁器》，中华书局，1997：238。

⑤ 同治戴肇辰、苏佩训：《广州府志》卷十五，《陈子升上某明府书》。

⑥ （清）屈大均：《广东新语》卷十六，《器语》。

⑦ （清）屈大均：《广东新语》卷十六，《器语》。

⑧ 范端昂：《粤东见闻》卷十七，物部，瓦岗。

界认为佛山与广州是明清岭南两个具有不同功能的市场中心，“省（广州）佛”并称就是此说的注脚。但是广州与佛山的特色并不相同。广州以对外贸易为主，虽然有手工业，但并不比佛山发达。以冶铸业为例，佛山将全省的生铁都运到这里加工，既能制作农具、铁锅、铁钉，也能铸造铁炮，生产量很大。广州的冶铸业主要是金银铜锡等精致的而销量不大的艺术品，昂贵的饰品、生活用具等，故“锡器以广州所造为良。谚曰：‘苏州样，广州匠’”。[①]广州的冶工能按照图样加工精美的金银锡器，价值虽高而量不大，故明清广州的手工业的总量是比不上佛山的。

佛山工贸结合的特色也是广州所没有的。佛山除了陶冶和铁冶之外，还有很多手工业采取前店后场的形式，各行除了收买各地汇集来的商品，有条件的行业在佛山制造产品，就地销售以减少进货成本。如炮竹行，制作者“二十余家，又代客沽货者数家”。[②]这类手工业，多以来料加工制作成品，如制帽行，“各帽由店员雇工或发女工制成”。头绳行、唐鞋行、布袜行、毡料行、成衣行、新衣行、乌烟行、烟丝行、纽扣行、印刷门神等行、顾绣行、染线行、布扣行、染纸行、狮头行、扎作行、书籍行、刻字行、火石行、葵扇行、玩具行、颜料行、工艺厂等无不有这样的特征。[③]清代佛山的商业和物流业也是广州所不能比拟的：“佛山镇为南韶孔道，南通梧桂，东达会城。商贾辐辏，帆樯云集，亦南海剧地也。”[④]

清代佛山工贸结合的经济对邻近地区经济的拉动作用是很大的。除了各地的特产运往佛山交易，佛山陶冶和冶铸业对原料的需求也很大。山区中的石英石运往佛山做釉料。18 世纪广州外销的通草水彩画中有一套专门描述佛山陶瓷业的组画，其中有佛山磨石英石的作坊，石英石原料佛山不产，当是来自邻近的山区。

佛山冶铸用的沙子也是三角洲内供应的，如番禺县的三冈砂，产于南冈、

---

① （清）屈大均：《广东新语》卷十六，《器语》。
② 民国《佛山忠义乡志》卷六，《实业志·商业》。
③ 民国《佛山忠义乡志》卷六，《实业志·商业》。
④ 道光《佛山忠义乡志卷一》，乡域志。

三元冈、鸦冈三乡河底，“自明以来，俱由批商承采，售于佛山，用以铸镬”。[1] 直到清末，石湾“匪徒挖沙印砖，石湾诸山皆然”。[2] 明清广东当局规定各地的矿山的冶炼完的生铁必须运往佛山冶铸。明代至清代前期广东的铁矿，广州府属城内1个，从化、龙门各10个，南海4个，番禺、增城、花县各2个，清远7个，共38个。全省铁矿产地分布在31个县，矿山231处，广州府分别占22.6%，16.45%。其中从化、龙门、清远是全省有铁矿最多的县份之一。[3] 因为临近佛山，广州府内有些铁矿被反复挖掘，如与增城和从化交界的铁冈，在明嘉靖三十年（1551年）、天启元年（1621年）、崇祯十二年（1639年）、十七年（1644年）、清顺治十八年（1661年）先后五次开炉煽铁，但屡兴屡废。[4] 佛山陶冶和冶铸业，需要大量燃料，也是来自山区。

丝织业亦为佛山的重要手工业。生丝来自顺德、南海各乡，棉织业的棉花“多从楚中度岭而来”。[5] 明清江西的棉花也从大庾岭入粤，只是在鸦片战争后被洋纱、洋棉所排挤。[6]

明代开始，佛山在清代有不少外地商贾开设的会馆，如福建商人办的莲峰会馆，西北商人办的山陕会馆，山陕福地；湖广商贾办的楚南会馆、楚北会馆，海南商人办的琼花会馆，潮州商人办的潮蓝会馆，江西商人办的江西会馆等。[7] 此外还有一些会馆或行店，虽不冠以地方名，但却是外地商人将家乡的物产运到佛山销售的联络点或销售点。

可以将明清佛山经济概括为这个特点：以冶铸业和陶冶业、纺织业等实业立镇，贸易强镇，工贸一体。在这个基础上，佛山经济和广州城的经济互补，并对省内其他地区经济有拉动作用，并与全国各地的商业建立了紧密的联系。

---

① 民国《番禺县志》卷十二，《实业志·矿业》。

② 同治《广州府志》卷十，《舆地略二》。

③ 邓开颂：《明至清代前期广东铁矿产地和冶炉分布的统计》，广东历史学会《明清广东社会经济形态研究》，170－180页，广东人民出版社，1985年。

④ 民国《龙门县志》卷五，《县政志三·矿税》。

⑤ 《粤剑编》，卷三，志物产。

⑥ 光绪《始兴乡土志》，商务。

⑦ 道光《佛山忠义乡志》，卷五，乡俗。

这也是古佛山留给我们的经济文化遗产。

二 承继古城经济传统，发展当代陶瓷业与金属业

我国古代的城市类型，大都以封建行政管辖的体制来划分，如都、府、州、县。一般均为各级封建统治的政治中心及军事中心，职能较为单一雷同，有少数位于江河要道或水陆交会处的城市也同时具有商业都会的职能，如重庆、扬州、武昌、苏州等。只有少数城市是以手工业为主要职能，如自贡、景德镇、佛山镇等，往往在等级上要低于县，还无资格设置衙门及孔庙、学宫。也有一些按边防或海防的防御体系设置的城堡，如镇、卫、所等，还不具备城市的职能。① 可以说，从经济上来说历史上的名镇能留下来的不多了。佛山市作为一个新的经济体，如何承继古城的特色，是一个很值得探讨的问题。

佛山的经济，从鸦片战争以后通商口岸日益增多，逐步呈现衰退的迹象。晚清以来，由于多口通商，佛山的经济地位一落千丈，当时人为此提出："通商以来，洋货日盛，土货日绌，农工不兴，商务乃困。欲塞漏卮，非振作实业，无从补救也。"② 这里的实业泛指工业和商业。但在晚清民国，始终未能以实业恢复佛山的已经逝去的辉煌。

当代的佛山如何承继古城的特色。对于城市建筑而言，已经没有多少可以展开论述的了。因为在从民国初年开始，一直到改革开放，古城建筑都处于在拆和改建的不利状态。20 世纪 80 年代中期，笔者在佛山做调查，古城的街道还在拆，前几年还有东华里存，仅可见古城建筑之一斑，今在房地产发展的大潮中，恐怕旧貌也被遮盖得差不多了。但是我们从另一角度说，在珠江三角洲，民间有热衷发展实业的动力，如有机会民间资本就会投向制造业，除非因为其他因素才会中断。例如西樵山，曾经是近代"广东制造"的发源地。陈启沅曾在简村建立中国第一间缫丝工厂，从此南海、顺德都纷起效仿。西樵镇也曾经是纺织业和缫丝业的重镇。改革开放之后，西樵镇的家庭纺织业如雨后春笋般涌现。

---

① 董鉴泓《我国古代若干类型的城市》，同济大学学报，1993 年 1 期。

② 光绪《南海乡土志》，手抄本。

承继古佛山的特色，发展和升级制造业的传统——陶瓷业与金属业，使其以崭新的面貌出现，不仅是一项经济措施，还是重要的文化措施。

1. 发展当代陶瓷业与金属业是承继古城特色的重要经济策略和文化策略

不是四大名镇都继承了古城的经济特色，朱仙镇为例。朱仙镇隶属于河南省开封市祥符区，位于开封南 15 公里处，南邻尉氏，西接中牟，北连古都开封，总面积 70 平方公里。2008 年，实现农业总产值 3.8 亿元，工业总产值 2.526 亿元。时至今日，朱仙镇仍然不是一个工业化的市镇，旅游业和农业仍占主导地位。因此朱仙镇古城自古以来就缺乏制造业的传统特色，汉口和景德镇则有。

佛山自改革开放以来，传统产业跃上一个新的台阶，在这个基础上继承古城的经济传统。当代陶瓷业与金属业在佛山经济中占了一定的地位。笔者在佛山市统计局得到的近几年这两个制造业的数据。

从工业产值计算，2011 年，佛山非金属矿采选业39,936万元，非金属矿物制品业 10,041,590 万元，合共10,081,526 万元，当年全市工业总产值为 144,250,308万元，非金属选矿和非金属制品业产值占 7%。2011 年，佛山黑色金属冶炼及压延加工业 4,397,357 万元，有色金属冶炼及压延加工业 8,579,938万元，金属制品业10,215,167 万元。合共23,192,462万元，占当年全市规模以上工业企业总产值的 16.08%。

2011 年，非金属选矿和非金属制品业产值加上黑色金属、有色金属和金属制品业，约占全市规模以上工业企业总产值的 23%。

2013 年，全市非金属矿物制品业利润813,129万元，加上非金属采矿选矿业 1419 万元，共814,548万元，当年全市工业利润总额12,852,946 万元，占 6.337%。2013 年，黑色金属冶炼和压延加工业利润总额 353,935万元，利税 495,025万元，有色金属冶炼和压延加工业利润总额 588,343 万元，利税 722,137万元。金属制品业利润1,047,326 万元，利税1,389,055万元。三者叠加利润为 1,989,604 万元，利税 2,606,217 万元，当年全市工业利润总额 12,852,946 万元，利税总额17,916,464万元，则黑色金属、有色金属和金属制品业的利润和利税分别占当年全市总数的 15.4% 和 14.5%。

2013 年，全市制造业利润总额为12,552,530万元，利税总额为17,361,342 万元，非金属制造业（加上选矿业）分别占 6.5%，黑色金属冶炼和压延加工业、有色金属冶炼和压延加工业、金属制品业利润 15.8%。非金属业和金属业占全市制造业利润的 22.3%。

2013 年，对就业人数的贡献，非金属业加上选矿业人数为136,317人，占全市制造业就业人数1,658,472 的 8.2%，黑色金属冶炼和压延加工业、有色金属冶炼和压延加工业、金属制品业就业人数共223,152人，占全市制造业人数的 13.5%。则陶冶和冶铸及其制品从业人数占全市制造业的 21.7%。

尽管统计口径不同，但可以从不同的角度看，属于传统制造业的非金属业和金属制造业约占佛山制造业的比重在 20%。比例虽然偏低，但地位仍然重要。

笔者手头没有 2015 年这两个产业的数据。2015 年佛山到 2015 年全市总产值为 8003.92 亿元，其中第一产业 136.42 亿元，第二产业 4838.49 亿元，增长 7.6%。第三产业增加值 3028.61 亿元，增长 10.3%。其中陶瓷业和金属业仍占一定的比例。

从经济上说，当代佛山的陶瓷业和金属冶炼业占经济的一定地位，会使古佛山的经济在当代条件下保留其特色，亦是保留古城风貌的一种经济和文化的策略。

2. 工贸结合，打造华南以至全中国的陶瓷和金属制造业和物流中心是振兴古城经济的另一策略

古佛山的制造业都有自己的物流系统。早在明正统年间，鹤园冼氏六世祖冼灏通以“贾锅”为业，垄断了佛山的铁锅贸易，“各省巨商闻公信谊，咸投其家，毋后期也，乃人人又益喜，辄厚谢之。公以故家饶于财”。[1]

嘉靖年间，离佛山十里的石湾霍氏也从事铁版的买卖，亦从事石湾缸瓦买卖，囤积居奇，以图牟利。其家训称：“凡人家积钱，不如积货，所积亦有其方。难收易坏者不可积；人家少用者不可积。如佛山铁版无坏，石湾之缸瓦无坏之类者，可积也。”[2] 积货是为物流做准备，古人的商业智慧值得借鉴。

当代佛山陶瓷和金属业发展的过程中，也打造这两个产业的物流业。

改革开放以来，佛山大力发展陶瓷业，早已形成建筑陶瓷的物流系统。

---

① 《鹤园冼氏家谱》卷六之二，《六世月松公传》。

② 《太原霍氏崇本堂族谱》，《前后家训》卷三，第 17 页。

2007 年，佛山规模以上陶瓷工业总产值 614.45 亿元，占到全市工业总产值 7%。5 年后，佛山陶瓷工业产值为 800 多亿元，同期，全市工业总产值已增长一倍多，于 2011 年已迈入 1.7 万亿元门槛。佛山借此打造的“中国陶瓷产业总部基地”“中国陶瓷中央商务”等新平台也开始动工，诸如“世界级的陶瓷之都”“世界级的产业基地”等目标见诸报端。2006 年在全国 260 多个地级市中，建陶产量第一，出口第一。中国名牌数量第一，全国建陶 10 个品牌产品中，佛山占 7 个，6 个中国驰名商标中佛山占 5 个。

2013 年全国已形成广东佛山建筑陶瓷生产基地，广东潮州日用、卫生、艺术陶瓷生产基地，河北唐山、山东淄博、湖南醴陵、广西北流、福建德化等日用陶瓷生产基地及江西景德镇艺术陶瓷生产基地，行业发展呈区域化、分工化、同类型产品生产聚集化的特点。而在建筑陶瓷方面，全国各地的建筑陶瓷都来到佛山交易，佛山因此成为中国建筑陶瓷的最大市场。

如今，广东佛山已经发展成为我国最大的不锈钢加工基地和不锈钢材料、产品的集聚地，被誉为“不锈钢之乡”可谓是实至名归。

近代的澜石原以五金制造、卷闸、塑料等行业盛名，20 世纪 80 年代中期，不锈钢贸易兴起，澜石开始进口不锈钢管、板在国内销售，深受欢迎。1986 年，澜石不锈钢型材厂从美国引进了中国第一台不锈钢高频焊管机，开拓了国内建筑装饰及结构用不锈钢焊管的巨大市场。

20 世纪 80～90 年代产业集聚造就较低的市场门槛；上下游以及厂与厂之间的配套，甚至相互聘请工作人员都很容易；对商家自有资金要求不高，很低的资金也能入行；行业人才集聚使得产品更具竞争力。有不锈钢行业的专家说：“我在这行 20 多年，都没有见到北京、山西等地出现不锈钢产业集聚成功的先例。”

2007 年禅城石湾辖区，包括澜石镇，拥有金属加工商户 2543 家，其中加工企业 926 家，从业人员35,000人。石湾镇街道不锈钢年加工生产量超过 200 万吨，规模占全国三分之一强，产值超过 150 亿元，成为国内最大的不锈钢集散地。

2008 年，受美国次贷危机带来的影响，中国钢企遭遇了多年来最冷的冬天。与会专家认为，虽然形式严峻，佛山不锈钢行业在立足于内需的基础上扩大和开拓市场。企业群采取从沿海到内地、从城市到农村、从高端到低端的全方位发展战略，此前沿海地区广泛使用的304不锈钢，两万多元1吨，到现在低镍中铜的200系列，1万多元1吨。以前不锈钢产品多用于工业，现在价格降下来，更多的人消费得起，农村市场也打开了。石湾街道多年实施“品牌带动”战略，多次成功承办全国不锈钢行业盛会，相继被授予“广东省不锈钢专业镇”“中国不锈钢名镇”“中国不锈钢商城”等称号，令石湾（澜石）不锈钢区域品牌以及企业品牌的知名度和影响力不断提升。2010年，品牌中国产业联盟授予了石湾镇街道“品牌中国·澜石不锈钢”“品牌中国·不锈钢（国际）产业示范基地”两大荣誉称号。现在佛山已经建成立足佛山、辐射珠三角、面向全国的石湾不锈钢商贸物流中心。

大沥有色金属深加工是佛山另一金属业的生产基地和物流中心。早在20世纪80年代初，大沥率先在谢边开办第一家型材厂。进入21世纪，大沥加快实施名牌带动战略步伐，一批知名企业、名优产品逐渐占据主导地位。

经过30多年蓬勃发展，大沥基本形成研发技术、生产加工、机械设备、物流贸易、人才培训、科技服务、信息咨询等一条完整的产业链，成为全国乃至全球铝型材企业最集中的区域，在国内外铝型材行业内具有举足轻重的地位。目前，大沥镇铝型材行业拥有多个“中国名牌”和“中国驰名商标”，产品远销欧美、东南亚等世界100多个国家和地区。大沥的广东有色金属交易平台自2014年3月份运营以来，注册会员企业过百家，今年交易额超500亿元，2015年交易额突破1000亿元。经过30多年的发展，大沥铝材、有色金属等产业基础雄厚，有色金属贸易及38家专业市场传统商贸业，在国内更是拥有举足轻重的地位。

综上所述，当代佛山在继承古代本地陶冶业和金属业的制造业传统方面迈出的步伐，远非古代传统制造业所能比拟。这是佛山古城建设的重大成绩。

三 佛山古代陶瓷业和冶铸业对当代陶瓷与金属业的历史启示

笔者无意在这里讨论现代企业诸问题，这也不是笔者本行，仅就古佛山陶瓷业和冶铸业留给我们的经验教训，谈点感受。

1. 注重产业升级

古代佛山陶瓷业和冶铸业都属于传统产业的范畴。石湾陶冶以缸瓦为大宗产品。史载："缸瓦窑，石湾为盛，年中贸易过百万，为工业一大宗。"（南海乡土志，矿物制造）"缸瓦行，缸瓦多来自石湾乡，制品颇有名，销行内地及西、北江等处，店号大者数家"。[①] 所谓缸瓦，就是日常生活品而已，石湾公仔、瓦脊等产品属于比较高级的陶瓷，从销售额来说，恐怕比不过缸瓦。

古代冶铸业以制造铁锅出名。"炒铁，则以生铁团之入炉。火烧透红，乃出而置砧上。一人钳之，二三人锤之。旁十余童子扇之。童子必唱歌不辍。然后可炼熟而为鏁也。计炒铁之肆有数十。人有数千。一肆数十砧。一砧有十余人。是为小炉。炉有大小。以铁有生有熟也。故夫冶生铁者。大炉之事也。冶熟铁者。小炉之事也"。[②]

佛山丝织业也有类似的特点，部分产品由于质量问题，在清中叶已经衰退，如"牛郎绸质重而细密，本于红女所自织，近来渐以疏薄；女儿绢闺中处子性慧而心静，耑精必巧，故极轻细而又坚韧，今亦只存其名"。[③] 传统时代的传统产业没有近代科学的支撑，难以实现科技的进步和创新，因此传统的佛山陶冶和冶铸业走向衰落是必然的。

改革开放以来，佛山陶瓷业开始了建筑陶瓷为主的扩张，但是产业水平还是很低。2007 年，佛山陶瓷行业整治开启。佛山 366 家规模以上陶企中最终有 200 多家转产、转移甚至关停，开始以全国为版图进行产业迁移。现在将佛山的陶瓷定为总部经济、陶瓷科研中心。

2016 年 5 月 26 日，由广东家居业联合会主办、广东法迪奥厨卫科技有限公司协办的"中国制造业转型升级暨佛山不锈钢家居发展高峰论坛"于广东佛山温德姆酒店隆重举行，企业家和专家深度解密建材家居的转型升级之道。

如果以古代佛山城市和广州相比，佛山制造业较广州为发达，广州除了是岭南的经济、政治中心之外，制造业基本没有佛山的优势，而是空心的。当代佛山产业转型升级是对的。但是我们也要防止由于产业外移而出现的"产业

① 民国《佛山忠义乡志》，卷六，实业。

② （清）屈大均：《广东新语》卷十五，货语。

③ 乾隆《广州府志》卷四十八，物产。

空心化”。“产业空心化”会使城市失去竞争力的基础。古代佛山就是以实业立镇，工贸结合才有了超越广州的势头。这是佛山城市史给我们宝贵的历史经验，值得借鉴。应该在保持制造业产业升级的基础上，同时保持先进产业留在佛山，是继承古代陶冶业和冶铸业传统的一大战略措施。

2. 注重引进各种优秀人才，建立现代企业制度

虽然古佛山的陶冶和冶炼业属于传统产业。但是这些行业之中仍然注重人才，“陶者亦必候其工而求之。其尊奉之一如冶。故石湾之陶遍二广，旁及海外之国”。[①]“必候其工而求之”，显示陶瓷窑主对人才的渴望。因为佛山窑炉，用的原料大都是本地粗料，如何用粗料制造出高质量的缸瓦，对炉工技术要求很高，至于艺术陶瓷的制作，更需要有艺术造诣很高的艺工。缺乏人才的窑炉就会衰落，如霍氏在清代，“我三世祖原山共置立烧作缸瓦窑一座，坐在大岸塘坊附近……批佃之家，尽是乡里”。[②]

冶铸业也有这样的情况。《李氏族谱》载：“吾家广成公得铸冶之法于里水（佛山的一个自然村，村民多从事冶铸业），由是世擅其业。”其后辈六世祖李善清，七世祖李世昌、李潭，八世祖李壮、李上林、李白、李国臣、李挺干等，均从事冶铁业。其中八世祖李壮在冶铁业上大有所成，家号素封。“吾家之昌厥宗也，自祖父同野公”就是指此。[③] 李氏得“得铸冶之法”，然后形成世代相传的技术，也是注重技术的表现。江夏黄氏亦是冶铸世家，专门从事冶铸车模业。万历年间，黄龙文“勤务正业，以铸冶车模为生”。其子黄妙科“以下模为业，致积有千金”。其子孙世代从事车模铸锅业，直到清中叶时止。[④] 大作坊这种经营方式常常出自佛山的大姓望族。大作坊是以族中长老、富商、绅士创立的作坊，规模较大。内部分工明确。作坊主脱离劳动，只负责经营筹划，或者请别人代为经理。劳动者或由子弟，或由“家僮”充当。但

① 《广东新语》卷十六，《器语》。

② 石湾《太原霍氏崇本堂族谱》卷四，佛山碑刻经济文献，322 页。

③ 《李氏族谱》卷五《世德纪》之《广成公传》《靖山公传》《古松公传》《季泉公传》《祖考同野公传》，第 45 –49 页。

④ 黄尧臣：《江夏黄氏族谱》，《以寿太祖小谱》，清嘉庆十八年（1813 年）刻本，第 23 页。

是这种租赁式和代理式的家族经济显然随时衰落。这在族谱上有好几个案例，如佛山霍氏，“体得祖建文灶，经今三百余年，近因灶颓，竟成荒地。虽岁赁缸瓦，所入无几。致有不肖子孙或私写按揭，或串本族异族，有契无契，借名占据”。①

佛山陶冶和冶铸业给我们留下的教训是，必须掌握独有的技术和人才，才能使实业扎下根，更好地前进。对于现代工业来说，掌握新技术，具有创新精神的人才，是企业发展的基础。当代工业进步，如何引进人才、留住人才、使用人才，就牵涉到一个很重要的问题：企业应用人才的机制和制度如何建立起来。20 世纪 80 ～ 90 年代兴起的企业很多是家族企业，从家族企业如何转型为现代企业，吸纳人才，深圳的华为是一个很典型的例子。古佛山的家族企业能生存，它们是处在传统的时代。但是在当代中国，家族企业能长久发展是不多见的。引进人才、留住人才、使用人才的机制和制度是和现代企业制度联系在一起的。

3. 注重技术创新

古佛山的陶冶业和冶铁业虽然都是传统经济中的制造业，但是也有在传统经济的框架中的技术创新。如石湾的艺术陶瓷，能用自己独特的技术仿制古窑瓷器。史载：“石湾所制陶器似古之厂官窑。郡人有‘石湾瓦，甲天下’之谣。形器古拙。有百级纹者在江西窑之上。”② 这类古官窑的仿制品，至今仍有收藏的价值。“石湾公仔”是石湾陶瓷艺术的珍品。古佛山的冶铸业，也达到传统冶铸业的技术高峰。根据研究，明代佛山的冶铸业技术为明代宋应星的《天工开物 · 冶铸》对冶铸业的铸型叙述了四大类：（1）造钟鼎的失增铸造和铸炮、佛像的塑模，采用一模成铸的泥型；（2）造铁锅一模多铸的泥模；（3）铸钱、镜用的砂模；（4）大炉熔化及铸件修补。这些都是佛山冶炼作坊的独创。宋应星不一定来过佛山，但其弟胞兄宋应升于崇祯三年（1630 年）曾任广州知府，《天工开物 · 冶铸》的记载或得之于其兄亦未可知。佛山的丝织工也曾对传统丝织品进行过革新：“粤缎之质密而匀，其色鲜华，光辉滑泽。然

① 石湾《太原霍氏崇本堂族谱》卷四，佛山碑刻经济文献，322 页。
② 光绪《广州府志》卷十六，物产。

必吴蚕所织。若本土之丝，则黯然无光，色亦不显，止可行于粤境，远贾多不取。”[①] 本地蚕丝织成的丝布无光，泽色彩不鲜艳，但是用湖蚕丝与本地丝混织，销路因此大开。但是传统制造业没有科学研究为支撑，靠的是手工业工人的经验和技术的长期积累和摸索，其技术创新是偶发性的，不具备持久发展的基础。

自20世纪80～90年代兴起的佛山陶冶和金属业，大都集中在建筑陶瓷、建筑用的铝合金型材方面，高端的产品占的比例不高。经十年有很大的改观。但对于高端陶瓷和高端有色金属制品，还需依靠企业的研发投入，才能有长足的进步。产品向高端发展，例如，陶冶可以向这些高端制品发展：（1）化工陶瓷，用于各种化学工业的耐酸容器、管道，塔、泵、阀以及搪砌反应锅的耐酸砖、灰等。（2）电瓷，用于电力工业高低压输电线路上的绝缘子。电机用套管、支柱，绝缘于低压电器和照明用绝缘子，以及电讯用绝缘子、无线电用绝缘子等。（3）特种陶瓷，用于各种现代工业和尖端科学技术的特种陶瓷制品，有高铝氧质瓷、镁石质瓷、钛镁石质瓷、锆英石质瓷、锂质瓷以及磁性瓷、金属陶瓷等。冶炼业中的不锈钢制品向耐碱耐酸的制品发展，或用于军事的或者特殊用途的不锈钢制品。笔者对这方面没有了解，不敢过度妄测，但十分期待佛山的佛山陶冶和金属业依托研发向高端产品制造升级。

4. 发展工业应注重保护环境

古佛山的陶冶业和冶铁业对生态环境的影响是很大的。首先对佛山的生态环境有影响，清代嘉庆年间，因为在石湾一带挖土过多，人们“挑取散沙，船运别乡，或烧造红砖贩卖各处，并有影射无主山岗为己业”，使石湾一带坟茔延绵十余里的岗地“露棺抛骨”，以致官府严令挖沙须到外地，不得在本地开挖。[②] 冶炼业产生的空气污染，文献上很少记载，但估计是很大的。陶冶和冶铸业产生的大量废料废渣，倾倒在佛山涌，使河道变窄，所以治理佛山涌一直是古佛山除了米谷供应之外最大的公共事务。

从20世纪80～90年代兴起的佛山陶冶和金属业，曾经产生了严重的环

---

① 道光《佛山忠义乡志》，卷五，物产。

② 《藩宪严禁挖沙印砖碑示》，《明清佛山经济碑刻文献资料》，第124－126页。

境污染。进入21世纪，佛山市下大力治理污染，将污染企业外迁。从环境整治来看，产业转移有其效果。从2006年到2009年，佛山单位GDP能耗下降了27.3%，下降率连续两年位居全省第一。2011年陶瓷重镇南庄的二氧化硫日平均浓度比2006年下降了66%。尽管佛山陶瓷企业在外投资的生产基地中，不少是现代化大型生产线，产业机械化程度很高，工人已经可以在洁净的空调车间中无忧无虑地工作，但不少外迁的陶瓷厂具有污染环境的特征。所以，我们必须吸取历史的教训，既要将传统制造业升级，也要注意采用污染少甚至是不产生污染的技术；既要注意佛山的生态环境保护，也要大力提倡外迁企业应用非污染技术。因为生态环境的保护的终极目的是建设全人类都有宜居的环境，保护生态环境的责任是不分地区的。

古佛山曾经有过的经济和文化的辉煌是值得当代佛山人骄傲的。虽然古城建筑只是留下祖庙那么一点地方，令人感到不少遗憾，但是古城的陶冶业和冶铁业在当代条件下有了新的发展，也是令人欣慰的。我们要在新的目标下，让传统产业发展壮大，也有良好的生态环境，令古城风貌以新的姿态出现。

佛山金属冶炼加工业的过去现在与发展趋势

何家金
（佛山市高登铝材公司技术副总经理，教授级高工）

一 前言

佛山，古代中国四大名镇之一，人杰地灵。古今的佛山同样拥有非常出名的陶瓷和金属冶炼加工。佛山地处珠江三角洲中心，西、北、东大江交汇贸易出海口上，海陆空交通十分便利，得天独厚的天时地利人和的自然条件，使国民经济重要来源之一的地下矿产资源，经采掘富集流经佛山进行进一步冶炼铸造加工，急剧提升其经济上的高附加值，同时推动佛山地区产业链的迅速延伸发展，使金属冶炼加工贸易进入良性循环状态。

根据国家“一带一路”发展战略和广东省“21 世纪海上丝绸之路”建设计划目标，佛山市政府主持举办的“佛山海上丝绸之路陶瓷冶炼大港”论坛，具有重要意义。作为了解一点佛山古今金属冶炼加工业概况的一名专业人员，在这里介绍一下有关佛山金属冶炼加工的历史和现代发展概况，仅望能起个抛砖引玉的作用，供有关领导专家学者参考。

二 佛山金属冶炼制造业的历史

从《天工开物》① 等史料查阅可知，我国的冶炼业发展早于欧洲1700年，古时的土筑高炉已达4米，内径1～2.5米，温度高达1300摄氏度，冶炼生铁。据屈大均《广东新语》记载广东冶铁："炉状如瓶，口广丈许，身厚二尺，灰砂盐筑，巨藤束之，十二个时辰（24小时）可出铁3600斤"。古代鼓风用皮囊到宋代已使用风扇，开合门扇成风入炉，属较先进的技术了。明代有活塞式鼓风箱，广东炉大多用风扇。据《大明会典》卷一百九十四，冶课，②《中国冶金简史》（北京钢铁学院编）等资料文献记载，明初洪武七年（1374年）关系国民经济最重要的是铁。朝廷实行官铁政策，禁止民间开采冶炼，全国铁冶所13个，包括湖广、山东、广东、江西、山西、陕西等省，规定炼铁岁额达743.0987万斤。③ 但朝廷禁矿仅约20年，又"诏摆各处冶铁。令民得自采炼，而岁输课程，每三十分取其二，"即开放民营了。到正德期间（1506－1521年），朝廷设有"广州铁冶"所，产品有：生铁48.6万斤/年、熟铁29万斤/年和钢铁6万多斤/年，及生铁板18.8万斤/年。

金银矿是历朝政府禁止民间开采的。虽有朝纲法规，但历朝"盗矿"之事，都是史不绝书，且遍及全国各地。文献记载"在广东顺德，有'豪强'勾结'势家'经营银矿长达多年"。④ 铜和铅也属官矿，但也很早就有民营。故民间的铜器制造，几乎出自民矿。史书有载，即使朝廷铸币，也仰仗民铜。"今云南、广东各省有铜矿，为奸商专擅"。⑤ 文献记载广东潮州、惠州等地的铁课是5500多两白银，税率是3两/万斤铁，即在嘉靖十年（1531年）时，超过明宣德十年（1435年）时全国民矿产量的1.5倍。⑥

---

① 宋应星《天工开物》卷下，五金。

② 《大明会典》卷一百九十四，冶课；北京钢铁学院《中国冶金简史》1978. P149－186。

③ 《明史》卷八十一，食货五。

④ 明《英宗实录》卷二百零七，景泰二年八月甲戌。

⑤ 孙承泽《春明梦余录》卷四十七，宝源局，引郝敬要《钱法议》。

⑥ 李龙潜《试论明代矿业中资本主义的萌芽及其特点》。

据文献报道在广东韶关、惠州、罗定等地有“掘铁矿者三百余人，烧炭者二百有余，驮者牛二百头，载者舟五十艘”。[①]“扇铁取利，每炉聚二三百人，大木杠搅炉，铁水注倾，复成一版。”获得的冶铁产品运销佛山。炒铁和铸铁商户，因佛山的“豪强”“势家”投资大，利润厚，地利所在。从明末至清朝，广东佛山的冶铁业和陶瓷业不断地发展。在明代，以“冶铁致富、冶铁起家”之事均有许多案例。

铁器制造，到处都有。但广东南海县的佛山在景泰初就是“工擅炉冶之巧，四远商贩辐障”。[②]“铁莫良于广铁”，“基炉（佛山大基）铁最良，悉是铝铁，光润而柔……诸炉之铁冶既成，皆输佛山之埠”。[③]有优质的原料，还要有优良的技术。据说在南海里水有一位学得冶铁之法的李广成，到佛山开业，传代发家。[④]

佛山金属具器及铸造业中有铁线、铸铜或铁锅、铁钉、炒铁和铁针等五金行业。因佛山南海距广州仅几公里，又西、北、东大江交汇，水运交通便利，还与海运发展关联紧密。修造船需用大量铁钉、铁链、铁缆、铁锚，绝大多数由佛山供应。特别是过去朝廷政府造战船、军械需大量铁钉、铁链、铁线、铁器，均向佛山各铁器行征调，称“签应上务”。后因所需铁钉特多，“皆现给官银，悉照民价收买”，这些有利条件，促使着佛山的金属冶铸业长期处于良性发展过程中，形成过去中国四大名镇佛山，历史造就佛山逐步向陶瓷冶炼大港雏形发展。[⑤]

大量文物和历史遗址表明，佛山的金属加工业源远流长，如：20 世纪 50 年代，佛山市新安街是闻名的打铁一条街（称打铁街）。各地的打铁师傅云集于此，其中街上一座建于明朝拜祭纪念铁匠祖师的“国公古庙”（见图1），明清时期这座古庙就是佛山打铁行业的师傅店，也是打铁业神诞祭祀铁匠祖师爷

① 顾炎武：《天下郡国利病书》第二十七册（广东）、第四十三册。

② 景泰二年陈挪：《祖庙灵应词碑记》，《佛山忠义乡志》卷十二，金石上。

③ （清）屈大均：《广东新语》卷十五，货语，铁。

④ 丕在民：《佛山冶铁、纺织、陶瓷手工业史资料》（第二篇）。

⑤ （清）屈大均：《广东新语》卷十六，器语，铜铁器。

（相传唐代开国元勋鄂国公尉迟敬德是铁匠出身）的重要活动场所。明、清及之后又多次扩建修葺山门、香亭及大殿等。尚存清同治年炒铁业18行捐资修庙的碑记就是史证，对研究佛山历史炒铁业的行业分工活动规律及行业神崇拜习俗也有重要参考价值。

图1　古时佛山铁匠祖师店 国公古庙

在历史上，佛山金属冶炼业产品中，已知和现在存留可见的大致可分为：1. 铸铜或铸铁神像。2. 铸铜或铸铁的大香锅（千僧锅）。3. 铸铁或铸铜的大鼎、大钟（见图2）。4. 大型铸铁或铸铜的佛塔。5. 重达万斤的铸铜或铸铁大炮（见图3）等。如佛山铸造置放在韶关南华寺的5米高的重型铸佛塔；在广州五仙观有明初铸造重5吨的大铜钟（见图4），在佛山祖庙重2.5吨的北帝铜像（见图5），在广州越秀山五层楼下、沙面堤岸、东莞虎门炮台，都可一睹由佛山金属冶炼铸造加工的辉煌业绩。在佛山古街道中有铁香炉街、铁砧街、钟巷、针巷、铁门链街、铸犁（农民犁地用具）街等，这些历史见证表明，中国四大名镇佛山古时的金属冶铸业及产品和陶瓷一样蜚声中外。

图 2　佛山冶铸的铸铜鼎

图 3（a）　佛山冶炼铸造重近万斤的铸铁大炮

图 3（b）　广州沙面古炮（佛山铸造）

图 3（c）　清代城防炮（佛山铸造）

图 4　广州五仙观大铜钟（佛山铸造）

图 5　佛山冶炼铸造的北帝铸铜像（重 2.5 吨）　摄于祖庙

另外，在佛山冶金业中还有有色金属加工的历史也是引人注目的。始于元末明初距今有600多年历史的金银铜锡箔的独特手工业，在19世纪末达到鼎盛期，据有关资料介绍，佛山在1905－1915年十年间共有200多家有色金属的工厂作坊，工人达3000多人，产品金箔用于制药、刺绣线、装饰品，产品铜箔或锡箔用于迷信品、文化用品及装饰品，这些原始的手工业精制产品也畅销全国，远销东南亚，金箔刺绣线还远销欧美，后因洋货输入慢慢萎缩。

三 佛山金属加工业近代状况

1. 南海大沥镇“中国有色金属名镇”

众所周知，在2003年3月，佛山南海大沥镇被中国建筑金属结构协会授予“中国铝材第一镇”。该镇的铝合金型材产销量占全国总量的1/3强。铝加工企业最多时达到200多家，铝材从业人数达23万余人，海关统计出口铝材约8万吨，铝材总产值达200多亿元，令全中国人注目也使全球业界惊叹。

2010年9月，奠基在大沥联窖的“广东有色金属交易中心”是和大沥西部有色金属产业园一起形成有色金属铝合金、铜合金、镁合金等挤压管、棒与各种异型材及精深加工制品；铸造的各种大中小件汽车轮毂、车门、踏脚板、发动机壳体、电脑背底板及其他海陆空交通等不同用途的机电异型结构压铸件、五金铸件或焊接件；铜铝铅锌锡等轧制的板、带、箔材，拉拔线材及加工制品等产品的研发、设计、生产、深加工、展示、交易于一体整合完整的产业链，让中国有色金属协会授予的“中国有色金属名镇”南海大沥镇名副其实。

2. 佛山典型的铝合金挤压型材

在佛山的铝型材产品总产销量比全国其他地区更大更显著。目前产销量最大的企业佛山三水凤铝铝业公司2015年产销量约40万吨，佛山南海坚美铝材公司的年产销量约30万吨，年产销10多万吨的企业有华昌铝业、伟业铝厂集团、兴发铝业、广东新合铝业、广东高登铝业等。全国铝材二十强企业中，广东占11家，其中佛山有8家。技术力量比较雄厚的企业，如坚美铝材公司有高薪引进日本技术专家和意大利专家共8人长期常驻专门服务该企业，并在2014－2015年获得国家级企业技术中心称号和全国名额数极少的“国家质量奖提名奖”国家顶级荣誉奖项。

3. 在国家行业“话语权”国家标准制定方面

佛山市的金属冶炼加工企业，在铝合金材料的最高“话语权”国家标准制定方面十分引人注目。铝合金建筑型材的国家标准制定，由广东坚美、华昌、兴发、风铝、新合等铝业公司制定；2015－2016 年又有广东高登铝业公司等企业参加了制定 4 项国家标准：《重载货运列车用铝合金型材及箱块》《铝合金挤压型材轴向力控制疲劳性试验方法》《新能源汽车动力电池壳及箱盖铝合金板、带材》和《铝合金木纹型材》。上述这些企业在经济和工程技术实力等方面，处于全国同行业中龙头企业的重要位置。

4. 金属的熔炼压铸

在佛山的金属熔炼压铸加工业中，以经济实力较雄厚的广东金属压铸龙头企业——佛山南海里水的广东文灿压铸厂为例，近两年承担了国家“863”重大科技项目。该企业拥有 60 多台大中型铝镁合金压铸机，每台压铸机已配置使用了“机器人”作业，避免了工人直接接触高温半成品件，解决了工人在压铸机前因高温工作经常造成灼、烧伤和高温作业问题，以及购买社保等问题和将来劳动力短缺、人工费昂贵的问题等。

该企业的镁合金或铝合金压铸产品有汽车轮毂、高级轿车车门、汽车踏脚板、发动机盖和机电部件、要求减重的电器部件、笔记本电脑底面背板及其他种类繁多的各种金属压铸五金件等，产品客户和应用范围很广。

佛山，在金属熔炼炉技术设备和冶炼工艺技术上，其显著的技术进步和在采用先进技术时，今非昔比。现代高效节能环保自动化程度较高的熔铸炉，二三十吨的熔铸炉除投料开炉门外几乎封闭熔炼，炉内恒温静置时通入惰性气体防氧化；炉膛内高温金属熔体的搅拌，采用从炉膛底部进行非接触式的高效均匀的、用一台电磁搅拌机通过运行轨道对多座熔铸炉高温喀熔融体进行搅拌，看后令人瞠目结舌（见图 6）。

5. 有色金属铜加工

在佛山，有关铜金属加工生产企业规模大小不一，有很多厂家，这里以比较出名的广东华鸿铜业集团有限公司为例，该企业的主要产品有铜管、铜排、铜棒、铜板、带等，企业注册资本 10 亿元人民币，号称为“中国铜业五虎”（浙江海亮、宁波金田、江西江铜、广东华鸿、河南金龙）之一“华南铜虎”。该公司年产铜加工产品约 10 万吨。生产厂区分别在南海大沥镇、狮山镇和清

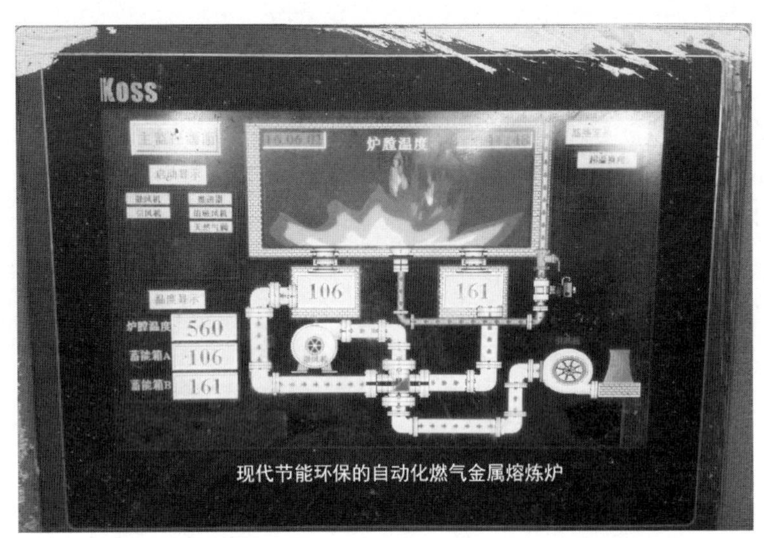

图 6　现代节能环保的自动化燃气金属熔炼炉

远，员工约 1500 人，年产值约 25 亿元人民币。

6. 其他有色金属铅锌锡铋镉

此类经营企业有典型的佛山市南海鸿长有色金属公司，主生产经营铅、锌、锡合金，还有贵金属钯。

在佛山锌、锡、铋、铅、镉等有色金属加工厂也因产业链和市场所需而产生存在。例如，仅锌合金的五金压铸加工厂目前就有 100 多家。例如，佛山市南海区铭万晟金属制品厂，年营业额近千万元，锌合金的五金产品种类很多。

众所周知，佛山的五金产品生产规模很大。这些五金件产品绝大多数为压铸件或焊接加工，经过精细加工制成后，市场批发销往全国各地或由专门的五金配件使用工厂，安装在其他机械设备上使用。

7. 佛山黑色金属业状况

黑色金属的钢铁冶炼，指高炉、转炉或电炉炼钢炼铁或轧钢，因需要大量的原材料铁矿石、能源燃料煤炭、电力消耗量很大，且生产现场需要用地面积很大、环境污染严重难于治理解决，以及产品市场销售利润低，企业获利的投资规模十分庞大，故此钢铁冶炼业早已远离退出了佛山。在佛山只有钢铁产品槽钢、工字钢、角钢、螺纹钢、不同厚度规格的钢板和线材，以及特种钢材如模具钢等的市场贸易和实际现场使用加工。大规模的钢铁冶炼已不复存在。

四 金属冶炼加工业的发展趋势

目前，佛山金属冶炼加工业的发展趋势主要有如下几方面：

1. 目前铜铝材加工企业仍然朝着规模化集团化方向发展，大企业收购兼并运转资金困难、管理技术水平低下、产品质量差提升艰难、无力投资治理环境污染的企业以。

2. 着力研发节能环保新技术新产品，生产市场需求的高档、高质量、高附加值产品。

3. 高度重视提升企业的管理技术水平、提高产品质量和对用户的服务质量。

4. 企业的竞争就是人才的竞争，高度重视引进专业技术人才和经营管理人才，发挥人才优势。

5. 重视政府的政策导向，狠抓节能和环境保护以及清洁生产。

揭开千年之谜　弘扬冶炼传统

——“南海 1 号”沉没之因与佛山铁锅盛世

杨龙胜

（兰州大学法律硕士，广东珠江文化研究会“地域与文化基地委员会”委员，广东司法警官职业学院客座教授）

（本文由广东省人民政府特聘参事、广东省海上丝绸之路研究开发项目组组长、中山大学教授、广东省珠江文化研究会创会会长黄伟宗先生亲自布置题目并指导完成，在此特致敬意和谢意。）

摘要：千年前的福建古船以近乎完美的直立姿态，沉没在南海海底，古船沉没之因迷离扑朔。千年时光流转，“南海1号”重回世人视野，曾经的繁华在沉船遗迹中斑驳留痕，犹见佛山铁锅盛世之景况。传承佛山冶炼精神，弘扬佛山冶炼传统，全力打造中国制造业一线城市，“佛山制造”再扬帆，“佛山智造”正出发。

一　揭秘“南海 1 号”沉没之因

1. 都是佛山铁锅惹的“祸”

2007 年 12 月 21 日，备受世人关注的南宋古沉船“南海 1 号”在海底沉睡了 800 多年后，终于重见天日。“南海 1 号”

上不仅载有大量瓷器，还出水了成叠的铁锅。[①] 这些铁锅令人不解的是，它们都是码放在瓷器之上的，有的甚至就在甲板上。[②] 铁器比瓷器重，为何不是铁器在下瓷器在上？世人百思不得其解。而有专家认为，“南海1号”应该是在两个不同的港口装载瓷器和铁锅。从发掘出来的江西景德镇窑、浙江龙泉窑、福建德化窑等宋代名窑瓷器来看，以及从船体造型该船始发港口可以肯定是来自福建的泉州。广东省人民政府特聘参事、广东省海上丝绸之路研究开发项目组组长、中山大学教授、广东省珠江文化研究会创会会长黄伟宗认为，“南海1号”先在泉州港装载瓷器，向南到达广州港后，再到广州市舶司办理海外贸易的出海手续，同时加装载大批量的铁锅、铁钉等。[③] 而这些铁锅就是当时名震天下的——佛山铁锅。

自汉唐以来，广州就是“海上丝绸之路”的始发港。宋代为进一步发展海外贸易，建立了市舶司和市舶条法作为管理海外贸易的机构和制度，而广州是第一个市舶司，也是北宋时期最大的一个贸易港口，本国、海外诸国商船多集中在这里贸易，包括号称“宝货雄富”的“南海1号”也应该是在广州港加载铁器后再出发。[④]

据资料考证，佛山的铸造业始于西汉，在宋代已经十分发达，到明代佛山的铸造技术达到相当高的水平，成为南中国冶炼中心，铸造的铁线、铁锅、铁镬、铁钉、铁链、铁砧、铁针、农具、军器和钟鼎等产品以其质量上乘享誉全国，产品遍及海内外，以至有“佛山之冶遍天下”“盖天下产铁之区，莫良于粤；而冶铁之工，莫良于佛山”等美称。[⑤] 而令佛山铸造威震海内外的，就要数鸦片战争中的佛山大炮。今天，无论你是驻足于东莞林则徐抗英纪念馆、佛山祖庙、广州历史博物馆，还是登临虎门炮台旧址、新会崖门炮台，亦或是徜徉与广

---

① 王广永，李靖：《“南海1号”铁锅佛山制造?》来源：广州日报，2008.01.25。

② 艳丽：《南海1号又有最新发现！看看我大南宋有多豪!》来源：国家地理中文网，2016.01.10。

③ 《广东启动海上丝路申遗“南海1号”或成最好物证》，《广州日报》2007.12.21。

④ 宋史：卷466，张继能传［M］。

⑤ （清）张心泰：《粤中小识》。

州沙面珠江边……你仍可看到200多年前佛山大炮的身影。佛山当年名列“天下四大聚”和“中国四大镇”之列，其支柱产业——铸造业是功不可没的。[①]

2.“沉”也铁锅，“宝”也铁锅

“南海1号”作为宋代中国造船技术精湛的典范，运用了舵、水密隔舱和龙骨装置，号称中国古代造船技术的“三大发明”。[②] 同时，船的构造尖首尖底利于破浪前进，而底尖吃水深，稳定性好，还容易转舵变向，能在狭窄和多礁的航道上使用。所以，像“南海1号”构造的船是当时海洋各条航道上最活跃的船型之一。

就是这样一艘代表当时最先进技术的远洋外贸商船，在离开繁华的广州港不久后，沉没了。从历经千年船体依然保持完好的现实，我们可以肯定地排除沉船遭受严重船体受损这一原因，再加上水密隔舱技术的运用，即使是个别舱体受损，船上有能力也有条件可以修复完好。那么，沉船原因必定是来自外界因素，包括恶劣的天气，巨变的洋流，船载的货物等等。

历史往往有着惊人相似的一面。为了探究“南海1号”沉船的“千年谜团”，我们不妨看看以下事实：

1999年11月24日，“大舜”号滚装船途中遇风浪，调整航向时船舶横风横浪行驶，船体大角度横摇，重心偏移，加之船载车辆系固不良，移位碰撞，致使甲板起火，最终翻沉。[③]

2009年3月28日，威海三进船业（韩国）一艘新的汽车滚装船船舶舷侧触礁进水倾斜，由于船舶进水较多，沉入海底。[④]

2014年4月16日上午8时58分许，一艘载有470人的“世越（SEWOL）号”客轮在韩国西南海域发生浸水事故而下沉。[⑤]

---

① （清）刘献廷：《广阳杂记》卷四，中华书局，1957：193。

② 马执斌：《从“南海1号”看古代中国造船技术》，来源：http://www.cnshipnet.com。

③ 《1999年烟台大舜号海难事件亡282人》，360doc个人图书馆，2012.06.20。

④ 倪思洁：《重心偏移违规操作或致“世越”号沉没》，2014.04.21，来源：《中国科学报》。

⑤ 《韩国世越号沉船事故》，凤凰视频，2015.04.16。

2015年6月1日，重庆游轮“东方之星”在行驶至湖北省监利县时，由于暴雨大风导致邮轮翻沉。[①]

……

有分析称，沉船与船的初稳性有关。一般来说，初稳性与重心有关。重心低，初稳性高。而“东方之星”“世越”号等旅游客船，船上面建筑很大很高，所以船的重心很高，导致被风吹很容易翻掉。

船载货物正常航行状态下，船的重心和浮力中心在同一条垂线上，我们把浮力作用线和船体中心线的交点称为“稳心”，也就是船的初稳性。“稳心”越高于重心，船就越稳定（见下图）。[②]

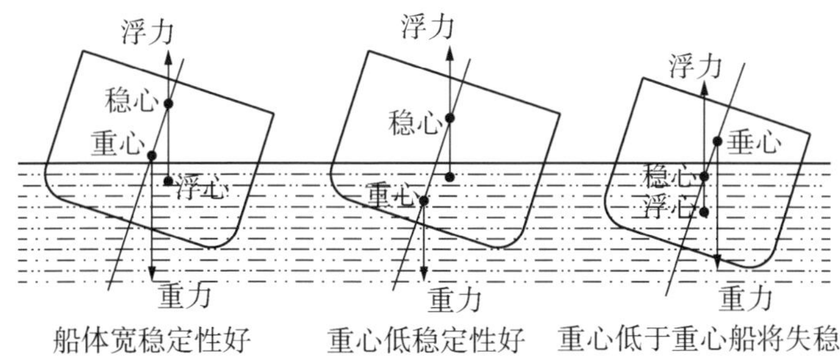

船舶稳定性示意图

航行中的横向分力与龙骨和稳向板的阻力之间会对船产生倾侧力矩，如果船的重心落在浮力中心的外侧，也就是重心高于“稳心”时，翻船的事故就会发生了。所以沉船常常是倒扣的，是因为船体重心过高，发生了整体倾覆。比如上述沉船事故中得“大舜”号、“东方之星”客轮等。

但是，“南海1号”为什么以一种近乎完美的“直立姿势”沉入海底呢？其实这样的完美呈现，并非当时船家的真实意愿。当数万件来自中国各大名窑的瓷器，在泉州港上船的时候，从最底层的水密隔舱开始，逐层逐层，整齐码放。[③] 在船家自认为的安全范围内尽可能多装载，这是商人逐利的本性。数日

---

① 《豪华游轮“东方之星”长江倾覆 隶属重庆东方轮船公司》，来源：中国新闻网，2015.06.02。

② 《船翻是它的重心起主要作用还是浮力中心》，来源：百度知道 http：//zhidao.baidu.com。

③ 黄雅珊：《“南海1号”发掘出大量泉州窑口瓷器 泉州或为始发港》，来源：泉州晚报，2016.01.12。

后，船如期抵达广州港，在办理出海贸易手续的同时，还有一项重要任务，就是装载包括佛山铁锅在内的铁制品。无论是从物品堆放空间、数量、时间等的考虑，还是从货品搬运成本的核算，船家断然不会选择将数万件已经堆放整齐的瓷器下船，而考虑将重量较大的铁锅等铁制品放入船的底层，达到增加船的稳定性的目的。所以，船家选择将大量的铁锅、铁钉等铁制品堆放在瓷器上方，包括甲板上面，[①] 船家的这一行为直接导致的结果就是船的重心上移。

当船离开广州港，来到南海水域时，遭遇恶劣天气，包括暴风雨、巨浪、洋流等等，这时候船体大角度横摇，重心偏移，船上层瓷器、铁器系固不牢，发生位移，导致一侧船体倾斜，船侧进水，位移货品入海。当船体全部没入海平面时，船体奇迹般地恢复了平衡。根据船浮力平衡原理，当船倾斜时，一侧的部分体积离开水面，另一侧则会有同样的体积浸入水中，浮力中心也随之外移，于是浮力力矩使船体恢复平衡，这也是平底船比尖底船稳定性更好的原因。所以，当“南海 1 号”船体发生倾斜进水的同时，位移的货品跌入大海，使船的重心发生改变，浮力中心也发生改变，在浮力力矩的作用下船体慢慢恢复了平衡，但是却再也无法浮出水平面，于是缓缓地沉入了 27 米深的南海海底。[②]

真可谓，“沉”也铁锅，“宝”也铁锅！“南海 1 号”因为表层装载佛山铁锅等铁制品，导致船重心上移，遇到风浪时发生倾斜，也正是因为部分堆放在上层的佛山铁锅等发生位移、坠海等，使船体重心再次发生改变，最终能以“完美姿势”直立海底千年。使得“南海 1 号”成为迄今为止世界上发现的海上沉船中年代最早、船体最大、保存最完整的远洋贸易商船，它将为复原海上丝绸之路的历史、陶瓷史、冶炼史等提供极为难得的实物资料，甚至可以获得文献和陆上考古无法提供的信息。自此，“南海 1 号”沉船的“千年谜团”昭然若揭，当然，确定“南海 1 号”沉船上的铁锅是佛山制造，既要有对佛山铁锅盛世的现实案例考证，也还要有对佛山铁锅盛世历史史实的研究论证。

---

① 《“南海 1 号”海上丝绸之路向外运送瓷器时失事的南宋古船》，来源：百度知道 http://zhidao.baidu.com。

② 《“南海 1 号”第一集 南海沉船》，来源：中国网络电视台 http://jishi.cntv.cn。

二 佛山铁锅盛世的事实考证

1. 光孝寺铁塔：穿越时空的对话

在宋代，广东的铸铁业十分发达，一直到西方工业革命前，都是中国最大的铁锅出口基地。[①] 所以，“南海 1 号”上的铁锅来自广东，这个已经是不争的历史事实。而比邻广州的佛山是最有条件和实力成为“南海 1 号”铁锅的制造者。因为，明清时期佛山已有“佛山之冶遍天下”之美称，[②] 所铸铁器畅销全国各地，其总体规模、产品种类、销售区域等方面均跻身国内首位。一个行业的鼎盛必定有其发展的过程，不可能一蹴而就。因此，可以推断在宋代佛山铸铁业也已经风生水起，其技艺也必定炉火纯青。这一点，可以透过广州光孝寺中的东、西两座大型铁塔，达到管中窥豹的目的。

根据专家的考证，至今保存在广州光孝寺的东西两座铁塔是南汉时期遗留至今的珍贵历史文物，也是代表古代佛山冶铁和铸铁业水平的实例。[③] 有专家认为，它们采用的是佛山冶铁业代代传承的泥模失蜡“塔铸”技艺，即由下至上逐层浇铸的方法。[④] 这一时期的大型铁器，还有梅州千佛塔内的铁塔、曲江南华寺降龙铁塔及千僧大铁锅等。这些文物，虽然经历了一千多年的雨雪风霜仍然保存良好，仍然清晰可见当年冶铸工艺的精雕细琢、高超绝伦。

如果说广州光孝寺铁塔代表着南汉时期佛山铸铁业的新兴和发展，那么，广西桂林四望山定粤寺存有的那口铸于清康熙二年（1663 年）以及广东肇庆市庆云寺内铸于清乾隆十一年（1746 年），能煮整担米，供寺内僧人食用的大铁锅，印证着佛山铸铁业的鼎盛辉煌，因为这些被称为“千僧锅”的大铁锅，都是佛山的冶炉所铸。当然，就像中国其他很多行业一样，佛山铸铁业从汉代

---

① 张演钦，夏杨，孙璇：《宝船众多未解之谜待解》，来源：羊城晚报，2007. 12. 24。

② （清）屈大均：《广东新语》卷十六，北京：中华书局，1997：238。

③ 卜松竹：《广铁“良于天下”佛山曾居第一》，大洋新闻，来源：广州日报，2014. 08. 30。

④ 罗一星，朱培建主编：《明清时期佛山冶铁业研究》，《佛山明清冶铸》，广州出版社，2009：133。

起步，到宋代得到大发展，再到明清的鼎盛辉煌，最后也毫无例外地在西方工业革命的浪潮冲击下，走向衰退。但是，这些历经千年、百年留存的铁塔、铁锅冥冥中仿佛在传递着佛山当年冶炼业始于西汉、成于两宋、盛于明清的盛况，昭示着今天的我们仍然可以进行这场跨越时空的对话。

2. 泥模岗：堆积千年的历史遗留

泥模岗在佛山众多的自然历史人文景观中，是一个最不起眼的地方，要不是紧挨着大名鼎鼎的祖庙，很多人都会不屑一顾而过。虽然，今天的泥模岗用剪纸、石湾公仔等佛山传统工艺被改造，也无法从市民心目中纳凉、晨练的“街心公园”，还原其千年冶炼遗址的历史面貌和在佛山工业发展中的重要历史地位。

泥模岗位于佛山祖庙西南面 100 多米处，面积约 10000 多平方米。岗高约 5 米，其上有厚达 1.6 米的冶铁废弃泥模堆积。泥模岗附近的泥模从宋代就有，是目前发现的佛山冶炼业最早的遗迹之一，昭示着佛山冶炼业的辉煌历史。①

佛山作为全国“四大名镇”之一，② 冶炼业在佛山历史最悠久，并且是佛山手工业繁荣兴旺的重要支柱。佛山不少街道名称与冶炼业有关，如针巷、铁廊街、铁矢街等。古时，佛山的铁制品远销长江中下游和东南亚国家和地区，成为享誉海内外的岭南冶铁生产基地。而这一切都源于佛山工匠独创的“泥模铸造法”：即先用当地特有的红山泥制模，再对泥模进行烧制，一品一模。正是这种铸造工艺，保证了佛山铁锅产品质量的优秀，为其远销全国和海外打下基础；也正是这个技术，使得佛山铁锅赢得“官准专利”的保障，③ 为铁锅产品的规模化生产带来契机；也正是这个技术，产生了大面积的破废泥模堆积，这些泥模或被层层叠加砌房成为“泥模墙”，或被遗弃堆积成山样的“泥模岗”，或被随意倾倒遍及四野……据专家考证，现在的佛山老城区地下一半以上的范围都有大量的泥模堆积。④ 一锅一模，锅成模废。冰冻三尺非一日之

---

① 《泥模岗》，来源：百度百科 http://baike.baidu.com。

② （清）吴荣光：《佛山忠义乡志》卷十一，《艺文》，第 212 页。

③ 孟筠：《清代佛山铁锅享誉中外的秘密》，来源：中国冶金报，2012.09.03。

④ 申小红：《佛山老城区现存冶铸遗址调查报告》，来源：佛山博物馆网站 http://www.foshanmuseum.com。

寒，可见，佛山铁锅铸造业的规模之大、历时之久。

据佛山市博物馆研究员申小红考证，宋代佛山设立市舶务，一个很重要的原因就是因为佛山生产质量一流的铁锅远销海内外。“佛山商务以铁锅业为最”“铁器业出洋获利数倍”，[①] 这些散见于后世宗谱、地方志的记载，也充分说明了佛山铁锅的精良制作和光辉历史。

徜徉于修葺一新的泥模岗，穿过那道颇有特色的“佛山门”，站在这片堆积千年冶铁泥模的山岗上，不由得令人思绪联翩，遥接千年，展开历史画卷：十里炉火，通宵达旦，昼夜烹炼，汾江船满，东西客匆匆。

三 佛山铁锅盛世的历史背景

1. 正埠码头：繁忙的交通枢纽

佛山，“肇迹于晋，得名于唐”，从季华乡到忠义乡，从塔坡岗到佛山乡，这座城市的发展轨迹，一半来源于冶铁业、陶瓷业、纺织业等历史积淀，一半来源于贯穿全境的便利的水网运输体系。自古以来，珠江水系中的西江、北江及其支流贯穿佛山全境，众多纵横交错的水道构成水路交通运输网络。向南经珠江入南海，是著名的“海上丝绸之路”，向北经北江是广袤的粤北地区，向西经西江入贺江流域，是罗定、封开等及广西的苍梧县、贺县、钟山县、富村县等等。因此，佛山成为北方水路至广州必经之地，“四方商贾之至粤者，率以是为归”，[②] “川广云贵各省货物，皆先到佛山，然后转输南北各省”。[③] 可见当时佛山作为南中国水路交通枢纽重要性。当然，组成佛山完整的水路交通枢纽体系当然少不了正埠码头——佛山水路交通的重要门户，外地登岸进入佛山境的第一站，也是重要的官方码头和商贸码头。当年名噪海内外的佛山铁锅就是从正埠码头上船，走汾江、出珠江、入南海，远赴东南亚、阿拉伯地区及欧洲、非洲等国家。

因此，在佛山人的心目中，正埠码头，镌刻着自古以来佛山商业贸易的繁

① 《岭南冼氏宗谱·月松公传》，第 48 页。

② 乾隆《佛山忠义乡志》卷六，《乡俗》。

③ 冼宝干总纂：《佛山忠义乡之》卷十四，《人物》，1923 年。

华和兴旺，刻画着历史上佛山古镇经济发展辉煌的历史年轮。

“汾流古渡”是明清时期佛山古镇八景之一。[①] 此处三江汇流，往来船渡络绎不绝，商贾云集、喧闹入市。“对岸江右侧有广州府税馆和水上关帝庙，江左侧有粤海关税馆。码头之上有‘敕赐忠义乡’大型牌坊和接官亭等等”。[②] 这些文字记载的正是汾江上的正埠码头，说的是明清时期正埠码头作为佛山重要水上门户，重要的官方码头和商贸码头的繁荣景象。而这繁荣很大程度上依托于冶炼手工业的辉煌发展历史。

佛山冶炼业起源于春秋战国。自秦始皇统一岭南，修筑灵渠，连接湘、漓二水，贯通长江、珠江两水系后，中原居民大量南移。受中原文明的影响，广东包括冶铁业在内的手工业发生了飞跃。唐代佛山更以脱蜡铸件技艺精良而名播宇内。宋代，北方少数民族不断南下攻宋，黄河、长江流域连年遭受战争严重破坏，苏、浙、闽等地农民、商人、手工业者不断大批南移。而交通便利，手工业、商业基础好的佛山便成了移民的首选。他们带来了发展冶铁业的劳力、资金，更重要的是带来了北方的铸造技术。从而使佛山集中原地区冶铸技术的精华，又蓄收岭南冶铁的优良工匠，佛山冶炼业步入了辉煌发展的历史时期，并很快成为以冶铁为中心的手工业城镇。主要产品包括铁锅、农具、钟鼎、兵器等，其中以铁锅产量最大，不但销往长江流域和北方各省，还出口南洋和中东等国。以至后来有“佛山商务以锅业为最”之说。[③]

通观中外城镇发展历史，现代交通工具出现以前，航运往往决定一座古城镇的兴衰，这是被人类社会发展历史证明了无数次的真理。佛山自然也不例外，从一个籍籍无名的渔洲桑村发展成一个“天下四大聚”之一的手工商业城镇，则是有赖于发达顺畅的水上航运网络。据历史记载，西晋时期，佛山已有海外商船过往。唐代，佛山的丝织品远销海内外。唐宋以后，随着南海海上丝绸之路的不断发展，佛山包括铁锅在内的各种铁制品、陶瓷等，从四邻八乡源源不断地运到正埠码头，在这里聚散，在这里南输，在这里北上……因此，我们今天没有理由怀疑“南海1号”沉船上的铁锅，不是从正埠码头上下水

---

① 冼宝干总纂：《佛山忠义乡志》卷十，《风土志》。

② 陈炎宗总纂：《佛山忠义乡志》卷一，《乡域志》。

③ 《岭南冼氏宗谱·月松公传》，第48页。

出海“佛山铁锅”。

虽然，今天我们从航运条件、铸造技术等证明“南海 1 号”沉船上的铁锅就是佛山铁锅，缺乏第一手资料的“真凭实据”。但是，历史似乎从来都没有想湮灭这一真相。明成祖永乐三年（1405 年），质地优良、蜚声海内外的佛山铁锅担任国家形象的“宣传大使”，随着郑和船队七下西洋。借助这个大型“国家项目”，佛山铁锅再次名播西洋。历史从来就不是一蹴而就的，因此，我们有足够的理由相信“南海 1 号”沉船上的铁锅和明朝郑和船队的铁锅一样，都是佛山制造的铁锅。

2. 石湾陶瓷：佛山铁锅成名的技术背景

如果说，因为佛山地处西江、北江两江之要冲，优越的地理位置为铁、炭等原材料的运输提供了有利条件，促进了佛山冶炼业的发展。那么，对久负盛名的佛山石湾陶瓷技术的借鉴和交融，为佛山冶炼行业的新兴、繁荣提供了技术支撑，也很大程度上成就了佛山铁锅扬名海内外。

《古代社会》一书作者摩尔根曾说过：“人类的经验所遵循的途径大体上是一致的。在类似的情况下，人类的需要基本相同。”从人类社会发展历史来看，的确如此。由石器而陶器，再到铜器和铁器，是世界上所有民族共同的发展轨迹。中国最早也是和古代欧洲一样都是块炼铁。但是，由于中国在陶瓷技术以及青铜铸造方面的积累，很早就具有高温高炉的技术，春秋晚期就可以直接把铁矿石熔化成生铁，做一些生活用品和耐磨性要求高的农具，如犁等。但是生铁虽然硬度高但是脆，因此战国初期，通过各种退火技术，产生了各种生铁柔化技术，得到了韧性铸铁、灰口铁等，使铸铁的应用范围大大扩大，如农具、生活用具等。而欧洲直到 15 世纪左右才出现铸铁。

中国冶炼史学界有一种普遍的认识：公元前 3000 多年，由敞口氧化烧制红陶进步为密封窑烧制灰、黑陶，这一场制陶技术的变革，使当时的人们掌握了对铜铁冶炼至关重要的知识——高温下的还原。佛山也不例外，或者说还有其得天独厚的石湾制陶技术基础，并随时分享着制陶技术的最新成果，完成了由萌生期到成熟期的过渡。而随着佛山陶瓷技术、冶炼技术的成熟，带动着佛山各类手工制造行业也变得丰富多彩起来，使佛山成为手工业生产规模宏大的全国“四大名镇”之一。从这个意义上来说，佛山制陶、冶炼共生的前提对于佛山铁锅的诞生才有了实际意义，而“南海 1 号”沉船上的铁锅诞生在佛山也才有了根据。

一个行业的兴起，只是依靠其他行业的技术支持，是走不了多远的，还必须有根植于自身行业创新发展需要的“原动力”。秦统一中国，北方先进的冶炼技术以特殊的方式迅速闯进岭南，在佛山冶炼业撒播技术革新的“种子”。从此，佛山人对于先进的冶炼技术就有着特殊的偏好和执着的追求。唐末宋初，北方连年战争，中原人民以躲避战乱的方式迁入岭南，再次带来先进的冶炼技术，与佛山便捷的水上交通、繁荣的商品贸易、不断追求革新的人文等迅速融合起来，逐渐沉淀为一种“渴求创新”的文化传统，这也是古代佛山冶炼技术不断进步的“武功秘笈”，成就佛山铁锅美名的“核动力”。

四　佛山铁锅盛世意涵的冶炼精神

探究佛山铁锅盛世所意涵的精神，必须回归到佛山冶炼行业的历史发展中去。南汉时佛山所铸的广州光孝寺铁塔，已表现出较高的工艺水平。晚唐时，佛山的“脱蜡铸件”技艺在中原得到推崇。宋代，佛山已能制造优质铁锅出口海外。明初，佛山凭借以“泥模铸造法”为代表的一系列先进技术，所制造的包括铁锅在内的铁制品继续称雄海内外，成为南海海上丝绸之路口岸上的重要商品集散地。

通过梳理佛山冶炼业发展的历史脉络，我们发现，在不同的历史时期，佛山冶炼业都以同行翘楚的姿态屹立在南中国的珠江口岸。无论是在最早铸造点“孤村铸炼”，还是明清时期的“汾江船满客匆匆，若个东来若个西”，佛山冶炼业以其光辉的历史和精良制作奠定了南中国冶铁中心的地位，并且在近千年的历史发展进程中逐步形成了工匠精神、共生精神、领潮精神等独具佛山特色的冶炼精神。

1. 工匠精神

通观佛山的历史，无不与冶炼有着极其密切的联系，所冶炼产品遍及海内外，创造了佛山历史上极其辉煌的一页。

首先，佛山冶炼业的工匠精神，就是千年传承的对冶炼产品的精益求精的态度，把冶炼业当作信仰的追求。清代范端昂在《粤中见闻》中感叹：“佛山俗善鼓铸……锅以薄而光滑为上，消炼既精，乃堪久用。”① 这是对佛山铸造铁锅行业优秀传统技艺的充分肯定。“以黄泥豕油涂之，以轻杖敲之如木者良，以质坚，故其声如木也，故凡佛山之镬贵，坚也。”② 屈大均描述的是佛山铁锅制作工艺精湛和质量优良。也是尤其值得称道的佛山冶炼匠人对产品精雕细琢、精益求精，喜欢不断雕琢自己的产品，不断改善自己的工艺，对细节有很高要求，追求完美和极致，对精品有着执着的坚持和追求。清同治年间，有外国人曾在香港招工开铸，“率以成绩不良而中辍”，③ 这个事例业从另一个侧面说明了佛山冶炼技术的高超和独特。

其次，佛山冶炼业工匠精神，就是讲诚信、不做假，打造本行业最优质产品的精神。据史料记载，明初朱元璋时期，佛山铁锅已经作为国礼送给东南亚的使节；郑和下西洋的时候，带的铁制品最有名的就是佛山制造的铁锅；清朝皇室用的铁锅都是在佛山定制的。这些全都是因为佛山铁锅品质优异、质量过硬，深得人心。时至今日，日本人仍将做中餐使用的铁锅称为“中华锅”“广东锅”，其实，就是源于优质佛山铁锅的历史影响。讲诚信、不做假，在佛山冶炼行业一直被严格奉行，并且有公开的行规：一个炉次所铸的全部都是正品，铸造行就叫“全镬”，照行规要设酒宴贺。而质量有缺陷的铁锅，就要进行修补加工后再交付买家。这种专业、诚信，专注、敬业，打造本行业最优质的产品的工匠精神至今仍值得我们学习。

2. 共生精神

共生是日本学者黑川纪章在 20 世纪 80 年代提出来的，也是基于建筑设计的一种理论核心。佛山冶炼业的共生精神主要包括异质文化的共生、人与技术的共生、内部与外部的共生，等等。

首先，是内部与外部的共生。从外部历史发展上来看，秦统一南岭，带来了中原手工业文明，与佛山冶炼业实现第一次熔融；宋代更因北方战乱，中原人民南迁，带来了发展冶铁业的劳力、资金，更重要的是带来了北方的铸造技

① （清）范端昂：《粤中见闻》，广东高等教育出版社，1988 年。

② （清）《广东新语》卷十六，《器语》之《锡铁器》，北京，中华书局 1997 年版。

③ 乾隆《佛山忠义乡志》卷六，《乡俗》。

术，从而使佛山集中原地区冶铸技术的精华，又蓄收岭南冶铁的优良工匠，实现了佛山冶炼业第二熔融。从内部经营合作来看，在明清时期，佛山冶炼业官营成分不多，私营业主占主要部分，主要有家庭小作坊和家族大作坊两种经营模式。[①] 小作坊规模不大，数量极多，有群体优势；大作坊多是当地名门望族，资本雄厚，分工明确，虽然数量不多，但是可以大规模生产，又可以远距离推销。正是二三巨族主导，数万家小作坊协作的内部共生共存，佛山冶炼业在明清时代创造出名扬天下的成就。

其次，是人与技术的共生。佛山工匠掌握着独特的铁锅铸造技术，而且以两广地区最好的生铁为材料。因此，所铸铁锅薄而轻、上热快、不吸油、不易焦、不易生锈，色泽如银。[②] 佛山铁锅在民间成为嫁女的必备嫁妆，走入寻常百姓人家；在皇室成为"贡锅"，还是皇家祭祀仪式上的祭品，更是馈赠外国使节的佳品。后来，佛山铁锅还被广泛用于炼钢，大幅度提高炼钢的效率和质量。从这个意义上来说，人与技术的共生已经展现得淋漓尽致，技术为人生活服务，人不断提升技术。

再次，是异质文化的共生。佛山冶炼业异质文化共生现象在与陶瓷行业的技术借鉴最足以说明。如借鉴高温下还原的石湾制陶技术，实现佛山冶炼史的开端，而这一借鉴共生比其他地区，包括西方国家，早了上千甚至数千年。同时，得天独厚的地理条件，佛山冶炼业随时分享着制陶技术的最新成果，佛山冶铁业步入了辉煌发展的历史时期，并很快成为以冶炼为中心的手工业城镇。

3. 领潮精神

首先，佛山冶炼业的领潮精神充分体现在佛山冶炼业创新技法的"敢为天下先"、勇领行业先潮的激情与魄力。佛山冶炼业的工匠们在生产实践中创新技法，创造了佛山铁锅独特的"红模铸造法"。这种方法铸造的铁锅成品率百分之百，关键颇受市场欢迎。"薄而光滑，消炼既精，工法又数。"[③] 说的就

---

① 申小红：《族谱中所见明清佛山家族铸造业》，佛山市博物馆，来源：http://www.foshanmuseum.com。

② 郝伟：《佛山铁锅 天下谁人不识君》，《佛山日报》，2014.06.07 b01 版。

③ （清）屈大均：《广东新语》卷十五，《货语》，北京：中华书局，2005：217。

是佛山铁锅品位独特、质地良好。在“红模铸造法”的基础上，佛山冶炼业的工匠们不断完善，不断领潮争先，又创造出“泥模失蜡”铸造工艺，代表着佛山冶炼铸造工艺水平的世界领先水平，如祖庙内的北帝铜像等。

其次，佛山冶炼业的领潮精神还体现在行业的重要地位和蓬勃发展。如乾隆年间，佛山计有“炒铁之炉数十，铸铁之炉百余”。① 据有关史料记载乾隆十五年（1750 年），佛山炒铁行业工人约有一二万人，整个冶铁行业工人不下二三万人。在历史上的“康乾盛世”期间，佛山整个冶铁业的生铁消耗量约为五千万斤，产值超过一百万两。② 而佛山冶炼业贸易中最有影响的当数发达的海外贸易。随着明朝隆庆年间海禁渐开，广东沿海的商舶贸易日益活跃。明朝中叶以后，因铁器出洋获利数倍，铁锅与丝、棉、瓷器等中国商品一道大量出口海外，无论是贸易量还是获利都处于其他行业的领先地位。“（夷船）所买铁锅，少者自一百至二三百连不等，多者买至五百连并有一千连者。其不买铁锅之船，十不过一二……”③

再次，佛山冶炼业的领潮精神还体现在和其他行业的相互促进、共同发展，从而带动了整个地区的繁荣。佛山冶炼行业的发达也带动了当地和周边地区盐业、制糖、制钢、制茶、缫丝、制蒲扇等行业的兴盛。“凡煎烧之器，必有锅盘……大盘八九尺，小者四五尺，俱用铁铸”。“俟有数十石，倾置于锅，凡一灶四锅，所需煎镬数量极大”。说的就是清代光绪年间，利用佛山铁锅煎盐景象。正是佛山铁锅精湛高超技术，促进制盐业的兴旺发展，此外，在制糖、制钢、制茶等行业中，佛山冶炼业发挥着至关重要的作用，并与其他行业同生共息、相互促进、共同发展，从而带动了整个佛山地区的繁荣，为佛山成为历史上著名的“四大聚”“四大镇”起着十分重要的作用。

五 佛山冶炼精神对现代产业发展的启迪

据媒体介绍，“南海 1 号”现已出水 2000 多件完整瓷器，品种超过 30 种。

---

① 佛山市档案馆编：《佛山史料汇编》二，第 234 页。

② 佛山市档案馆编：《佛山史料汇编》二，第 235 页。

③ （清）蒋良麒：《雍正朝东华录》。

这些瓷器窑口众多，有福建的德化窑白瓷、河北的磁州窑的瓷器、江西的景德镇窑的影青瓷和浙江的龙泉窑的青瓷等宋代的著名窑口瓷器，其中许多都是可以被评为国家一级或二级文物的陶瓷精品。当世人所有的目光都集中关注瓷器，包括央视制作的大型纪录片《南海1号》，而对船上大量佛山铁锅等铁制品视而不见，这样做很可能造成错觉。因为，“南海1号”的价值虽然在于它所承载的文物，在于被打捞出水的瓷器，然而，“南海1号”的价值更在于“海上丝绸之路”，在于它包括瓷器、铁器等整体的文物在“海上丝绸之路”的价值。对于研究海上铁器之路、研究中国的冶铁史、研究中国的对外贸易史等都具有重要意义。

在世界格局发生复杂变化的当前，国家提出“21世纪海上丝绸之路”战略构想，就是要主动创造合作、和平、和谐的对外合作环境，为中国全面深化改革创造良好的机遇和外部环境。所以，研究“南海1号”沉船上铁锅的“千年谜团”，为佛山铁锅正名，弘扬佛山冶炼业精神，就是要全力促进佛山从“制造”向“智造”迈进，寻求制造业的先进模式，落实国家“21世纪海上丝绸之路”战略。

1. 传承佛山冶炼业的工匠精神，开启“佛山智造4.0”新模式、新起点。改革开放30多年来，佛山全面、深入地秉持工匠精神，形成了家用电器、光机电一体化、电子信息及装备制造、陶瓷及其他建材、纺织服装、金属材料加工与制品、塑料制品、化工及医药、食品饮料、家居用品制造等十大优势行业，成为中国品牌之都。形成了以实体经济、本土经济、民营经济、内生式发展为特点的佛山经济发展模式。[①] 在今年的“两会”上，佛山市委书记鲁毅提出，佛山要打造“中国制造业一线城市”。[②] 这意味着，无论是过去，还是将来的一段时期，佛山仍将以制造业为主导产业。但是，要成为全国乃至全球著名的制造业基地，就要实现传统产业的升级，实现“佛山制造”向“佛山智造”转型。日本软银集团创始人孙正义以机器人作为工业4.0的切入点，力争

---

① 罗天昊：《佛山：“制造业一线城市”的大势与担当》，腾讯专稿：2016.03.11。

② 《鲁毅两会上畅谈创佛山制造优势 打造一线城市》，广佛都市网：2016.03.08。

到2050年使日本经济竞争力成为全球第一。[1] 同样，机器人就是“佛山智造4.0”的着力点，就是“佛山制造”向“佛山智造”转型升级的主攻方向。据统计，2015年佛山有120家规模以上工业企业应用机器人超4000台（套），全球工业机器人四大巨头德国库卡、瑞士ABB、日本安川和发那科全部在佛山开展项目合作。2015年，佛山技改投入386亿，位居广东第一。[2] 但是，这些还远远不够，更应以获批全国唯一的“国家制造业转型升级综合改革试点”为契机，传承佛山冶炼业的工匠精神，使创新要素向制造一线集聚、迸发，推动“佛山制造”向“佛山智造”的全新变革，开启“佛山智造4.0”新模式、新起点，实现成为“智造之城”，为中国制造2025探路闯关。

2. 传承佛山冶炼业共生精神，加快佛山民营企业现代化进程。佛山冶炼业不管大小冶炼作坊，还是与陶瓷、制糖煎盐等其他行业都能实现同生共息，共同发展、共同繁荣。这就是佛山冶炼业重要的精神之一——共生精神。但是，就像自然界的四季更迭、日月圆缺一样，工业行业也有其消长的变迁。佛山铁锅曾经获得“官准字号”，赢得国际信誉，国外至今还称铁锅为“广锅”“中华锅”。然而现在却风光不与旧时同，很关键的原因就是家庭作坊、家族作坊式的经营方式不能适应当时社会发展需求，跟不上现代化的步伐。脱胎于家庭作坊、家族作坊的民营经济是佛山经济的重要力量，也是佛山区别于其他城市的主要特征和优势所在。2015年上半年的年报显示，佛山GDP增长8%。[3] 在沿海企业倒闭、企业转型升级的关头，佛山却能保持稳步增长，这与佛山民营经济占重要地位有着密不可分的关系。但是，经济全球化的新形势下，开拓佛山民营企业可持续发展崭新天地，加快构建现代企业制度、促进佛山民营企业向现代企业转变，已显得至关重要。政府亟须出台一系列促进民营企业现代化的政策措施，从政策、资金、资源和服务等方面为民营企业提供良好发展环境。同时，还必须打破行业的藩篱，运用以大数据技术为核心的“互联网+”，为民营企业占领“21世纪海上丝绸之路”战略高地，提供更为

---

① 水木然：《工业4.0大革命》，电子工业出版社，2015：1。

② 赵越，郑佳欣，吴欣宁，林焕辉，何又华：《敢为中国代言，佛山智造凭什么》，来源：南方日报，2016.05.19。

③ 罗文景：《中国需要佛山模式》，来源：广佛都市网，2015.09.06。

广阔的空间。

3. 传承佛山冶炼的领潮精神，打造“中国冶都”新的篇章。研究佛山的历史，断然是绕不开佛山冶炼史，因为冶炼业在佛山政治、经济、文化等领域起着举足轻重的作用。且不说历史上佛山冶铸业的规模之大、产品之多、营销之广，也不说佛山冶铸的产品当时几乎囊括了所有生产资料和生活资料，单单就大型器物浇铸，如“北帝像”“千佛塔”“千僧锅”等的工艺就足以傲视天下。有人说佛山冶炼已经消失在时空的记忆里，只留下当年残炉废渣的遗存。其实，佛山冶炼从来都没有消失过，佛山冶炼的领潮精神一直在这个城市发展中占据突出地位，并续写着昔日辉煌。2003 年，佛山澜石成为中国唯一的不锈钢名镇。其不锈钢材料及制品的市场占有率为全国的三分之一以上。现在，佛山是全国最大的不锈钢产品集散地。国内主要钢厂，如宝钢、太钢、浦项等在佛山设立了加工基地。佛山 3000 多家不锈钢贸易、加工企业产值规模约 350 亿。这些事实都说明佛山在全国不锈钢市场中的地位和作用。其实，佛山冶铁业和钢的渊源颇深，又或者说，佛山冶炼对于钢的出现曾起到历史性作用。“熟钢无出处，以生铁合熟铁炼成，或以熟铁片夹广铁锅，涂泥入火而团之，或以生铁与熟铁并铸，待其极熟，生铁欲流，则以生铁置熟铁上，擦而入之”。[①] 这是明代军事著作《武编》里记载的关于“团钢（中国古代的一种炼钢方法）”的一段话，这里说的“广铁锅”其实就是佛山铁锅。从这个意义上来说，佛山和不锈钢的结缘就顺理成章了。据媒体报道，2010 年，全国不锈钢防盗门产值就接近 100 亿，并且有扩张的趋势。[②] 从铁到钢，佛山冶炼的炉火燃烧千年；从铁锅及铁制品到不锈钢材料及制品，佛山冶炼业的领潮精神一直相伴相生，淬炼着“中国冶都”——佛山的辉煌今昔。因此，在新的历史时期，应传承好佛山冶炼业的领潮精神，在不锈钢材料及制品行业中再创“中国冶都”新的篇章。

---

① （明）唐顺之：《武编》。

② 《惊！全国不锈钢防盗门的产值近 100 亿》，来源：九正建材网，2010. 08. 26。

佛山陶瓷文化遗产保护性旅游开发研究

张　玲
（广东财经大学地理与旅游学院教授）

陶瓷是中华民族的伟大发明之一，是中国传统民族文化的杰出代表。陶瓷文化是我国传统文化的主要组成部分，既包括历代流传下来的陶瓷作品，又包括古代制瓷作坊和古窑遗存、陶瓷民俗、陶瓷艺术以及反映古代制瓷风貌的历史街区，还包括为保护和反映古瓷文化而在现实中形成的各种物质和非物质的文化形象（何裕宁，2006）。[①]

佛山不仅具有悠久陶瓷生产的历史，从宋代南风古灶到明清时期全国民窑的主要产区，更是今天我国建筑陶瓷的重要产地，以及建筑陶瓷重要的产业集聚区。但是如何提高佛山陶瓷产品的设计水平，继续保持该产业在国内产业中竞争优势等等，是佛山陶瓷产业发展中面临的主要问题。而挖掘当地丰富陶瓷文化，大力发展陶瓷文化旅游，尤其是文化遗产旅游，有助于提高当地陶瓷产业的文化内涵，促进和加快陶瓷产业升级。

---

① 何裕宁：《景德镇陶瓷历史文化旅游资源及形象设计研究》[J]，商场现代化，2006，(33)：203－204。

一 佛山陶瓷文化和陶瓷文化遗产

佛山冶陶，始于汉世，兴于明清。考古资料证实，西樵山现存的新石器时代大型石器加工场以及市郊澜石镇河宕村贝丘遗址，充分表明佛山悠久的制陶历史。佛山制陶不仅历史悠久，而且早在汉代就在岭南地区处于领先水平。市郊澜石东汉墓出土的水田附船模型、歌舞俑和动物陶塑俑，就是这一时段陶塑工艺制作水平的突出代表。佛山人很早便在石湾东面的大帽岗一带采泥制陶，至唐代已形成一定规模的商品生产。明清时期，佛山陶瓷业进入全盛时期，“石湾之陶遍二广，旁及海外之国。谚曰：石湾缸瓦，胜于天下”。乾隆年间，石湾陶业分别进行专业生产，共有23行，品种千个以上，鼎盛时有陶窑107个，陶工达6万之众，成为中国最大的陶瓷产区之一。石湾人在建窑、陶土材料的选用和制坯技术等方面达到了相当的高度，陶塑艺术更日臻完美，赢得了“石湾瓦，甲天下”的美誉。

根据《世界遗产公约》，文化遗产主要包括文物、建筑群和遗址三类，而佛山陶瓷遗址在世界范围内都具有突出的、普遍的价值，能为一种已经消逝的文明或文化传统提供一种独特见证，应该属于文化遗产。文化遗产既包括物质文化遗产，也包括非物质文化遗产。

佛山物质文化遗产包括现存较有代表性的有全国重点文物保护单位南风古灶、高灶，以及在佛山祖庙的陶瓷瓦脊。南风古灶建于明朝正德年间，至今已有超过500年的历史。是石湾陶瓷业繁盛时期生产技术进步的产物，是我国南方陶瓷生产技术承前启后的里程碑，对石湾陶瓷业的发展起到重要作用。500年来窑火不绝，生产不断，完好保存至今，是我国乃至世界上年代最久远、保存最完好且延续使用至今最古老的龙窑。高灶也是与南风古灶同年代建成的同类龙窑。中国陶瓷工业协会认为：“南风古灶及高灶，确实是中国陶瓷史上的奇迹。”对研究陶瓷生产技术和陶瓷发展都具有很高的历史价值和科学价值，在我国陶瓷文物中有着不可替代的地位，为我国陶瓷史留下一份珍贵的遗产。2001年7月国务院公布南风古灶及高灶为全国重点文物保护单位，并被誉为“活的文物”。

佛山祖庙保存了多条陶瓷瓦脊，分正脊、垂脊、看脊三类，题材以人物故事为主，大多按粤剧的场面、着装塑造，人物造型生动传神，具有极高的艺术价值，其中位于三门的正脊总长 31.7 米、高 1.78 米（含灰塑部分），是世界上最长的陶瓷瓦脊。

佛山陶瓷非物质文化遗产主要包括制瓷技艺、瓷业习俗、神话传说、祭祀仪式、民间信仰、瓷业术语等方面，其中石湾陶塑技艺已经被列入首批国家级“非物质文化遗产”。

二 佛山陶瓷文化遗产旅游开发的现状与问题

佛山是我国一座悠久的历史文化名城，也是岭南陶都，更是目前我国建筑陶瓷的主要产地。历史上，石湾窑、奇石和西村窑等窑场的陶塑远销国外。在唐宋时期，石湾窑的出口量在广州出口商品中仅次于丝织品，海上丝绸之路又称为“海上陶瓷之路”。目前石湾也是中国陶瓷的三大产区之一，陶瓷年生产总值占全国的一半以上，世界总产值的 1/4 ，石湾陶远销世界 74 个国家和地区。陶瓷在佛山经济发展中具有重要的地位，更是佛山历史发展的重要见证。因此充分挖掘陶瓷文化，积极开展陶瓷文化遗产旅游，有利于塑造佛山旅游之魂。

经过多年不断发展，佛山陶瓷文化遗产旅游已经形成一定的基础，南风古灶景区等已经成为当地陶瓷文化主题较为知名景区之一。目前佛山陶瓷文化旅游开发的现状归纳为以下四个方面。

1. 拥有比较丰富陶瓷文化旅游资源，资源优势明显

陶瓷文化旅游资源主要包括与陶瓷相关的古窑址、生产作坊、博物馆、陶艺街、陶艺广场、节事活动、工业旅游和创意园区等。而佛山陶文化资源丰厚，拥有国家级工艺美术（陶瓷艺术）大师 15 位，省、市级陶瓷大师近 200 人，拥有 5000 年制陶史的河宕贝丘遗址、南风古灶、陶师庙、丰宁寺、广东省陶瓷博物馆、石湾美术陶瓷厂、石湾公仔街、1506 创意城、陶瓷文化艺术节等。其中佛山 1506 创意城，由 12 家旧工厂改造而成，以陶瓷文化创意及陶瓷工业设计为切入点的人居文化创意产业园，国家 4A 旅游景区。佛山陶瓷艺术文化节，至今已连续成功举办 12 届，2015 年的陶艺节增加非遗手工艺传承人表演的——古窑映像。2006 年，石湾陶塑技艺被评为第一批国家级非物质文化遗产。2014 年，石湾被授予中国民间文化艺术（陶艺）之乡称号，新美

陶厂被评为“国家文化示范基地”。

2. 陶瓷文化遗产旅游资源分布相对集中，区位优越

佛山陶瓷目前是我国乃至世界上最大陶瓷生产基地，其发展主要经历两个阶段，其中改革开放以前以生产日用陶瓷、工艺美术陶瓷为主，改革开放后以建筑陶瓷为主。佛山陶瓷产业主要分布在禅城区石湾街道办和南庄镇，而石湾地区丰富的岗沙、陶泥，为陶瓷业的发展提供了优越的物质条件。

鉴于历史上佛山陶瓷主要分布在石湾地区，生产主要是日用陶瓷和工艺美术陶瓷，因此佛山陶瓷文化遗产也主要分布在石湾地区，尤其是南风古灶及附近地区，资源分布集中度较高，资源品质较为优良。而石湾街道位于禅城区东南部，北江支流东平河北岸，临近广州城区，周边佛开高速经过，区位条件比较优越。

3. 旅游开发层次较低，动态开发不足

文化遗产旅游资源的精髓在于丰富深厚的文化内涵，但目前佛山陶瓷文化遗产旅游仍以游览观光型为主，其文化价值主要由讲解员和导游的简单介绍来体现。虽然有一些游客参与型旅游项目，如玩陶中心、古窑映像等等，但是总体上来看，游客的参与性较弱，颇具特色的当地传统文化和民族文化的特质不能充分体现，游客兴趣索然。

4. 陶瓷文化旅游品牌形象不够突出

佛山市历史上曾被誉为“南国陶都”“中国陶瓷名都”，陶文化源远流长，但是目前佛山旅游发展现状来看，佛山陶瓷文化旅游还未形成鲜明的旅游品牌形象。广深珠以及广东省多数居民了解佛山为建筑陶瓷基地，但是并不知晓佛山悠久的冶陶历史；知道佛山南风古灶景点，但是并不了解佛山陶瓷在我国历史上陶瓷业中的重要地位。因此，在主要客源市场调查的基础上，佛山应加快培育陶瓷文化旅游项目产品，充分挖掘陶瓷文化，努力将陶瓷文化旅游作为形象宣传的战略资源和重要渠道，通过搭建国内旅游营销的统一平台、多种营销方式以及旅游整体形象塑造和推广，进一步确立、塑造个性鲜明的佛山文化旅游新形象。

三 佛山陶瓷文化遗产保护性旅游开发的对策

为了进一步挖掘佛山陶瓷文化，促进其持续健康发展，提出以下四个方面

的建议和措施。

1. 坚持静态展示和动态活化的有机结合的旅游开发理念

佛山物质性陶瓷文化旅游资源开发已经取得初步的成果，但是非物质的陶瓷文化遗产开发还有待于进一步的加强，并且非物质文化遗产必须坚持动态活化的开发原则。2005 年郭旃在《西安宣言》（国际古迹遗址理事会第 15 届大会通过）中强调，不要把活态的多重遗产视为一种静态的建筑或博物馆，不要割裂物质与非物质文化遗产的整体性，应注重保护活态遗产的整体环境，延续人类生活与历史街区环境的关系。

因此，在不影响正常生产和工艺技术保密的前提下，可以将陶瓷加工制作原料、陶瓷坯料、陶瓷釉料、原料处理、坯、釉料制备、坯体干燥、粘接、修坯与施釉、烧成与窑具、陶瓷装饰陶瓷制品造型设计与成型模具进行开发与挖掘，让旅游者熟悉和了解陶瓷生产的全过程。陶瓷工艺项目如陶泥、搭泥、印坯、修坯、捺水、画坯、上釉、烧窑、成瓷等制作工艺予以开发，鼓励旅游者动手参与到具体的制作工艺中去，旅游者通过现场亲手制作，能够尽情领略陶艺创作的乐趣，增强对陶瓷文化的感性认识。

2. 积极拓展博物馆职能

博物馆是一个不追求盈利、为社会发展服务的、公开的永久性机构，对人类和人类环境见证物进行研究、采集、保存、传播，特别是为研究、教育和游览的目的提供展览。目前，佛山石湾已经初步建成了一个展示陶瓷文化遗产的博物馆。博物馆共分成陶瓷拾隅、陶的形成、窑的演变、石湾陶业二十四行、石湾陶艺、陶瓷发展六个展馆。“石湾陶业二十四行”馆是石湾陶瓷博物馆的一个重要展馆，主要展示的是从明代到解放前石湾制作日用陶瓷的二十四个行业的主要产品，馆内运用了与真人一比一制作的七组大型人物陶塑，重现了当时的制陶场景。

但是，从收藏与保护、研究与陈列、传播与交流的博物馆职能拓展序列上，石湾陶瓷博物馆体系的功能仍然处于较低层次，石湾陶瓷文化旅游开发，需要博物馆体系在高层次的传播与交流职能的发挥上起平台作用。从目前石湾博物馆展示内容来看，一方面博物馆文物收藏的数量有待提升，如纽约的大都会艺术博物馆、上海博物馆以及北京故宫博物院等，都是以藏品丰富而成为艺术殿堂；另一方面，随着科学技术日新月异地发展，博物馆由单一的静态展览趋向多样化的动态展览，石湾陶瓷博物馆应增加一些娱乐性、参与性的节目和设施，与其他娱乐事业组合成文化娱乐中心。

3. 编制科学的陶瓷文化旅游开发规划

把旅游地资源、旅游服务与旅游设施和旅游客源市场视为一个有机整体，以三者同步规划为其指导思想，对旅游业发展做出战略构思。在景区规划上，以南风古灶等重点文化遗产资源为核心，全面整合旅游资源，形成颇具特色的陶瓷文化遗产旅游专线；在项目开发上，充分挖掘当地的民风民俗文化，使文化遗产游与自然风光游、民俗文化游等其他类型的旅游资源相结合，加强旅游活动的参与性与娱乐性；在市场营销方面，积极进行旅游市场调查，明确主要目标市场，并根据目标市场的旅游需求特点，制定针对性较强的陶瓷文化营销方案。充分运用多种营销媒介以及创新营销方式，进行陶瓷文化整体品牌营销和推广。

4. 积极推进政府与民间共同管理的形式

保护文化遗产毋庸置疑是一项长期而艰巨的任务，除了在资金、人才、立法等许多方面需要加大力度和进一步完善外，关键是要增强全民族的文化自觉，提高民众保护文化遗产的自觉意识，让民间组织在文化遗产保护中有所作为（郝士艳，2010）。[①] 在一些文化遗产保护较好的发达国家，借助民间和市场的力量对文物实施社会性保护就是其中一项行之有效的举措。如法国就是通过委托民间社团组织托管的方式来实现对文化遗产的有效保护，高度社会化则是意大利文化遗产保护的一个重要特征。同时，文化遗产特别是非物质文化遗产所具有的“活态性”“民间性”“生活性”“生态性”要求，民众（主要是陶瓷生产者和组织）才是陶瓷文化遗产保护的主体。因此，积极利用一些民间社团组织或机构，协助政府制定政策，或为政府决策提供技术咨询，或直接参与政府所统管的国有文化遗产登录、审查、保护、管理和维护工作，成为政府文化遗产保护工作的重要助手，有效地避免了政府决策失误。

① 郝士艳：《国外文化遗产保护的经验与启示》[J]，《昆明理工大学学报（社会科学版）》，2010（4）：104－108。

附◆录

相关新闻报道

“佛山：海上丝绸之路丝绸产销大港”论坛举行

佛山丝绸业欲借势融入“一带一路”

羊城晚报讯 记者张闻、通讯员陈登科报道：3 月 22 日下午，由佛山市政府主办、佛山科学技术协会承办的“佛山：海上丝绸之路丝绸产销大港”论坛举行，多位丝绸业重量级专家聚集佛山，讨论佛山如何打造海上丝绸之路丝绸产销品牌。

据了解，佛山位居珠三角核心地带，是海上丝绸之路始发港和丝绸产销中心，佛山生丝产量占全省 90%。同时，珠三角“桑基鱼塘”在 20 世纪 80 年代被联合国粮食及农业组织（FAO）列入最佳生态系统，“继昌隆”蒸汽缫丝厂、桑基鱼塘、香云纱等在全国乃至全球具有“第一”或“唯一”价值和意义。

本次论坛的目的正是要梳理整合佛山历史文化品牌，凸显佛山作为海上丝绸之路丝绸产销大港的地位，融入国家“一带一路”发展战略和广东省“21 世纪海上丝绸之路”建设中。

张闻、陈登科

羊城晚报

A13

佛山新闻

“佛山：海上丝绸之路丝绸产销大港”论坛举行

佛山丝绸业欲借势融入“一带一路”

赊账1300万买古董 结果发现全是赝品

2月CPI“破3” 创28个月新高

南天被车搞面裤子 男子刮花汽车泄愤

奥运游泳选拔赛将在佛山举行 宁泽涛将参赛

明日开始建活

2名“乐头族”女子 等公交获手机被抢

电厂超洁净排放改造基本完成

第FA13版：佛山新闻

2016年03月23日 星期三

金羊网 | 数字报系列 | 羊城晚报 ‹上一期 下一期›

上一版 下一版

上一篇 放大 缩小 默认

“佛山：海上丝绸之路丝绸产销大港”论坛举行

佛山丝绸业欲借势融入“一带一路”

羊城晚报讯 记者张闻、通讯员陈登科报道：3月22日下午，由佛山市政府主办、佛山科学技术协会承办的“佛山：海上丝绸之路丝绸产销大港”论坛举行，多位丝绸业重量级专家聚集佛山，讨论佛山如何打造海上丝绸之路丝绸产销品牌。

据了解，佛山位居珠三角核心地带，是海上丝绸之路始发港和丝绸产销中心，佛山生丝产量占全省90%。同时，珠三角“桑基鱼塘”在上世纪80年代被联合国粮食及农业组织（FAO）列入最佳生态系统，“继昌隆”蒸汽缫丝厂、桑基鱼塘、香云纱等在全国乃至全球具有“第一”或“唯一”价值和意义。

本次论坛的目的正是要梳理整合佛山历史文化品牌，凸显佛山作为海上丝绸之路丝绸产销大港的地位，融入国家“一带一路”发展战略和广东省“21世纪海上丝绸之路”建设中。

张闻、陈登科

以文化为载体重扶丝织产业

院士学者佛山论道丝织业发展新机遇

文/佛山日报记者　张艳利

"国内有很多丝绸博物馆，但是以海上丝绸之路为主题的还没有，广东的丝绸文化要建立博物馆来弘扬。""丝织产业转型升级，首先应该是文化的升级。"昨日，由市政府、省科协、省珠江文化研究会主办，市科协、市文广新局承办的"佛山：海上丝绸之路丝绸产销大港"论坛在佛山举行，来自全国、省和市的丝绸行业院士、学者及企业界人士共约150人济济一堂，论道佛山丝织业发展新机遇。

多位学者表示，在当今国家"一带一路"发展战略大背景下，佛山的丝织业应加强文化、品牌等方面的宣传和推广，增强佛山市丝绸纺织企业的核心竞争力，实现转型升级。

探索"桑基鱼塘"新模式

第一家机器生产的民族资本纺织企业在佛山南海成立；佛山是省海上丝绸之路始发港和丝绸产销中心；近代生丝出口佛山产量占了全省的90%……在近现代史上，佛山的丝织业浓墨重彩。中国工程院院士、国际著名蚕学专家向仲怀表示，"一带一路"战略为蚕丝行业带来了前所未有的机遇，建议佛山丝织业朝着城乡协调发展的生态新模式进行探索。"'桑基鱼塘'高效生态利用新模式目前已经在珠三角进行实践探索，建设了广州花都宝桑园新生态农业示范基地、南海渔耕粤韵科普休闲基地和顺德国家现代农业示范区。”向仲怀说。

“新的研究发现，桑叶具有降血糖、抗病毒的功能，桑果还可以做成果汁、凉茶，蚕沙可以用作生物肥料。”国家蚕桑产业技术体系加工研究室主任廖森泰建议，利用多元化的高科技复兴桑基鱼塘，利用蚕沙生物肥改善珠三角土壤，科普蚕桑文化，建设桑基鱼塘为特色的基塘农业文化基地。

（来源：佛山日报 3 月 23 日财经 A09 版）

省海上丝绸之路研究开发项目组组长、中山大学教授黄伟宗提出，佛山定位为“千年海上丝绸之路丝绸产销大港”，建议佛山创建丝绸之路科技园、丝绸与人类文明博览园、香云纱博览园等六大博览园，弘扬文化传统，主动融入“一带一路”战略。

院士学者佛山论道丝织业发展新机遇

以文化为载体重振丝织产业

文／佛山日报记者张艳利

“国内有很多丝绸博物馆，但是以海上丝绸之路为主题的还没有，广东的丝绸文化要建立博物馆来弘扬。”“丝织产业转型升级，首先应该是文化的升级。”昨日，由市政府、省科协、省珠江文化研究会主办，市科协、市文广新局承办的“佛山：海上丝绸之路丝绸产销大港”论坛在佛山举行，来自全国、省和市的丝绸行业院士、学者及企业界人士共约150人济济一堂，论道佛山丝织业发展新机遇。

多位学者表示，在当今国家“一带一路”发展战略大背景下，佛山的丝织业应加强文化、品牌等方面的宣传和推广，增强佛山市丝绸纺织企业的核心竞争力，实现转型升级。

探索“桑基鱼塘”新模式

第一家机器生产的民族资本纺织企业在佛山南海成立；佛山是省海上丝绸之路始发港和丝绸产销中心；近代生丝出口佛山产量占了全省的90%……在近现代史上，佛山的丝织业浓墨重彩。中国工程院院士、国际著名蚕学专家向仲怀表示，“一带一路”战略为蚕丝行业带来了前所未有的机遇，建议佛山丝织业朝着城乡协调发展的生态新模式进行探索。“‘桑基鱼塘’高效生态利用新模式目前已经在珠三角进行实践探索，建设了广州花都宝桑园新生态农业示范基地、南海渔耕粤韵科普休闲基地和顺德国家现代农业示范区。”向仲怀说。

“新的研究发现，桑叶具有降血糖、抗病毒的功能，桑果还可以做成果汁、凉茶，蚕沙可以用作生物肥料。”国家蚕桑产业技术体系加工研究室主任廖森泰建议，利用多元化的高科技复兴桑基鱼塘，利用蚕沙生物肥改善珠三角土壤，科普蚕桑文化，建设桑基鱼塘为特色的基塘农业文化基地。

省海上丝绸之路研究开发项目组组长、中山大学教授黄伟宗提出，佛山定位为“千年海上丝绸之路丝绸产销大港”，建议佛山创建丝绸之路科技园、丝绸与人类文明博览园、香云纱博览园等六大博览园，弘扬文化传统，主动融入“一带一路”战略。

以文化推动产业转型升级

“丝绸之路的中国符号有丝绸、陶瓷、武术、中药等等，这四大符号都与佛山有关。”中央党校理论网采编中心主任程冠军表示，佛山是香云纱的发源地，但是从目前传统文化的发掘与弘扬方面看，佛山的“香云纱”这块金字招牌还没有发扬光大。他认为转型升级首先是文化的升级。如今借助“一带一路”的重大战略机遇，建议佛山的企业以文化为切入口，加大品牌宣传力度，用文化来推动产业转型升级。

佛山市纺织丝绸学会理事长、广东省蚕丝绸行业协会副会长吴浩亮表示，佛山的丝绸产业历史悠久，作为产销大港，以前佛山地区的丝绸出口比重非常大，但因为这个行业属于劳动密集型，随着佛山城市升级、产业转移，现在已经慢慢有所衰落。“但是佛山既要制造，也要文化。丝绸是一个很重要的文化载体，我们抓住机遇举办这个论坛，就是为了重新振兴丝绸产业。”吴浩亮认为，在当今，可以通过开发特色产品、恢复桑基鱼塘、继承非物质文化遗产等方式来整合资源，重振丝织产业辉煌。

去年广东国际旅游文化节开幕式上的香云纱时装秀抓住观众眼球。

／佛山日报记者甘建华摄

以文化推动产业转型升级

“丝绸之路的中国符号有丝绸、陶瓷、武术、中药等等，这四大符号都与佛山有关。”中央党校理论网采编中心主任程冠军表示，佛山是香云纱的发源地，但是从目前传统文化的发掘与弘扬方面看，佛山的“香云纱”这块金字招牌还没有发扬光大。他认为转型升级首先是文化的升级，如今借助“一带一路”的重大战略机遇，建议佛山的企业以文化为切入口，加大品牌宣传力度，用文化来失去产业转型升级。

佛山市纺织丝绸学会理事长、广东省茧丝绸行业协会副会长吴浩亮表示，佛山的丝绸产业历史悠久，作为产销大港，以前佛山地区的丝绸出口比重非常大，但因为这个行业属于劳动密集型，随着佛山城市升级、产业转移，现在已经慢慢有所衰落。“但是佛山既要制造，也要文化。丝绸是一个很重要的文化载体，我们抓住机遇举办这个论坛，就是为了重新振兴丝绸产业。”吴浩亮认为，在当今，可以通过开发特色产品、恢复桑基鱼塘、继承非物质文化遗产等方式来整合资源，重振丝织产业辉煌。

“佛山：海上丝绸之路陶瓷冶炼大港”论坛开幕，专家建议——

树立世界“大港”“名城”视野

南方日报讯 “佛山亟须解开‘千年名镇’的观念束缚，将‘镇’的狭隘视野和观念，扩大为现代的世界‘大港’、世界‘名城’的观念和视野”。29日，广东省海上丝绸之路研究开发项目组组长黄伟宗在参加佛山市政府等单位主办的“佛山：海上丝绸之路陶瓷冶炼大港”论坛上表示。

明清时期，佛山为全国“四大名镇”之一，陶瓷、铁锅等产品曾通过海上丝绸之路远销至东南亚乃至全世界。在“一带一路”国家发展战略新时期，佛山应当如何整合历史文化品牌资源，以怎样的姿态融入21世纪的海上丝绸之路？当日，10余位专家学者围绕上述话题展开了研讨和交流。

此前，黄伟宗教授带队对佛山融入“一带一路”建设进行专题调研，研究成果发表在《省政府参事建议》，引起省市各级政府高度重视。29日，他从新定位、新理念、新举措三个层面，分析了佛山应该如何顺应“一带一路”时代潮流，并提出了把佛山建设为“一带一路”陶瓷冶铁丝绸“大港”、“名城”、“自贸区”的建议。

黄伟宗建议，佛山要确立打造“千年海上丝绸之路陶瓷冶铁丝绸大港”的新定位；基于陶瓷、丝绸、冶炼三大品牌产业，规划建设海上丝绸之路科技博览园、“中国陶都”博览园、“千年冶铁”博览园等九个博览园，搭建起城市的立体坐标；利用广佛“同城化”建设，打造21世纪海上丝绸之路陶瓷冶铁丝绸“世界名城”，打造与广州南沙同体的陶瓷冶铁丝绸产销“自贸区”。

（来源：南方日报6月30日佛山观察A2－04版 http：//epaper. southcn. com/nfdaily/html/2016－06/30/content_7560907. htm）

关雪仪　赵　越

南方日报 高度决定影响力

2016年6月30日 星期四　返回头版　版面导航　标题导航　往期报纸　下载南方+

“佛山：海上丝绸之路陶瓷冶炼大港”论坛开幕，专家建议——

树立世界“大港”“名城”视野

2016-06-30　我有话说（1人参与）

南方日报讯 “佛山亟须解开‘千年名镇’的观念束缚，将‘镇’的狭隘视野和观念，扩大为现代的世界‘大港’、世界‘名城’的观念和视野。”29日，广东省海上丝绸之路研究开发项目组组长黄伟宗在参加佛山市政府等单位主办的“佛山：海上丝绸之路陶瓷冶炼大港”论坛上表示。

明清时期，佛山为全国“四大名镇”之一，陶瓷、铁锅等产品曾通过海上丝绸之路远销至东南亚乃至全世界。在“一带一路”国家发展战略新时期，佛山应当如何整合历史文化品牌资源，以怎样的姿态融入21世纪的海上丝绸之路？当日，10余位专家学者围绕上述话题展开了研讨和交流。

此前，黄伟宗教授带队对佛山融入“一带一路”建设进行专题调研，研究成果发表在《省政府参事建议》，引起省市各级政府高度重视。29日，他从新定位、新理念、新举措三个层面，分析了佛山应该如何顺应“一带一路”时代潮流，并提出了把佛山建设为“一带一路”陶瓷冶铁丝绸“大港”、“名城”、“自贸区”的建议。

黄伟宗建议，佛山要确立打造“千年海上丝绸之路陶瓷冶铁丝绸大港”的新定位；基

上一版　下一版

佛山观察 产经

早稻田大学的中小企转型思辩会

广东首个“互联网+塑料贸易”平台上线

容桂政企共建国家级孵化器

第FC04版：佛山观察•产经/专题

新闻推荐　进入新闻频道

习近平等出席观看庆祝建党95周年音乐会

大咖热议佛山如何融入“一带一路”

南都讯 记者田海燕 佛山如何融入“一带一路”的建设？在昨日“佛山：海上丝绸之路陶瓷冶铁大港论坛”上陶瓷和文化界的大咖们齐聚佛山，出谋划策。专家们认为佛山可以确定是海上丝绸之路大港的历史定位和文化品牌，并且对陶瓷、冶铁和丝绸等三大名物品进行历史文献遗迹的挖掘整理，和商业联系起来打造新的海上丝绸之路。

广东海上丝绸之路研究开发项目组组长黄伟宗建议，首先将佛山文化内涵拓展，定位千年海上丝绸之路陶瓷冶铁丝绸大港；其次，建立9个立体博览园，除此前建议的6个博览园外，再增加中国“陶都”博览园、“石湾公仔”博览园以及“千年冶铁”博览园。广东省人民政府参事室特聘参事王元林则建议佛山将陶瓷、冶铁以及丝绸的历史遗迹充分挖掘，并且整理资料文献，将三大手工业和商业联系起来打造新的海上丝绸之路。

（来源：南方都市报报道 http://epaper.oeeee.com/epaper/K/html/2016-06/30/content_51688.htm）

大咖热议佛山如何融入"一带一路"

来源：南方都市报　2016年06月30日　版次：FB08　作者：田海燕

南都讯 记者田海燕　佛山如何融入"一带一路"的建设？在昨日"佛山：海上丝绸之路陶瓷冶铁大港论坛"上陶瓷和文化界的大咖们齐聚佛山，出谋划策。专家们认为佛山可以确定是海上丝绸之路大港的历史定位和文化品牌，并且对陶瓷、冶铁和丝绸等三大名物品进行历史文献遗迹的挖掘整理，和商业联系起来打造新的海上丝绸之路。

广东海上丝绸之路研究开发项目组组长黄伟宗建议，首先将佛山文化内涵拓展，定位千年海上丝绸之路陶瓷冶铁丝绸大港；其次，建立9个立体博览园，除此前建议的6个博览园外，再增加中国"陶都"博览园、"石湾公仔"博览园以及"千年冶铁"博览园。广东省人民政府参事室特聘参事王元林则建议佛山将陶瓷、冶铁以及丝绸的历史遗迹充分挖掘，并且整理资料文献，将三大手工业和商业联系起来打造新的海上丝绸之路。

作者：田海燕

乘风破浪正当时　海上思路展新姿

——“佛山：海上丝绸之路陶瓷冶炼大港”论坛隆重开幕

“佛山的陶瓷、铁器、丝绸，是古代海上丝绸之路的重要外销品；古代佛山的城市发展，是西方海洋经济文化进入中国，带动资本主义萌芽的生动写照，这同时也揭示陶瓷业在经济文化上，具有为佛山定位海上丝绸之路‘大港’的能量和领潮地位。”

由广东省政府特聘参事、广东省海上丝绸之路研究开发项目组组长、珠江文化研究会创会会长黄伟宗教授领衔，10余位国内陶瓷领域专家学者，6月29日齐聚“佛山：海上丝绸之路陶瓷冶炼大港”论坛，围绕佛山谋划在21世纪海上丝绸之路建设中如何确立新定位，利用国家“一带一路”战略资源推动佛山产业转型升级，展开一场跨越时空的对话。

古代佛山留下丰富海上丝路遗产

始于秦汉的古代“海上丝绸之路”，广州一直是始发港，而佛山则是重要的货源地。数百年间，佛山陶瓷、丝绸、铁器、中成药等，源源不断运往东南亚、欧洲、拉美各国。独特的地理位置使相邻的佛山和广州城成为南北商品互输、海内外商贸互通的枢纽，繁荣的商贸与制造业相互促进，更加速了佛山的城镇化。

到明清时代，佛山已发展起规模较大的陶瓷、冶铁业，丝织业、棉染织业也有了相当的规模，佛山陶器、铁锅、丝绸等行销海内外，享有极高的声誉。随着海上丝绸之路带来东西方互通、陶瓷、冶铁、丝绸三大手工业的兴旺和商品经济的飞跃发展，推动佛山成为较早实现商业化和市民化的城镇，与北京、汉口、苏州并称“四大聚”，又与湖北汉口镇、江西景德镇、河南朱仙镇齐名为我国“四大名镇”，逐渐成为影响巨大的岭南经济都会之一，并延续发展至今。

制造业与商贸的结合奠定了古佛山城市发展的经济基础。史料记载，清乾隆时期佛山共有622条大小街巷，城镇化发展的盛况，可用“商铺、市集、作坊如林”来形容。生气蓬勃的佛山因此在中国古代城市发展史上留下了浓墨重彩的辉煌印迹，成为古佛山留给后人的经济文化遗产。

打造“大港”“名城”提升城市竞争力

2013年，“一带一路”作为中国国家发展战略构想被正式提出；2015年，我国在博鳌亚洲论坛年会正式发布《推动共建丝绸之路经济带和21世纪海上丝绸之路的愿景与行动》方案，提出包括加强广州等沿海城市港口建设等一系列主张，旨在以扩大开放倒逼深层次改革，创新开放型经济体制机制，加大科技创新力度，打造参与和引领国际合作竞争新优势。

古老的丝绸之路在跨越时空的宏大构想中，被赋予了新的时代内涵。因为特殊的地理位置和产业特色，佛山在千年海上丝绸之路中曾担当重要角色。面对新的历史机遇，正谋求经济社会转型升级的佛山，该以怎样的姿态投身21世纪穿越世界古今的汹涌大潮？佛山应当如何整合历史文化品牌资源，提升城市核心竞争力？来自国内经济文化领域专家们认为，佛山必须认真思考、积极应对。

由佛山市政府、广东省珠江文化研究会主办，佛山市科学技术协会、佛山市文广新局承办、佛山市陶瓷学会协办的“佛山：海上丝绸之路陶瓷冶炼大港”论坛，邀请广东省政府三位特聘参事黄伟宗教授、司徒尚纪教授和王元林教授，会同国内经济文化领域的专家学者，近日齐聚佛山陶瓷发源地石湾，实地考察。围绕佛山如何加快融入“一带一路”国家战略、建设“21世纪海上丝绸之路陶瓷冶铁大港”展开深入探讨，建言献策。

专家们认为，国家大力实施“一带一路”战略，广州—佛山“同城化”

建设如火如荼推进，佛山应抓住天时地利良机，确立新定位、树立新理念、制定新举措，打造世界“一带一路”陶瓷冶炼丝绸文化“大港”、“名城”，凸显佛山城市品牌形象，提升产业经济核心竞争力。

“实际上佛山近些年的建设，已经在朝着打造现代大港、名城的方向努力。”黄伟宗多年对佛山经济社会发展保持密切关注，在他看来，近年佛山陶瓷、冶炼（铝型材为代表）、丝绸三大传统产业领域的发展和外销持续上升，就是有力实证，显示佛山相关产业不仅过去是、现在也仍然具有世界性的辐射影响力。

他进一步建议，佛山应该充分发挥良好的基础优势，抓住广佛“同城化”建设的机遇，积极谋求转型升级为与广州南沙同体的陶瓷冶铁丝绸产销“自贸区”，谋求更大发展。

佛山市科协引智聚才助力城市升值

“佛山在海上丝绸之路中的定位”项目，自始至终得到省市领导的高度关注和支持。

据佛山市科协党组成员、专职副主席葛振海介绍，根据市委、市政府主要领导的指示，2015 年 9 月佛山市科学技术协会联合市文广新局，在广东省珠江文化研究会的支持下，启动“佛山在海上丝绸之路中的战略定位”项目。项目内容包括调研古代佛山陶瓷、铁器、丝绸的生产与外销情况；佛山在广东建设“一带一路”战略中的定位和作用，并以此为基础，举办以丝绸纺织产业和陶瓷冶炼产业为主题的两场“一带一路”高端论坛。

“今年 3 月 22 日我们在西樵成功举办‘佛山：海上丝绸之路丝绸产销大港’论坛，邀请多位院士专家为我市实施‘一带一路’战略建言献策。”葛振海说。

根据课题调研和论坛交流成果，黄伟宗教授撰写完成关于佛山海上丝绸之路及丝绸文化的调研报告，提出创建六大丝绸立体博览园的设想，在《省政府参事建议》第 4 期发表，广东省委常委、常务副省长徐少华对该建议作出重要批示，指示省“一带一路”办会同佛山市进行研究，提出指导意见。

在充分征求禅城、南海、顺德三个区政府和市经信局、市文广新局等五个部门意见的基础上，市科协向市政府提出，鉴于立体博览园建设牵涉用地、资金、规划等问题，建议站在全市一盘棋的高度，科学论证、统筹谋划、积极推进，着力把立体博览园群打造成21世纪海上丝绸之路沿线标志性景观，促进城市品位、档次和价值提升，进而把佛山打造成为21世纪海上丝绸之路的重要节点城市和我国乃至全世界重要的旅游目的地。

“这一点，与市委、市政府把佛山打造为一个宜居宜业宜创新的高品质、现代化、国际化大城市是高度契合的。站在海上丝绸之路新的历史起点上，佛山抢先发力，恰逢其时。”葛振海说。

高端访谈：佛山要树立世界“大港”视野和格局

——专访广东省人民政府特聘参事黄伟宗教授

21世纪的“一带一路”建设成为国家战略，作为广东省政府特聘参事、广东省海上丝绸之路研究开发项目组组长、珠江文化研究会创会会长，黄伟宗教授此前带队对佛山融入“一带一路”建设进行专题调研，研究成果发表在《省政府参事建议》，引起省市各级政府高度重视。

“佛山在延续千年的海上丝绸之路上曾担当过重要角色，是海上丝绸之路的重要节点和货源地。佛山的发展历史洋溢着浓厚的海洋经济文化特色。”

围绕佛山应当以怎样的姿态融入国家战略并乘势发展，黄伟宗在万言调研报告中提出，佛山在对辉煌传统及其精神的承传与弘扬中，尤其在珠江文化、海洋文化和海上丝绸之路的意识和实践上，应当有更多的超前理念和积极举措。

借力造势铸造世界性品牌

“海上丝绸之路主要是陶瓷冶铁丝绸之路。”黄伟宗说，佛山千年以陶业领衔、民营主导、江海为脉，古时佛山的陶瓷、铁锅、丝绸一路出海，久有“甲天下”之盛名。遗憾的是从古至今，人们很少从海上丝绸之路经济文化的高度，去为佛山作出确切的文化定位，去把握佛山的文化资源建设。

新形势下，佛山要有更高远的视野和格局。黄伟宗认为，佛山亟需解开历史的“千年名镇”包袱和观念束缚，将“镇”的狭隘视野和观念，扩大为现代的世界“大港”的观念和视野；结合传统产业优势，以建设“21世纪海上丝绸之路陶瓷冶铁丝绸大港”为目标，实施创新驱动，进行转型升级。

广州与佛山的“同城化”建设，已升格为国家发展项目，无疑为佛山发展带来巨大利好。但是，黄伟宗提醒说，如果因此而将佛山视为将变成类似番禺、花都那样成为广州的一个“区”，没有独立发展的必要或前景了，是对“同城化”的误读。

他认为，“同城化”主要是指在经济和交通上相互成为无障碍的有机整体，尤其对于佛山而言，原有的经济文化传统和优势，不仅应很好保持、大力发挥加强，更应借力造势，铸造世界性的品牌，不失时机地将佛山转型升级为“一带一路”下的陶瓷、冶铁、丝绸世界名城。

让传统和产业文化活起来、飞起来

针对佛山如何更好融入国家“一带一路”建设，黄伟宗提出三大建议：

确立新定位：打造“千年海上丝绸之路陶瓷冶铁丝绸大港”。

树立新理念：将佛山传统的产业文化优势，融入到21世纪海上丝绸之路陶瓷冶铁丝绸大港建设发展中；利用广佛“同城化”建设，打造21世纪海上丝绸之路陶瓷冶铁丝绸世界名城；打造与广州南沙同体的陶瓷冶铁丝绸产销“自贸区”。

为此他建议佛山整合现有产业、文化和社会资源，围绕三大特色产业规划建设9个博览园；对传统产业文化的特色优势，开展四“化”建设：即坐标化、节日化、科技化、旅游化。把9大博览园作为佛山的文化坐标进行建设，在其中加入现代科技元素，使传统和产业文化长上现代科技翅膀活起来、飞起来；把特色产业与各种传统民俗文化节结合起来，将各大博览园与其他旅游资源及项目和线路结合起来。

专家建言：建9大博览园搭建城市立体坐标

黄伟宗建言佛山：整合社会的以及产业、文化、品牌资源，规划打造9个立体博览园，为建设“一带一路”陶瓷冶铁丝绸“大港“、“名城”、“自贸区”搭建立体坐标。9个博览园包括：海上丝绸之路科技博览园、“中国陶都”博览园、“石湾公仔”博览园、“千年冶铁”博览园、丝绸与人类文明博览园、桑基鱼塘博览培训园、香云纱博览培训园、南丝世界博览体验园、丝绸工艺博览培训园。“建设专业性的立体博览园，是现代经济文化建设的一种新模式。”黄伟宗说，每个博览园的专业内涵，都应立足本地，穿越世界古今，凝文化于科技，汇传统于现代，将经济、文化、贸易、会展、交流、联络、表演、游览、科技、培训、工艺、种植、体验、旅游、度假、养生、娱乐等学科和功能交叉于一体。

相关链接：石湾陶业甲天下

自古以来，石湾陶与景德瓷齐名，为中国陶瓷业的两大顶峰之作。

“起于碗碟，发于瓦脊”的佛山石湾陶业，一直都是生产民间生活与精神需要的产品，林林总总的日用陶、手工业陶、建筑陶、丧葬陶和美术陶瓷产品，几乎遍及人们生活的各个领域。

民用为主的陶器生产和产销自由的民窑性质，成为石湾陶千年薪火不熄的活力之源。千百年的发展进程中，石湾陶更以善仿善创著称，消化吸收中国八大瓷系的造型与釉色之美以及装饰手段，并且形成自己独特的风格，拥有广阔的海内外市场。清代《广东新语》中有“石湾之陶遍两广，旁及海外之国。谚曰：石湾缸瓦，甲于天下”的记载，显示石湾陶瓷在中国海上丝绸之路史上的重要地位。

专家说法

海上丝绸之路又称陶瓷之路或陶铁之路，佛山是一个典型代表。佛山冶铁、陶瓷生产历史悠久，文化内涵丰富，产品除销售国内市场以外，也大量出口东南亚、欧美、日本等地，佛山也因此成为海上丝路一个重要节点和亮点。

“一带一路”建设背景下，应充分认识和高度评价佛山这方面历史地位和作用，珍视这笔历史文化遗产，大力继承弘扬。

中山大学地理科学与规划学院教授　司徒尚纪

顽强生存发展了1000余年，历久不衰的石湾陶塑题材甚至被认为“堪称一部浓缩的中国民俗文化百科全书”。著名的“瓦脊艺术”和“石湾公仔”，通过海上丝绸之路遍布东南亚地区，这是一件令艺术史家震惊不已的事情。

华南理工大学陶瓷文化研究所所长　黄修林

陶瓷是佛山最具优势的传统产业之一。改革开放以来成为佛山的重要经济支柱，成为佛山标志性的产业符号，形成了产业集群和成熟的产业链，成长起一批龙头企业和品牌，产业生产规模、会展辐射都具有世界性的影响力。

佛山要建设海上丝绸之路的陶瓷大港，要在全球中高端市场占有份额，需要运用新思维和智慧，对国际陶业发展趋势和中高端市场深入研判和把握，提升自主创新能力，提高企业形象，打造品牌经济，积极应对新挑战。

广东省社会科学院产业经济所研究员　潘义勇

不是所有四大名镇都延续了古城的经济特色。改革开放以来，佛山传统产业跃上一个新的台阶，当代佛山如何承继和发扬传统优势，发展和升级传统制造业，使其以崭新的面貌出现，不仅是一项经济措施，还是重要的文化措施。

华南农业大学历史系教授　吴建新

自古以来，佛山在全国乃至全世界影响力最大的是佛山陶瓷。南风古灶是佛山陶瓷的杰出象征，五百年来窑火不断的南风古灶见证了中国陶瓷业风雨历程。

国家已将海上丝绸之路史迹列入 2018 年中国唯一的申报世界文化遗产项目，佛山也应加快南风古灶申报世界文化遗产的步伐，进一步研究其蕴含的历史价值、科学价值和艺术价值，唤醒并培育市民的文化保护意识，让文化遗产融入现代生活，通过系统化设计丰富佛山海上丝绸之路文化资源的整体功能，提高佛山城市的文化软实力，带动整个城市的可持续发展。

广州市文博研究院研究员　闫晓青

1984 年，佛山从国外引进第一条墙地砖生产线，开启了中国现代建筑陶瓷的发展历程，经过 30 多年的飞速发展，中国成为世界第一生产大国。在这个发展过程中，佛山陶瓷企业的带领作用功不可没。

国家启动“一带一路”发展战略，为佛山陶瓷开拓“一带一路”沿线国家和地区市场开辟了新的道路，前景十分广阔。佛山市陶瓷学会为我们的会员企业参与“一带一路”建设提供积极的技术支持。我们支持陶瓷行业传承历史、创新未来，不仅提升佛山的城市形象，更丰富佛山陶瓷的品牌内涵，延续和发扬佛山陶瓷在古代海上丝绸之路上的辉煌。

（来源：佛山日报 A06 版专版 http：// epaper. citygf. com/fsrb/html/2016 - 06/30/content_94176. htm）

专题文/图：佛山日报记者任雪梅

通讯员　陈锋登

乘风破浪正当时 海上丝路展新姿

“佛山：海上丝绸之路陶瓷冶炼大港”论坛隆重开幕

推进建设国家创新型城市

“佛山的陶瓷、铁器、丝绸，是古代海上丝绸之路的重要外销品；古代佛山的城市发展，是西方海洋经济文化进入中国，带动资本主义萌芽的生动写照，这同时也揭示陶瓷业在经济文化上，具有为佛山定位海上丝绸之路‘大港’的能量和领潮地位。”

由广东省政府特聘参事、广东省海上丝绸之路研究开发项目组组长、珠江文化研究会创会会长黄伟宗教授领衔，10余位国内陶瓷领域专家学者，6月29日齐聚“佛山：海上丝绸之路陶瓷冶炼大港”论坛，围绕佛山谋划在21世纪海上丝绸之路建设中如何确立新定位，利用国家“一带一路”战略资源推动佛山产业转型升级，展开一场跨越时空的对话。

佛山市政府和广东省珠江文化研究会主办的“佛山：海上丝绸之路陶瓷冶炼大港”论坛，昨日在禅城区石湾举行。

古代佛山留下丰富海上丝路遗产

打造“大港”“名城”提升城市竞争力

佛山市科协引智聚才助力城市升值

相关链接

石湾陶业甲天下

专家说法

中山大学地理科学与规划学院教授司徒尚纪

华南理工大学陶瓷文化研究所所长黄修林

广东省社会科学院产业经济所研究员谢文勇

华南农业大学历史系教授吴建新

广州市文博研究院研究员闫晓青

佛山市陶瓷学会理事长、金刚集团董事长冯斌

高端访谈 佛山要树立世界“大港”视野和格局

——专访广东省人民政府特聘参事黄伟宗教授

广东省海上丝绸之路研究开发项目组在佛山石湾码头遗址调研。

借力造势铸造世界性品牌

让传统和产业文化活起来、飞起来

专家建言：

建9大博览园 搭建城市立体坐标

黄伟宗在南风古灶调研。

专题文/图：佛山日报记者任雪梅 通讯员 陈铎登

附录

专家建言佛山　瞄准世界大港发力

“佛山：海上丝绸之路陶瓷冶炼大港”论坛举行

佛山日报讯记者任雪梅报道：海底沉睡800多年的南宋古沉船“南海1号”2007年12月重见天日时，船上不仅载有大量瓷器，还出水了成沓的铁锅。“这些铁锅就是历史上佛山冶炼业发达的有力实证”。

昨日，由佛山市政府、广东省珠江文化研究会主办，佛山市科学技术协会、佛山市文广新局承办的“佛山：海上丝绸之路陶瓷冶炼大港”论坛在石湾举行，与会专家学者围绕佛山如何加快融入“一带一路”国家战略、“建设21世纪海上丝绸之路陶瓷冶炼大港”展开专业论证、深入探讨，建言献策。

论坛开讲前，市长朱伟偕市经信局、商务局、文广新局和市科协负责人，与广东省海上丝绸之路研究开发项目组和各路专家会见交流，肯定由项目组组长、省政府特聘参事黄伟宗教授领衔开展的相关课题研究，对佛山更好地融入“一带一路”建设具有重要意义，要求各相关部门认真论证研究，积极推进。

黄伟宗在主题报告中指出，佛山在延续千年的海上丝绸之路上曾担当过重要角色，是海上丝绸之路的重要节点和货源地，历史上佛山的发展洋溢着浓厚的海洋经济文化特色。

新形势下，佛山要有更高远的视野和格局。黄伟宗表示，佛山亟需解开历史的“千年名镇”包袱和观念束缚，将“镇”的狭隘视野和观念，扩大为现代的世界“大港”的观念和视野，转型升级建设“21 世纪海上丝绸之路陶瓷冶炼丝绸大港”。

（来源：佛山日报 A01 版新闻报道 http://epaper.citygf.com/fsrb/html/2016-06/30/content_94339.htm）

主流媒体 权威报道

FOSHAN DAILY

30

习近平在中共中央政治局第三十三次集体学习时强调

严肃党内政治生活净化党内政治生态

佛科院引进两名中科院院士

鲁毅寄语学校培养更多优秀人才，建设高水平优势学科群

中德对话论坛周五佛山开幕

朱伟调研中德对话论坛筹备情况

我市召开推动大型骨干企业跨越发展工作会议

着力推进民营企业做优做强做大

推动大型骨干企业跨越发展目标

2020年	进入千亿元的企业	5家
	超1000亿元的企业	3家
	冲刺100亿元的后备骨干企业	200家
2017年	冲刺100亿元的后备骨干企业	121家
2016年底	冲刺100亿元的后备骨干企业	109家

“佛山：海上丝绸之路陶瓷冶炼大港”论坛举行

专家建言佛山瞄准世界大港发力

牢记入党誓言 争做合格党员

港珠澳大桥主体桥梁成功合龙

市第十四届人大常委会第三十六次会议通报预算法执法检查情况

正视执法检查问题

建设世界“一带一路”陶瓷冶铁丝绸“大港”

“佛山：海上丝绸之路陶瓷冶炼大港”论坛现场

黄伟宗教授在作报告

6 月 29 日，由佛山市政府、广东省珠江文化研究会主办，佛山市科学技术协会、佛山市文广新局承办的“佛山：海上丝绸之路陶瓷冶炼大港”论坛在佛山举行，与会专家学者围绕佛山如何加快融入国家“一带一路”战略、建设 21 世纪海上丝绸之路陶瓷冶炼大港积极建言献策。通过深入挖掘佛山优秀的历史文化资源，凸显佛山陶瓷冶炼在海上丝绸之路中的历史文化特点和历史地位，打造“海上丝绸之路佛山陶瓷冶炼大港”的历史文化品牌，提升佛山知名度和竞争力，为佛山市积极参与“一带一路”、“珠江—西江经济带”提供文化支撑。

佛山是世界性的海上丝绸之路陶瓷冶铁大港

在《以新定位、新理念、新举措，将佛山建设为世界“一带一路”陶瓷冶铁丝绸“大港“、“名城”、“自贸区”》的主题报告中，省政府特聘参事、广东省海上丝绸之路研究开发项目组组长、广东省珠江文化研究会创会会长黄伟宗教授认为，佛山誉为“中国陶都”，这个文化定位是有道理的，但现在看来还不够确切。他表示，海上丝绸之路主要是陶瓷冶铁之路，佛山的陶瓷冶铁产业及文化，久有“甲天下”之盛名，是佛山经济文化的主要标志之一。“遗憾的是从古至今，人们只是从其专业经济文化的层面上认识这种标志性文化在佛山文化特质中的地位，也只是从这个层面的高度上去进行这种标志性文化的建设，很少从海上丝绸之路经济文化的高度去认识这种标志性文化的特质，更未能从这个高度为佛山作出确切文化定位，不能适应当今时代的需要，因而很有必要为佛山作出新的文化定位——既是‘中国陶都’，又是世界性的海上丝绸之路陶瓷冶铁大港”。

黄伟宗建议，佛山应整合现有产业、文化和社会资源，围绕陶瓷、冶铁、丝绸三大特色产业，规划建设 9 个博览园；对传统产业文化的特色优势，开展“四化”建设：即坐标化、节日化、科技化、旅游化。把 9 大博览园作为佛山的文化坐标进行建设，在其中加入现代科技元素，使传统和产业文化“长”上现代科技翅膀而活起来、飞起来；把特色产业与各种传统民俗文化节结合起来，将各大博览园与其他旅游资源及项目和线路结合起来。

建设 9 个立体博览园

黄伟宗建议，佛山应整合产业、文化、品牌等资源，打造 9 个立体博览园，为建设“一带一路”陶瓷冶铁丝绸“大港”“名城”“自贸区”搭建立体坐标。9个博览园包括：海上丝绸之路科技博览园、“中国陶都”博览园、“石湾公仔”博览园、“千年冶铁”博览园、丝绸与人类文明博览园、桑基鱼塘博览培训园、香云纱博览培训园、南丝世界博览体验园、丝绸工艺博览培训园。“建设专业性的立体博览园，是现代经济文化建设的一种新模式。这9大博览园所构成的立体群，即是佛山作为世界“一带一路”陶瓷冶铁丝绸大港的坐标和动脉。”黄伟宗说，每个博览园的专业内涵，都应立足本地，穿越世界古今，凝文化于科技，汇传统于现代，将经济、文化、贸易、会展、交流、联络、表演、游览、科技、培训、工艺、种植、体验、旅游、度假、养生、娱乐等学科和功能交叉于一体；既各呈其能在内有机组合而又各以其道向外辐射，以其有机的组合力发挥其独特的凝聚力、吸引力，以其多边的辐射力而发挥其伸张力、影响力；从而使每个博览园，既是各自独立的整体，又是相互共同组合为中心的有机个体。

他建议，将佛山石湾现有的“南风古灶”、石湾陶瓷博物馆等文化资源进行结构性整合并扩大为“中国陶都”博览园，具体可分为四馆：一是包括“南风古灶”的历史传统馆；二是海内外交流陈列馆；三是日用和建筑作品典藏馆；四是最近创新产品展销馆。他还建议在石湾美术陶瓷厂的基础上扩建，或易地扩建“石湾公仔”（或艺术陶瓷）博览园。可将产品和展品分为四馆：一是系列馆，包括种类系列和大师作品系列；二是经典馆，包括源于经典著作（包括文学戏剧）题材的作品，以及荣获国内外奖励或收藏拍卖的作品；三是动漫馆，即用科技手段使“公仔”能说会动活起来；四是体验馆，开拓以顾客以自身形象或图像加工制陶，或者亲手体验制作代铸成品的业务，并将这类作品陈列出来。

此外，黄伟宗建议，在禅城最早的铁器冶炼厂旧址兴建“千年冶铁”博览园。“在博览园中，主要将佛山铁器冶炼历史和文物展现，大力从民间和海外收藏铁器文物，尤其是在各地出土（或出水）的佛山铁器文物，如阳江‘南海1号’宋代沉船中的铁锅、铁钉等，应将此作为抢救文物的重大举措。因为铁器文物长锈，难以持久保管收藏，还应设法对此技术攻关。”

将陶瓷冶铁丝绸世界名城节日化科技化旅游化

黄伟宗教授表示，在将9大博览园作为佛山市文化坐标进行建设的基础上，还应在历代主要码头——正埠码头竖立“千年海上丝绸之路陶瓷冶铁丝绸大港”的碑刻，在各主要码头街口竖立石湾陶瓷制作的标志“三大”特色的艺术雕塑或历史人物塑像，使“三大”特色文化涵盖全城，成为佛山主要文化坐标。同时，可建立陶瓷、冶炼、丝绸的科学研究机构和科研队伍，对这些专业生产及文化进行系统科学研究，将其上升为一种学科，使生产与发展科学化，并定期举办海内外科学研讨会、交流会。

他还建议，9 个博览园每个都可以根据自身专业特色举办节日，如陶瓷节、丝绸节、冶铁节等，还可统筹创办全国性或世界性的节庆活动等。“这些节日的举办，都可将展销与地方或专业性民俗风情活动结合起来，传统与现代结合起来，如祖庙节、元宵节“走通济”、黄飞鸿武术节等，都可与这三大特色文化节结合或交叉进行。进而将 9 个博览园开拓为畅通海内外的旅游项目和线路，尤其是要寻找和恢复曾与佛山有过经贸或文化往来的国家和地区的历史关系，扩大现有海外交往与合作关系，都应将其列入旅游化项目和线路中，并且与其他旅游资源及项目和线路结合起来。”

链接

黄伟宗提出的佛山“一带一路”建设“新定位”“新理念”与“新举措”：

新定位：佛山既是“中国陶都”“南国丝都”，又是千年海上丝绸之路陶瓷冶铁丝绸大港。

新理念：将佛山现有的“千年海上丝绸之路陶瓷冶铁丝绸大港”优势，及正在进行的与广州市“同城化”的建设优势，打造为“21 世纪海上丝绸之路陶瓷冶铁丝绸大港”，“21 世纪海上丝绸之路的陶瓷冶铁丝绸世界名城”，打造为与广州南沙同体的陶瓷冶铁丝绸产销“自贸区”。

新举措：以建设 9 个立体博览园而建设“21 世纪海上丝绸之路陶瓷冶铁丝绸大港”；以实现四个“化”而建设“21 世纪海上丝绸之路陶瓷冶铁丝绸世界名城”；以建设两个“合作园区”而逐步实现与广州南沙同体的陶瓷冶铁丝绸产销“自贸区”。

各方观点

省政府特聘参事、中山大学地理科学与规划学院教授司徒尚纪：

佛山位于珠三角腹地，除邻近西樵山，周围尽是坦荡冲积平原，北江支流芦苞涌、西南涌、佛山涌等先后绕城而过，方便水上运输是城市和产业兴起的先决条件。而佛山矿产资源十分匮乏，也是水运优势使其获得外地矿产资源和燃料。在明清时建立起我国最强大的一个冶铁和陶瓷基地，产品借助于江河和海路，大量输往海外，成为我国海上丝路一个重要转运港口，繁荣了500多年，为我国海上丝路发展作出重大贡献。

华南理工大学陶瓷文化研究所所长黄修林：

陶瓷是佛山最具优势的传统产业之一。改革开放以来成为佛山的重要经济支柱，成为佛山标志性的产业符号，形成了产业集群和成熟的产业链，成长起一批龙头企业和品牌，产业生产规模、会展辐射都具有世界性的影响力。佛山要建设海上丝绸之路的陶瓷大港，要在全球中高端市场占有份额，需要运用新思维和智慧，对国际陶业发展趋势和中高端市场深入研判和把握，提升自主创新能力，提高企业形象，打造品牌经济，积极应对新挑战。

广州市文博研究院研究员闫晓青：

陶瓷是最能代表佛山历史文化的，南风古灶见证了中国陶瓷业风雨历程，五百年来窑火不断，薪火相传。尽管佛山还有其他的历史文化遗产，但在全国乃至全世界，影响力最大的还是佛山陶瓷。佛山陶瓷业历史悠久，留下了不少历代窑址以及与陶瓷相关的历史文化遗产，南风古灶是其中的杰出代表。佛山应加快南风古灶申报世界文化遗产的步伐，做好相关基础工作，进一步研究其蕴含的价值。南风古灶如能申遗成功，必将进一步扩大佛山的影响力。

广东省珠江文化研究会“地域与文化基地委员会”委员杨龙胜：

海底沉睡800多年的南宋古沉船“南海1号”于2007年12月重见天日时，船上不仅载有大量的瓷器，还出水了成沓的铁锅。其时，“南海1号”先在泉州港装载瓷器，向南到达广州港后，再到广州市舶司办理海外贸易的出海手续，同时加装载大批量的铁锅、铁钉等。因此，这些铁锅是历史上佛山冶炼业发达的有力实证。

（来源：广东科技报7月1日版 http://epaper.gdkjb.com/html/2016-07/01/content_16_1.htm）

文/图　本报记者　冯海波

特别报道 16

建设世界“一带一路”

陶瓷冶铁丝绸“大港”

广东科技报

返回首页 | 版面概览 | 版面导航 | 标题导航

2016年07月01日 星期五 出版　搜索　上一期　下一期

上一篇　下一篇　放大 缩小 默认　朗读

省政府特聘参事、中山大学地理科学与规划学院教授司徒尚纪：

佛山位于珠三角腹地，除邻近西樵山，周围尽是坦荡冲积平原，北江支流芦苞涌、西南涌、佛山涌等先后绕城而过，方便水上运输是城市和产业兴起的先决条件。而佛山矿产资源十分匮乏，也是水运优势使其获得外地矿产资源和燃料。在明清时建立起我国最强大的一个冶铁和陶瓷基地，产品借助于江河和海路，大量输往海外，成为我国海上丝路一个重要转运港口，繁荣了500多年，为我国海上丝路发展作出重大贡献。

华南理工大学陶瓷文化研究所所长黄修林：

陶瓷是佛山最具优势的传统产业之一。改革开放以来成为佛山的重要经济支柱，成为佛山标志性的产业符号，形成了产业集群和成熟的产业链，成长起一批龙头企业和品牌，产业生产规模、会展辐射都具有世界性的影响力。佛山要建设海上丝绸之路的陶瓷大港，要在全球中高端市场占有份额，需要运用新思维和智慧，对国际陶业发展趋势和中高端市场深入研判和把握，提升自主创新能力，提高企业形象，打造品牌经济，积极应对新挑战。

广州市文博研究院研究员闫晓青：

陶瓷是最能代表佛山历史文化的，南风古灶见证了中国陶瓷业风雨历程，五百年来窑火不断，薪火相传。尽管佛山还有其他的历史文化遗产，但在全国乃至全世界，影响力最大的还是佛山陶瓷。佛山陶瓷业历史悠久，留下了不少历代窑址以及与陶瓷相关的历史文化遗产，南风古灶是其中的杰出代表。佛山应加快南风古灶申报世界文化遗产的步伐，做好相关基础工作，进一步研究其蕴含的价值。南风古灶如能申遗成功，必将进一步扩大佛山的影响力。

第16：特别报道　上一版　下一版

标题导航

建设世界“一带一路” 陶瓷冶铁丝绸“大港”

佛山石湾：“千年陶都”享誉世界

黄伟宗教授（右一）在佛山市领导陪同下考察佛山陶瓷业。陈锋登 摄

龙鸡缸上的外文。资料图片

广东石湾陶瓷博物馆收藏的清代“龙鸡缸”。资料图片

“起于碗碟，发于瓦脊”的佛山石湾陶业，一直以来都是生产民间生活与精神需要的产品。据史料记载，唐宋时期，石湾公仔已通过“海上丝绸之路”远销至日本、东南亚以及世界各地。历经千百年的传承和锤炼，石湾陶艺形成了独具特色的艺术风格，被列入首批国家级“非物质文化遗产”，在国内外享有盛誉。1984 年，佛山从国外引进第一条墙地砖生产线，开启了中国现代建筑陶瓷的发展历程。历经 30 多年的飞速发展，佛山现代建筑卫生陶瓷产业也产销齐增，使我国成为世界建陶产销大国，佛山也成为我国重要的陶瓷生产和出口基地……

千年陶都有江海文化特质

“景德瓷，石湾陶”，是自古以来人们概括中国陶瓷精髓的古语。前句是指江西景德镇瓷窑在中国瓷业的领军地位；后句是对佛山石湾陶窑的最高赞誉，佛山“中国陶都”的称号也由此而来。省政府特聘参事、广东省海上丝绸之路研究开发项目组组长黄伟宗教授表示，这句古语既道出了中国陶瓷业的两大顶峰，同时也界分了陶瓷业中各有侧重的两大类别，即在企业中分别各有陶业或瓷业的生产，也有两者都兼备生产的企业。在佛山石湾来说，也有瓷器生产，但占领衔地位的还是陶器生产。

黄伟宗说，这句古语还以景德镇和佛山石湾为代表，区分了中国古代陶瓷业在企业性质的两大类别，即：官窑与民窑，官窑是官办，民窑是民办。佛山石湾窑主要是民窑，是民间创办、民间所有的民间经济，从不受到官府的扶持，性质与官窑有根本区别。他认为，佛山石湾陶瓷业以陶器生产为主和民窑性质的两大基本特色，是其与景德镇等全国著名瓷器企业的主要标志，又是其能够一直持续发展、千年不衰的活力所在。“因为陶器生产，相对而言比较普及简易；民窑性质不受官方控制，产销自由，都可按民间需要生产，按市场需要推销，从而始终保持灵活多变、与时俱进的生命力。同时，也正因为如此，使佛山陶瓷业比其他同业更早、更多、更强地具有江海一体的珠江文化和海上丝绸之路的特质和因素。这可以说是佛山石湾陶瓷业又一优势和特点。”

黄伟宗教授表示，这个特点还在于佛山石湾陶瓷业有其得天独厚的历史地理根基和优势。佛山石湾位于珠江三角洲水网交织地带，处于南中国海的边缘，毗邻海上丝绸之路发祥地广州，水陆交通十分发达，正是以江海一体为特质的珠江经济文化的典型环境——其土壤有丰富的陶泥资源和合适的建窑岗地，更是陶瓷发祥的优质基础。因此，石湾制陶业历史悠久，早在新石器时期的贝丘遗址中已揭开其烧陶的历史序幕。据了解，1977 年冬至 1978 年夏，广东省博物馆会同佛山市博物馆在石湾大帽岗东面的河宕，发掘了一处规模很大的新石器晚期贝丘遗址，出土了大量石器和大批夹砂陶、软陶和硬陶印纹陶片，见证了石湾制陶已有 5000 多年的历史。黄伟宗说，当时出土的一些印纹陶片，呈波浪线条图案，表明有一定的水文化或海文化意念。“这种意念，显然与其江海一体的人文地理条件相关。也即是说，从其原始生产即具有朴素的水文化和江海文化意识，萌生珠江文化和海丝文化（简称江海文化）的精神血脉。”

主要生产民间生活与精神需要产品

黄伟宗说，佛山石湾陶业的珠江文化和海丝文化的血脉和色彩，还鲜明体现在其生产主流，自古以来一直是生产民间生活与精神需要的产品。据了解，佛山陶瓷产品林林总总，名目繁多，使用范围广泛，几乎遍及人们生活中的各个领域，无论是家居陈设用具、建筑构件，以至日常生活、起居饮食等等，无不有石湾生产的陶瓷器皿。产品大致可分为日用陶、手工业陶、建筑陶、丧葬陶和美术陶瓷。其中，日用陶包括碗、碟、壶、罐、盆、水缸、砂煲、油埕、灯盏等；手工业陶瓷包括制糖业、染料业、酿酒业、硫酸业生产所需的大盆、大缸、酒埕等；建筑陶包括瓦当、滴水、栏杆、花窗、排水管和庙宇用的华表、以及屋顶装饰瓦脊等；丧葬用品主要有陶罐、陶牛、陶盒等；美术陶瓷有各类人物仙佛造像、鸟兽虫鱼、瓜果器皿、山公盘景、文房四宝以及仿各大名窑产品等。

他认为，这些种类主要可归纳为两大类，即民间日常生活所用和精神需求所用。前者为民间衣、食、住、行等日常生活所用器皿；后者是民间神佛崇拜、吉庆祭祀、文化情趣、艺术鉴赏等的精神需求载体。“佛山陶这两类产品无论在制陶技术、施釉方法或是艺术造型，都具有鲜明珠江文化和海洋文化的平民性、大众性、实用性、多样性特点，实用大方，质朴无华，浑厚传神，雅俗共赏，智拙有趣，为群众喜闻乐见。”

陶业因应市场需求而保持旺盛生命力

黄伟宗认为，从经济的角度说，佛山的陶瓷产品，包括日用品、工艺品、建筑材料，都是商品，都是为市场的需要而生产，随市场需要的发展而发展的。“佛山陶瓷业之所以能窑火千年不断，始终保持着旺盛的生命力，究其原因，与石湾窑始终保持民窑传统的制陶业，在长期的发展过程中不断适应市场发展需要，形成独特而鲜明的地方特色不无关系；而这种地方特色，正就是珠江文化和海丝文化的重商性、灵活性、机遇性的突出体现。”

据了解，广东陶瓷“起于碗碟，发于瓦脊”，从古到今，不同时期有不同产品。广东制陶业兴起于唐宋时期。早在唐代，佛山石湾生产的陶瓷便声名鹊起，开始了“起于碗碟”（日用品）时代。明代初期尤其旺盛，出产了大量日用陶器，以及香炉、烛台、观音、佛像、土地公等等。黄伟宗说，当时的产品受佛道意识的影响较重，显然是佛山之名称由来于三个佛祖像在佛山出现的传说所致，“而这传说，又正是佛教从海上丝绸之路传入，其观念生活化（神像、寺庙、日用、建筑）并在陶瓷生产上普及，是海丝文化传播的体现”。

他表示，从明代中期开始，进入了“瓦脊”（建筑材料）时代。“这是由于社会经济的发展，人们对建筑（包括宗庙祠堂、佛道庙宇等）的装饰要求不断提高，石湾窑的瓦脊等建筑装饰构件高度发展，大量出现了以捺塑方法制作的花盆、鱼缸、花凳以及影壁等陶塑产品，同时还出现了琉璃瓦、琉璃脊和琉璃臂脊等产品，出现了题材多样化和工艺复杂化的局面。”据介绍，到清代中期，还出现了专门生产瓦脊的堂号（工场），如“文如璧”“吴奇玉”“全玉成”“美玉”“英玉”“均玉”等。此时整个石湾陶业也进入了大发展时期，从业人员增多，产品种类和产量增加，方圆几公里的小镇有陶窑 107 座，陶瓷行业从业人数达 6 万多人，以至“石湾六七千户，业陶者十居五六”，一举揽得了“石湾瓦，甲天下”的名号。“显然这是一直以市场需要和发展为走向的成果，又是珠江文化和海丝文化为其发展血脉的体现”。

石湾窑大量外销有其得天独厚的优势

据了解，海上丝绸之路实际上主要是陶瓷之路。从历代外贸史和历代考古成果上看，我国古代的海外贸易占主要地位是陶瓷商品，历代海上考古发现的文物也多是陶瓷器皿，这与外国对中国陶瓷需求量大、而海上船运载量大密切相关，故有海上丝路即“陶瓷之路”之称。佛山陶瓷早有外销历史，而且它的历史发展与其对外贸易需要和发展同步。

佛山市博物馆文博副研究馆员黄卫红认为，石湾窑能大量外销海外，离不开它的优越地理环境和繁荣的商业背景。石湾处于广州海湾边缘，毗邻佛山、广州，水陆交通十分方便。广州是一个很早对外通商的口岸，石湾陶器借广州这一转运站，可以十分方便销售到东南亚各地。所以其生产自然要适应对外贸易的需要。“缸瓦由石湾运省”，石湾窑“每年出口值银 100 余万元，行销西北江、钦廉一带及外销各埠。”在对外贸易中，石湾依附佛山这个贡船贸易的重要港口，经东平水道及内河栅下码头等地，出珠江、经香港、绕海南，抵越南、泰国、马来半岛以至印度、阿拉伯及非洲。

据《全唐文》《宋史》等古籍记载，唐代在广州设立“市舶使”，宋代在广州设有“市舶司’，同时在佛山也设有“市舶务”，专门管理对外贸易事务。元代，广州同样是对外贸易的重要港口，输出的商品仍以陶器占多数。这些陶瓷器包括青花瓷及一般日用陶器，如瓦瓮、粗碗、水埕、瓦瓶等生活器皿。元大德元年（1297 年）周达观在《真腊风土记》记述当地人民“盛饭用中国瓦盘或铜盘”“饮酒用瓦钵”，可见陶器的输出与瓷器相互比美，这些陶器当有不少是来自石湾。明清时期，佛山对外贸易在宋元的基础上，在管理上更完善和开放，有效地刺激了农业、手工业和对外贸易的发展，并以临海的优势大举进军海外市场。清代屈大均《广东新语》中有“石湾之陶遍两广，旁及海外之国。谚曰：石湾缸瓦，甲于天下”的记载。可见佛山石湾陶瓷在中国海上丝绸之路史上的重要地位，亦可见其历史发展与其对外贸易需要和发展同步的特点。

（来源：广东科技报 7 月 1 日版 http://epaper.gdkjb.com/html/2016-07/01/node_15.htm）

本报记者　冯海波